SNSでは責任のもてる情報を発信しよう

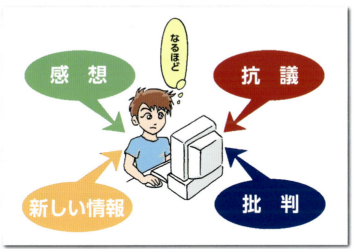

p.63より

自分の意見をツイート[1]したら
きつい反論がきて
落ち込んだよ

ていねいに説明する[2]か
無視する[3]か
むつかしいところね
送る前に責任をもてる[4]かどうか
十分に考えておかなくちゃ

[1] Twitterは字数制限のため，根拠や説明を十分に示すことがむつかしく，問題が起きやすい．
[2] 自分が間違っていたり，考慮していなかったことがあれば，そのことをすなおに認めて，ていねいに対応すべきである．
[3] 悪意をもって挑発的な言動を繰り返す利用者もいるので，信頼できる身近な人に相談し，自分に問題ないと判断できたら，無視するのも選択肢のひとつである．
[4] 不確かな伝聞や，公開すべきでない重要な情報とプライバシー情報を発信しないのはもとより，意見の分かれている話題には慎重に対応する．

関連箇所：1.4.3, 1.4.1, 1.1.4, 1.3.1, 3.4.1, 3.4.3

ディジタル情報での発信はいたずらではすまされない

p. 187 より

スマホの動画は簡単に SNS に投稿できておもしろいのもあるけどときどき炎上する[1]のを見かけるわ

いたずらのつもりでもあっという間に拡散[2]しずっと残っている[3]ので注意しないといけない[4]ね

[1] "いいね"をもらおうとか，閲覧者を増やそうとかして，悪ふざけを投稿して炎上することが起こっている．

[2] 投稿者はメンバー限定のつもりでも，おもしろがってや不注意・悪意で，メンバー外に公開されることがあると考えておくべきである．

[3] ディジタル情報は劣化することなくコピーできるのに，だれがコピーしたかわからず，自動でデータ収集するプログラムが動いており，一度公開された情報が完全に消えたことを確認できない．

[4] アルバイト先に関する不適切動画公開で，解雇され賠償を求められるだけでなく，学生の場合は退学につながることもある．就職にあたって，昔の SNS 上で問題発言や未成年の飲酒・喫煙が見つかって，内定が取り消されることが起こっている．

関連箇所：1.1.4, 3.4.4, 3.3.4, 1.4.3, 1.5.3, 3.3.2

情報基礎

ネットワーク社会における
情報の活用と技術

岡田　正・高橋参吉　[編著]

新開純子・大西　淳・高橋　章

河野清尊・松野良信・長岡健一　[著]

実教出版

本書を利用される皆さまへ

○情報提供ポータルサイト
メインサーバ　http://fie.tsuyama-ct.ac.jp/
ミラーサーバ　http://fie.ishikawa-nct.ac.jp/

　本書に関係した次の情報を提供するポータルサイトを開設しています.
　・本書の正誤表と追加説明
　・用語解説
　・参考URLリスト
　・授業シラバス
　・メーリングリスト紹介
　・原図等の講義用資料（プログラムリストを含む）
　・演習問題解答や独自作成の演習問題・試験問題

○英語略語
　英語略語のフルスペルの多くは本文に記載していません. 巻末の「さくいん」をご覧ください.

○参考URL・引用URL
　本文中に*¹などとして示してあるのは, 参考URL・引用URLです. 章ごとの通し番号をつけ, 巻末に記載しています.

○コラム
　本文に関連した内容を, 独立した囲み文章としたコラムを配置しており, 巻末に一覧があります.

○問題
　本書では, 次のような "問題" を配置しています.
　・例題：問題形式で説明した方が分かりやすいと思われる内容
　・練習問題：本文の説明を聴いてすぐに取り組めば理解の深まる問題で巻末に解答あり
　・演習問題：節単位で理解を深めるため, 試験問題やレポート課題とできる問題
　なお, 種類も数ももっと多くの問題をまとめた「学習ノート」を刊行していますので, こちらも利用ください.

登録商標について

（1）Microsoft, Windowsは, 米国Microsoft Corporationの米国およびその他の国における登録商標または商標です.
　　Apple, Mac, Macintosh, QuickTimeは, 米国Apple,Inc. の米国およびその他の国における登録商標または商標です.

（2）その他, 本文中で記載されている会社名, 製品名は, 各社の商標および登録商標です.

は し が き

　情報に影響されて人々の考えや行動が決まり，情報から新たな価値を生んで社会が変わっていく情報社会が，急速につくられています．このような時代では，情報の収集・加工・発信を正しく効率的におこなえる情報活用の実践力，情報の加工や流通における仕組みの科学的な理解，情報を社会で守り活用するための取り決めを理解した上での参画といったことを，意識して身につける必要があります．本書は，これらの事項をバランスよく扱っています．

　情報を学ぶ上で，上の3本の柱をバランスよく扱うという考え方は，本書の元になっている「ネットワーク社会における情報の活用と技術」（初版2003年2月刊）から引き継いでいます．情報活用の実践力（1章），情報の科学的理解（2章），情報社会への参画（3章）を取り上げ，各章の最終節にセキュリティ問題を扱うという方針は，変わっていません．一方，三訂版刊行からでも10年近く経って，社会の状況や教育の環境は大きく変わっており，書名を含めて大幅な改訂をおこなっています．

　コミュニケーション手段ではSNSが著しい普及をみせ，IoT・ビッグデータ・AIなどの新たな概念が現れ，初等教育からプログラミング教育が実施されようとし，データの保護と活用の進む一方で深刻なサイバー犯罪が発生しています．本書は，こうした環境変化を受けて，どこに問題があって，どう対処すべきかを考えていけるようになることを目指しています．

　本書の扱う範囲は広く，量も多い上に，方向性や合意の得られていない内容もあり，著者固有の主張も随所に入っています．そのまま受け入れるのではなく，議論の素材に使って理解を深めていただきたいと考えます．さらに，一つの授業科目で扱うのは難しいので，実験・実習の補助教材や，複数科目で補完するなどして活用いただければと思います．また，本書に準拠した「学習ノート」も刊行しますので，自学自習やグループ学習などに利用ください．

　上で述べたように，本書は副題に残した「ネットワーク社会における情報の活用と技術」が元になっています．前書の刊行には，多数の皆さ

まがかかわっておられ，内容の一部を利用させていただいています．紙数の関係で逐一お名前を挙げることはしませんが，関係者の皆さまに厚くお礼申し上げます．

　情報社会を生きていくためには，"情報"の基礎を確実に身につけた上で，新たに起こる事象に対処しなければなりません．この基礎づけに本書が役立つことを望むものです．

令和元(2019)年6月

編著者を代表して　　岡田　正

も く じ

1. 情報の活用と発信　………………………………… 1

1.1　情報の概念　2
1.1.1　情報の性質と特徴(2)　　1.1.2　情報の伝達手段(7)

1.1.3　情報機器(13)

1.1.4　SNSとソーシャルメディア(20)

1.2　情報の収集・整理　24
1.2.1　情報源の種類(24)　　1.2.2　情報の収集(26)

1.2.3　情報の整理(32)

1.3　情報の加工・表現　37
1.3.1　加工・表現手段の使い分け(37)　　1.3.2　情報加工の手段(45)

1.3.3　収集した情報の加工に対する配慮(48)

1.4　情報の発信・交換と評価　52
1.4.1　発信・交換手段の使い分け(52)　1.4.2　発信・交換前の注意(57)

1.4.3　情報発信後の責任と評価(62)

1.5　情報の管理とセキュリティ　67
1.5.1　個人による情報セキュリティ対策(67)

1.5.2　個人情報の保護と著作権(75)

1.5.3　ネットワーク利用のマナーとエチケット(77)

2. 情報の処理と技術　……………………………… 83

2.1　問題解決の方法論とデータ　84
2.1.1　問題解決の手順(84)　　2.1.2　モデル化(86)

2.1.3　シミュレーション(89)　　2.1.4　データの表現と利用(93)

2.1.5　データサイエンスに基づく問題解決(104)

2.2　情報のディジタル表現と処理　111
2.2.1　ディジタル情報と情報量(111)　　2.2.2　数値と文字(113)

2.2.3　マルチメディア(119)　　2.2.4　ディジタル情報の処理(128)

2.3　コンピュータのしくみ　133
2.3.1　コンピュータの基本構成と動作(133)

2.3.2　ハードウェア(136)　2.3.3　ソフトウェア(141)

2.4 プログラミング　148

2.4.1　プログラミングの役割(148)　　2.4.2　プログラミング環境(152)

2.4.3　手続き型言語(159)　　2.4.4　オブジェクト指向言語(163)

2.5 情報通信ネットワーク　166

2.5.1　情報通信ネットワークのしくみ(166)

2.5.2　通信システムの階層構造(168)　　2.5.3　インターネットの構造(172)

2.5.4　ネットワークの構成(177)　　2.5.5　クラウドサービスと仮想化技術(181)

2.6 セキュリティを守る技術　186

2.6.1　情報セキュリティの3要素(186)

2.6.2　認証とパスワード(186)　　2.6.3　暗号化のしくみと応用(190)

2.6.4　アクセス制御とファイアウォール(196)

2.6.5　セキュリティホールとセキュリティソフト(200)

2.6.6　スマートフォンのセキュリティ対策(204)

3. 情報と社会生活　…………………………………　207

3.1 情報伝達の多様化と社会の変化　208

3.1.1　コミュニケーションの変遷(208)　3.1.2　情報伝達の多様化(212)

3.1.3　情報の受信・発信(217)

3.2 情報社会の進展　220

3.2.1　情報システムの普及(220)　3.2.2　学習方法の多様化(223)

3.2.3　労働形態の多様化(226)　　3.2.4　社会生活の多様化(228)

3.2.5　電子商取引と電子貨幣(233)

3.3 情報社会のもたらす影響と課題　239

3.3.1　情報格差(239)　　3.3.2　有害情報(241)

3.3.3　健康への影響(245)　　3.3.4　利便性と弊害(249)

3.4 情報社会における個人の役割と責任　252

3.4.1　情報の信頼性と信ぴょう性(252)

3.4.2　組織による情報の管理とセキュリティ（255)

3.4.3　情報に関する法律(259)　　3.4.4　インターネットと犯罪(268)

コラム一覧　……………………………………………　273

付録　………………………………………………………　274

練習問題解答　…………………………………………　278

参考URL・引用URL　参考文献　………………　287

さくいん　………………………………………………　292

第1章　情報の活用と発信

1.1　情報の概念 … 2

1.2　情報の収集・整理 … 24

1.3　情報の加工・表現 … 37

1.4　情報の発信・交換と評価 … 52

1.5　情報の管理とセキュリティ … 67

　本章では，情報を活用する方法や具体的な処理の方法について学ぶ．まず，1.1では，第1章から第3章の基礎となる情報の概念について，第2章と関連の深い情報機器について，そして第3章への橋渡しとなる情報の伝達手段について学ぶ．

　1.2から1.4では，問題解決の手順である情報の収集・整理，加工・表現および発信について，いくつかの簡単な例をもとに学ぶ．また，情報の収集や加工段階で気をつけなければならないこと，さらに，情報発信後の責任についても述べている．

　最後に1.5では，情報をあつかうとき個人として気をつけなければならないセキュリティやモラルについて学ぶ．

1.1 情報の概念

　情報を有効に活用するためには，情報について正しく理解する必要がある．ここでは，まず情報の特徴や性質，情報の伝達・交換の手段，およびディジタル情報の特徴について説明する．ついで，情報機器の特徴や情報通信ネットワークおよび情報交換について述べる．

1.1.1　情報の性質と特徴

（1）情報とは

　私たちは外界のようすをからだの感覚器（五感）を通して知覚している．たとえば，空気の温度，すなわち，気温は触覚から知覚されるし，温度計をみることで視覚的にも知覚できる．そして，知覚した一部分は，言葉や数値として表現され，他の人への伝達や記録に利用される．たとえば，気温は，「暑い／寒い」という言葉や，「6℃」という数値で表現できる．このような言葉や数値をデータまたは情報とよぶ．

　とくに，データと情報を区別する必要がある場合，次のようなものを情報とよぶ．

①特定の状況において価値判断を加えたもの．

　　たとえば，旅行に行く際には，天候に関するデータに注意を払うであろう．仮にオーストラリアに旅行する人が，オーストラリアの気温が「6℃」と聞けば，コートを持参するであろう（図1.1）．この場合，旅行する人にとっては，旅行先の気温データは，重要な情報である．

②データを整理して別の形で表現したもの．

　　たとえば，一日の寒暖の変化を調べるためには，一定の時間間隔で計測した気温が必要である．計測した気温データを整理してグラフに表現すると，新たなことがわかるかもしれない（図1.2）．この場合，ある時間の気温はデータであっても，それを整理しグラフ化したものは情報となる．

　なお，データや情報は他の人へ伝達することができるので，渡す側にとって価値のあるデータ（または情報）であっても，受け取る側にとっ

ては単なるデータにすぎない（価値のあるデータではない）場合がある．また，その逆の場合もありうる．そこで，とくにデータと情報を区別する必要がない場合は，本書ではひとまとめに情報とよぶことにする．

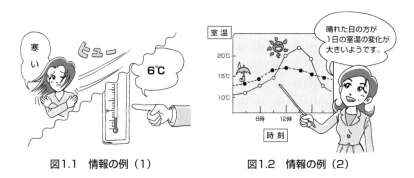

図1.1　情報の例（1）　　　　図1.2　情報の例（2）

　私たちは多くの情報を記憶しておき，必要に応じて取り出すことができる．このような情報を**知識**とよんでいる．また，私たちは情報や知識をもとに，行動や判断を決めている．そして，行動・判断を決める過程で重要な役割をはたすものを**知能**とよんでいる．

　人類をはじめ，集団生活を送る生物は，お互いに情報を交換することで生活を向上させてきた．また，人類は正確な情報をより広い範囲に，短時間で伝えることができるようにくふうすることで，文明や科学技術を発展させてきた．

コラム　　**情報の語源**

　「情報」という言葉は明治時代に日本で使われはじめた．一説には森鴎外が「戦論」を翻訳する際につくったともいわれている．実際は，それ以前に軍の文書や新聞用語として登場している[*1]．そのころは，軍の内部で上官から部下へ伝えられる命令に対し，部下から上官へ伝えられるのが情報とよばれていた．

　こんにちのような意味で情報が使われるようになったのは1955年（昭和30年）前後といわれている．なお，中国にも情報という言葉が伝えられ，同じ意味で広く使われている．

(2) 情報の性質

さきに，情報には価値の判断が含まれることは述べた．一般には，情報には次のような性質がある．

①情報は物質ではなく，情報自身は物理的な大きさも重さももたない．

　　たとえば，でたらめな模様を描いた紙と文章を書いた紙とは，物質として差がない．しかし，それぞれの紙が伝える情報には大きな差がある．

②情報は複製可能であり，複製しても，もとの情報は損なわれない．

　　たとえば，回覧板は読んだあとで次の人に渡すため，手もとに回覧板そのものは残らない．しかし，回覧板に書いてあった情報は記憶したり，メモすることで手もとに残しておくことができる．また，故意に汚さない限り，回覧板に書いてある情報が減ったり失われることはない．

③情報は伝えられる過程で内容が変化する場合がある．

　　たとえば，伝言ゲームは，口伝えの情報伝達によって途中の情報変化を楽しむゲームである．途中で情報がまったく変化しなければ，娯楽性がない．

④情報には金品のような価値がある．

　　たとえば，TVゲームソフトの攻略本やソフトウェアの操作解説書を購入する理由を考えてみよう．これらの本には対象とする製品のもつ機能を増やす内容は含まれていない．その製品を操作するときに手がかりとなる情報に対して，本の代金を支払っているといえる．

　一方，情報の価値は，①情報の出所（発信源），②受け取り手，③情報が伝わるのに要する時間（伝達時間），④情報が届いてからの経過時間などの要因によって大きく変化する．

◆練習問題 1-1 ◆

　身のまわりの情報について，情報の性質①〜④を参照し，価値が異なる例について考えてみよう．

4　1.情報の活用と発信

(3) 情報伝達の特徴

情報は人間の感覚器のどれかに適合した形で伝えられる．たとえば，言葉は聴覚（音声），視覚（文字），触覚（点字）などで伝えられる．情報を伝えるものを**媒体（メディア）**とよぶ．

メディアの種類により，情報の伝わる範囲（伝達範囲）や伝達時間が異なる．また，同時にいくつの情報を伝えられるか（多重性），情報をどれだけの時間保っていられるか（保持時間）も異なる．例として，空気中を伝わる音声について考えてみよう（図1.3）．

①伝達範囲：音源から遠ざかるほど音は小さく聞こえる．大声で話すとしても，確実に音声が届くのは数十メートルの範囲であろう．

②伝達時間：音の伝わる速さは約340メートル毎秒である．したがって，数十メートルの範囲であれば1秒未満に伝達される．

③多重性：雑踏のなかでも会話ができるように，空気は同時に複数の音声を伝えることができる．

④保持時間：音声は届いた瞬間に失われるので，保持時間は0である．

図1.3　音の伝達の性質

情報の伝達範囲や保持時間を拡大するために，情報を変換して別のメディアで伝達・記録する方法が考えられてきた．

音の伝達手段として電話と拡声器があげられる．電話は遠くの人と1対1の会話をする手段である（**双方向伝達**）．拡声器は一人の話す内容を，

より多くの人に同時に伝える手段である（一方向伝達）.

音の記録手段として口述筆記と録音があげられる.口述筆記とは，速記のように音声を文字に変換して記録する手段である.録音は音声そのものをDVDやSDカードに記録する手段である.

情報の伝達範囲，伝達速度，保持期間を飛躍的に拡大させた要因として，活版印刷と電気・電子通信分野の技術開発があげられる.現代では単に情報を伝えるだけでなく，情報を収集・整理・加工して発信する機能をもったメディアを利用することもできる.その例として，書籍や新聞などの印刷メディア，ラジオやTVなどの放送メディア，WebやSNSなどのソーシャルメディア（Webは1.1.3と1.3.1，SNSは1.1.4で詳しく学ぶ）があげられる.

◆**練習問題 1-2**◆
　文字や画像の伝達・記録にはどのようなメディアがあるか，考えてみよう.

(4) 情報の表現形態（1次情報と2次情報）
　情報には，情報の入手手段（発信源）によって次の2種類がある.
　1次情報：人の意見を聞いたり，実地調査・アンケート調査・実験を行ってみずから収集した直接的な情報
　2次情報：書籍や新聞，ラジオやTV，データベースやインターネットなどから入手できる，あらかじめ整理・加工された間接的な情報

自分の体験によって得た情報を記録したり，人に伝える場合，ビデオレコーダへの録画や，報告文を書くなどさまざまな表現形態が考えられる.このとき，本来の情報を1次情報，自分が選択した表現形態であらわされた情報を2次情報とみることもできる.

例題 1.1 旅行についての情報を記録するには，どのような表現形態が適しているか考えてみよう.

解 答

　旅行先でみた風景を具体的に記録するには，写真や絵などの表現形態が適している（図1.4）．旅行の全体像を記録するには，地図や行程表などがふさわしい（図1.5）．このように1次情報が同じであっても，自分が何を伝えたいかによって適切な表現形態は異なる．

　ところで，1次情報の情報源が，著名人の講演やコンサートなどの場合，録音や写真撮影が禁止され，2次情報の表現形態が制限される場合がある．これは1次情報の多くを忠実に記録できる表現形態では，著作権や肖像権などの権利が侵害される場合があるからである．著作権については1.5，3.4で詳しく学ぶ．

図1.4　旅行先の写真撮影　　　図1.5　旅行の行程表

◆練習問題1-3◆

　どのような表現形態を選択しても，1次情報と完全に等しい2次情報を生成することは困難で，何らかの情報が失われることもあるし，付加されることもある．図1.4の旅行先でみた風景とそこで撮影した写真を例にして，失われる情報と付加される情報は何かを考えてみよう．

1.1.2　情報の伝達手段
(1) 情報のディジタル化

　情報の伝送能力は，電気・電子分野の技術革新により飛躍的に向上した．情報を電気信号に変換し，電線や電波を利用して伝送し，再びもとの情報に復元する技術が開発されたことで，地球上のあらゆる地域の人々と短時間で情報を交換することが可能になった．さらに，電気信号

に変換された情報を，ディジタル化して伝送することで，より多くの情報を伝送したり，より高品質な伝送を実現することが可能となった．詳しい原理は2章で述べる．

(2) アナログ情報とディジタル情報

室温を表示する温度計として，水銀柱温度計(図1.6)と，数字で計測値を表示する温度計(図1.7)を比較してみよう．

図1.6の温度計は，室温変化にあわせて伸縮する水銀柱の高さで温度情報を表現する．このように連続的に変化する量をアナログ量とよぶ．

図1.6　水銀柱温度計[*2]　　　図1.7　ディジタル温度計[*2]

図1.7の温度計は，摂氏という単位の温度情報を整数値で表現する．室温が連続的に変化するのに対し，温度計の表示は0.1℃刻みで変化する．このように不連続に変化する量をディジタル量とよぶ．

次に，図1.6の温度計の示す情報を記録することを考えてみよう．一般的には水銀柱のわきの目盛りを参考にして，「24℃」のように一定の精度までの数字で指示値を読み取る．このようにして読み取られた室温情報はディジタル量となる．一定時間おきに記録した室温情報は，図1.2(p.3)のようなグラフにあらわすことができる．この場合には，室温をグラフの縦軸方向の長さというアナログ量で表現しなおしたことになる．このように，同じ対象でもアナログとディジタルの両方で表現可能であり，相互に変換することができる．

(3) アナログ情報とディジタル情報の特徴

アナログ情報とディジタル情報の違いを，次の例題で説明する．

例題 1.2 何人かの身長を測定し，①平均を求め，②測定結果を保存し，③別の場所へ伝達することを考える．身長をアナログ情報で扱う場合とディジタル情報で扱う場合とで，どのような違いがあるか考えてみよう．

解 答

【アナログ情報の場合】

身長をアナログ情報であらわすために紙テープを利用し，身長と同じ高さ（長さ）で切り取ることにする．切り取った紙テープには氏名を書いておく（図 1.8）．

① 平均を求める処理：全員の紙テープをつなぎあわせ，人数分に等分割すれば平均身長の長さの紙テープが人数分得られる．人数が 2，4，8 のような場合は簡単に等分割できる．しかし，それ以外の場合には分割法をくふうする必要がある（柔軟性が低い）．

② 測定結果の保存：紙テープをそのまま保存すればよい．しかし，湿度による紙の伸び縮みがあるため，長期間はもとの長さを保存できない（信頼性が低い）．本数が増えると保存場所を広げる必要があり，取り出す手間も増える（経済性が低い）．

③ 伝達手段：紙テープを郵便や宅配便で送ればよい．しかし，送料がかかるうえに届くまでに一定の時間が必要である（経済性が低い）．

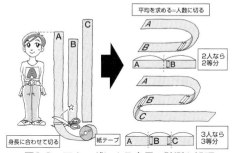

図 1.8 アナログによる身長の計測と処理

【ディジタル情報の場合】

身長をディジタル情報であらわすには，身長計で一定の精度まで読み取ることでディジタル情報に変換できる．

① 平均を求める処理：測定値の総和を求め，人数で割ればよい．電卓や表計算ソフトを利用すれば，人数に関係なく簡単にまちがいなく計算できる（信頼性が高い）．標準偏差を求めるような，より複雑な処理も可能である（柔軟性が高い）．

② 測定結果の保存：記録用紙を保存すればよい．数字が読めなくなるほど記

録用紙が汚れない限り，測定結果は正しく保存される（信頼性が高い）．
A4サイズの用紙1枚に数十人分が記録可能で，保存場所にも困らない（経済性が高い）．

③伝達手段：記録用紙をファクシミリで伝送したり，電話で数字を読みあげれば短時間で伝達できる（経済性・柔軟性が高い）．これらの場合，手もとの記録用紙の内容が伝達先に複写されることになるが，身長の情報は変化しない（信頼性が高い）．

以上を比較すると，身長の測定結果を扱うには，紙テープによるアナログ情報より，数値であらわしたディジタル情報の方が，信頼性・経済性・柔軟性のいずれにおいても優れていることがわかる．

(4) 情報の大きさ

英語のアルファベット大文字はA～Zの合計26文字から構成される．文字Aを1，Bを2，…，Zを26と番号をふると，英語の文字列を数列に変換できる．このような変換操作をコード化とよぶ．

シャノン（1916 - 2001）は1948年に「情報理論」に関する論文を発表した．そのなかで，シャノンは情報の最小単位が1桁の2進数（0または1の数字）であることを示し，すべての情報は数式などを利用して2進数にディジタル化できることを示した．この理論を用いると，文字・音声・映像といったさまざまな情報を，すべて2進数値という共通の表現形態に変換できる．これにより情報の大きさ（情報量）の比較が可能となる．なお，2進数1桁分の情報量を1ビット（bit）とよぶ．数値（10進数）と2進数の対応を表1.1に示す．

表1.1 数値（10進数）と2進数表現の対応表

数値（10進数）	2進数表現	数値（10進数）	2進数表現
0	0	8	1000
1	1	9	1001
2	10	10	1010
3	11	11	1011
4	100	12	1100
5	101	13	1101
6	110	14	1110
7	111	15	1111

8ビットの情報量を1バイト（byte）といい，1Bとあらわす．さらに大きな情報量をあらわすときには2^{10}バイトを1KB，2^{20}バイトを1MiB

10　1.情報の活用と発信

などのように補助単位または2進接頭辞を用いてあらわす（表1.2）.

表1.2　補助単位または2進接頭辞を使った情報量の表記（付録1参照）

補助単位	2進接頭辞	意味	
1KB（1キロバイト）	1KiB（1キビバイト）	2^{10}B =	1,024B
1MB（1メガバイト）	1MiB（1メビバイト）	2^{20}B = 1,024KB =	1,048,576B
1GB（1ギガバイト）	1GiB（1ギビバイト）	2^{30}B = 1,024MB =	1,073,741,824B
1TB（1テラバイト）	1TiB（1テビバイト）	2^{40}B = 1,024GB =	1,099,511,627,776B
1PB（1ペタバイト）	1PiB（1ペビバイト）	2^{50}B = 1,024TB =	1,125,899,906,842,624B
1EB（1エクサバイト）	1EiB（1エクスビバイト）	2^{60}B = 1,024PB =	1,152,921,504,606,846,976B

　2進数値であらわされた情報は，コンピュータで容易に扱うことができる．情報をディジタル化することで，さまざまな情報を共通のメディアに記憶したり，共通のメディアで伝送したりと，情報コンテンツの利便性・経済性が高まる．

◆練習問題1-4◆

　今年のはじめから1年間の経過時間を秒単位で数えたい．1年分を正しく数えるには，2進数で何ビット必要だろうか．

（5）さまざまな情報のディジタル化

　英文はアルファベット大文字26文字／小文字26文字，数字10文字と，20文字程度の記号で表現できる．これら（英数字とよばれる）を2進数で符号化することで文字情報をディジタル化することができる．代表的な文字コードとして，1文字を7ビットの符号であらわすASCIIコードがある（付録2参照）．

　音を扱うメディアとして，現在広く普及している音楽CDと，それ以前の主流であったレコードを比較してみよう．

　レコードは音をアナログ情報として扱い，円盤上に彫られた溝を針でなぞることで情報を取り出すことができる（図1.9）．しかし，溝の上にほこりがあると雑音がまじったり，何度も演奏していると溝が削れて音が劣化してしまうといった問題がある．また，溝に彫られている情報はすべて音として再生されるため，そのレコードに記録されている曲数や，各曲の演奏時間などの付加情報を記録しておくことができない．

1.1　情報の概念　11

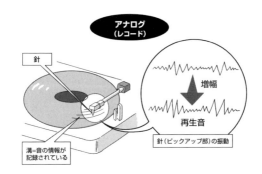

図1.9　レコード

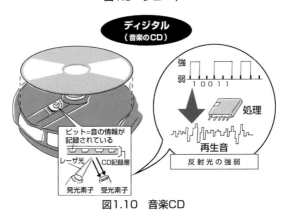

図1.10　音楽CD

　音楽CDは音をディジタル情報として扱い，円盤上の記録層にレーザ光をあて，反射を調べることで情報を取り出すことができる（図1.10）．接触せずに情報を取り出すことができるので，雑音が少なく，何度演奏しても音が劣化しないという特長がある．また，音楽CD中の曲数や各曲の演奏時間が付加情報として記録されているので，指定順序での演奏などを手軽に行うことが可能となった．

　また，写真や絵などの映像（画像）は，次のようにしてディジタル化できる．

　はじめに，もとの画像を小さな格子に切り分ける（図1.11(a)）．この格子を画素（ピクセル，ドット）とよぶ．また，どれくらい小さく切り分けるかを，1インチ（約2.54 cm）を何ドットに分けるかという単位

dpi (dots per inch) であらわす．

次にそれぞれの画素を代表する色を1色ずつ決める（図1.11(b)）．ただし，代表色の種類（色数）はあらかじめ決めておく．たとえば，白黒2色，モノクローム256階調，カラー256色などがよく知られている．

最後に代表色を色の番号（2進数値）であらわし，1次元の数列に変換する（図1.11(c)）．

コンピュータで画像を扱う場合には，画像の内容や使用目的などによって何通りかの形式がある（2.2，付録4，5参照）．

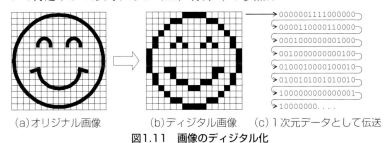

(a)オリジナル画像　　(b)ディジタル画像　(c)1次元データとして伝送

図1.11　画像のディジタル化

1.1.3　情報機器

(1) コンピュータの発展

コンピュータは，もともと電子回路によって数学や物理の計算を行うために開発された．初期のコンピュータは，計算の内容（処理）に応じて回路の構成をかえる必要がある，巨大な装置であった．

しかし，フォン・ノイマン（1903 – 1957）らが開発した，回路の構成をかえることなく処理内容を変更できるプログラム内蔵方式により，さまざまな処理を行わせることが可能になった（汎用性の実現）．また，半導体技術の進歩により，回路をIC，LSI，VLSIとよばれる小型のパッケージに集積化することで，装置の小型化と低消費電力化が可能となった（経済性の向上）．

近年はとくにCPU（中央処理装置）の高速化と半導体メモリの大容量化が進んでいるため，比較的安価なコンピュータでも，情報量の多い音や映像を途切れることなく記録・再生するマルチメディア処理が可能になっている．

CPUやメモリの性能向上について，ゴードン・ムーア（1929～）は

1965年に半導体の集積度が指数関数的に増すことを示し,その後「CPUやメモリなど半導体の集積度は約2年で2倍になる」という形で広がり,ムーアの法則とよばれている.

ムーアの法則は,あくまでも経験則に基づく予想である.これまで,ムーアの法則の期待を裏切らないかたちで半導体の技術革新が行われ(図1.12),コンピュータの小型化・高性能化が可能になった.しかし,微細加工技術は物理法則の限界に達しようとしており,ムーアの法則は成り立たなくなる.これまでのように,半導体の性能をムーアの法則の示す集積度だけで測るのではなく,省電力性能や経済的価値なども含めた多様な指標で評価されるようになっている.インターネットの普及による携帯情報端末の活用や,クラウドコンピューティング,ソーシャルメディア,人工知能(AI：Artificial Intelligence),IoT(Internet of Things：モノのインターネット,「アイ・オー・ティー」と読む)などのビックデータ活用のために,半導体技術とデータ処理技術を連携させた技術革新が,これからの課題になっている.

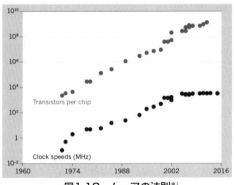

図1.12　ムーアの法則[*3]

(2) 情報機器とは

ここでは,コンピュータをはじめとする,ディジタル化された情報を扱う機器を情報機器とよぶ.情報機器は,図1.13のように3つの装置から構成される.

①入力装置

使用者からの命令を入力したり,情報をディジタル化する装置.

例：キーボード，マウス，タッチパネル，音声入力装置，スキャナ，ディジタルカメラ

②出力装置

　計算の結果や処理の状況を伝えたり，ディジタル化された情報をもとの形に変換（復元）する装置．

例：ディスプレイ，プロジェクタ，プリンタ，スピーカ

③処理装置

　内蔵されたプログラムや使用者からの命令にしたがい，計算や入力データの処理を行う装置．処理装置は，演算やデータの流れを制御する**中央処理装置（CPU）**，実行プログラムやデータを記憶する**主記憶装置（メモリ）**，主記憶装置の補助として大容量のプログラムやデータを記憶する**補助記憶装置（ストレージ）**などから構成されている．

　処理装置と入出力装置との接続部を**インタフェース**とよぶ．インタフェースには何種類かの規格がある．規格に対応した入出力装置や補助記憶装置を必要に応じて接続することで，情報機器の機能や役割を変更することもできる．

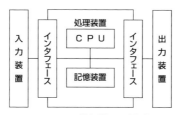

図1.13　情報機器の構成

（3）情報機器の種類

　私たちの身近にある情報機器には，次のようなものがある．

①コンピュータ（図1.14）

　基本ソフトウェア（OSなど，2.3.3参照）と応用ソフトウェアの組み合わせにより，文書作成・表計算・データベース管理などさまざまな機能を実現できる．基本的な入力装置としてキーボード・マウス，出力装置としてディスプレイが接続されている．

②コンピュータ組み込み製品（図1.15）

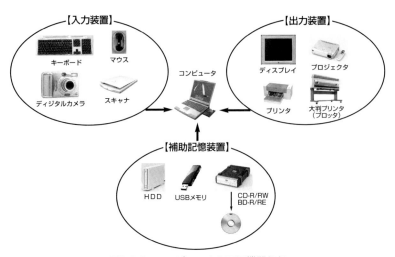

図1.14　コンピュータと周辺機器[*4]-[*5]

　自動車や家電といった工業製品内に組み込まれ，センサによる温度制御やタイマ動作などに利用されている．近年注目されているIoTとは，自動車・家電・工場などのモノがインターネットにつながり，情報のやり取りをするようになることである．IoT化により，モノに新たな価値を付加している．たとえば，電気ポットの使用状況を離れて暮らす家族へ電子メールで知らせる安否確認サービスは，電気ポットに高齢者の見守りという付加価値を提供する．さらに，自動車のセンサ情報がインターネットでオンラインストレージに蓄積され，AIで解析され，自動運転をする技術開発が進められており，自動車に人的ミスによる自動車事故を減らす安全性の付加価値を提供する．また，カメラや各種センサを搭載したドローンによる農薬自動散布などの技術開発により，少ない労力で農作物の生産性を高めることができる．IoTは技術開発だけでなく，制度面や運用面についても検討が進められており，製造・医療・福祉・農業・教育など社会のあらゆる分野でモノのIoT化が今後ますます拡大され，モノに新たな付加価値を生じさせると期待されている．

③スマートフォン，タブレット（図1.16）
　　スマートフォンは，通話機能がある携帯パソコンといえる．アプリ

ケーションソフトウェア（アプリ）を活用して，SNS・電子メール・Web・音楽・ゲーム・スケジュール管理などを，場所を選ばず利用することができる．また，カメラ機能も年々進化している．一方，タブレットは，画面サイズがスマートフォンと比較して大きく，SNSやWebサイトなどの閲覧がしやすい．さらに，ネットワーク経由でデータの入力・加工・保存もできるので，情報活用の利便性を高めている．

図1.15 コンピュータ組み込み製品（ロボット掃除機）[*6]　　図1.16 スマートフォン，タブレット[*7]

(4) 情報機器と情報通信ネットワーク

　情報機器を情報通信ネットワークに接続すると，機器そのものがもつ記憶容量を超えるデータを扱ったり，処理能力を超える計算や検索を行うことができる．また，情報通信ネットワークを介し電子的な商取引を行ったり，遠方の情報機器を操作したり，遠方にいる複数の人々とともに作業を行うことができる．

　情報通信ネットワークとしてインターネットが発展・普及してきた．インターネットでは，ネットワークに接続された情報機器が，他の情報機器間の通信を互いに中継しあうことで，膨大な数の情報機器の間で多様な通信を行うことができる．

　インターネットの通信回線は多くの利用者が共有しており，インターネット上の情報機器は多くの利用者間の通信を分けへだてなく中継している．したがって，インターネットを利用するときは，自分が所有する情報機器も公共の通信機器の1つに加わるという意識をもつ必要がある．

　インターネット上で利用できる，代表的な情報交換手段について，簡単に紹介する．

①電子メール（E-mail）：インターネットを利用したコミュニケーション手段として，古くから使われるサービスである（図1.17）．スマートフォンにも標準機能として備わっている．電子メールアドレスを使って送受信を行う．複数の人に同時に同じ電子メールを送信する仕組みとして，メーリングリストがある．また，購読者に電子メールで情報を配信するメールマガジンもある．

図1.17　電子メールのしくみ

②WWW（World Wide Web）：Webページとよばれるハイパーテキスト情報を，Webサーバとよばれるコンピュータで公開するサービスである（図1.18）．利用者は，Webブラウザとよばれるソフトウェアで情報を閲覧する．Webページでは，文字・音・映像などのマルチメディア情報を扱うことができる．さらに，ほかのWebサーバに公開されているWebページへのハイパーリンクをたどって，関連情報を閲覧することもできる．WWWは汎用性の高い仕組みで，個人の考えを手軽に公開し閲覧者のコメントをもらえるブログ，大量のWebページから必要な情報を探し出す検索サイト，Webサイトで商品の選択と決済のできるオンラインショップなど，多数のWWWベースのサービスが登場している．

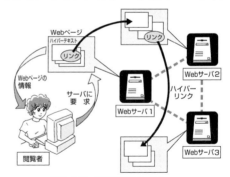

図1.18　WWWのしくみ

③電子掲示板（BBS：Bulletin Board System）：インターネット上に用意された，共通の話題や関心のある分野ごとに情報交換や議論ができ

るサービスである（図1.19）．基本的にはだれもが自由に参加できる．ハンドルネームで投稿ができるので，不適切な投稿内容が炎上することもある．投稿内容には十分注意をすべきである．

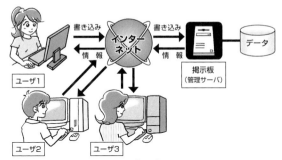

図1.19　電子掲示板のしくみ

④ファイル共有サービス：インターネット上にあるオンラインストレージに，文書や画像などのデータファイルを保存し，複数のユーザでファイル共有することができるサービスである．インターネットを使える環境であれば，いつでもどこでもファイルにアクセスして閲覧や編集などを行うことができる．また，複数のユーザ間で同じファイルの編集作業を行うことができ，仕事の効率を上げることができる反面，データの消失や情報漏洩などのリスクがある．ファイル共有サービスを含むクラウドサービスの技術面は，2.5.5で学ぶ．

⑤SNS（Social Networking Service）：インターネット上で，登録された人と人とのコミュニケーションを促進する会員制のサービスである．友人や関係者とメッセージ交換や情報共有ができる．スマートフォンなどの携帯情報端末の普及により，いつでもどこでも写真や動画などの色々な情報を手軽に投稿・閲覧できるようになった．一方，不適切な投稿による個人情報漏洩や著作権侵害，アカウントののっとりやなりすましなどの危険性がある．

これまでに紹介した電子メール・WWW・電子掲示板・ファイル共有サービス・SNSは，インターネットを利用してだれでも双方向のやりとりができるメディア（ソーシャルメディア）である．SNSとソーシャルメディアについて1.1.4で詳しく学ぶ．

1.1.4 SNSとソーシャルメディア

　インターネット上における人と人とのつながりを，社会的に支援する
サービスのことをSNSという．たとえば，友人や同じ趣味を持つ人，
あるいは同じ学校やクラブに所属している人など，社会的に同じ環境に
ある人たちがネットワークを通じてコミュニティを形成し，メンバー間
で互いに情報を交換するなどして交流を促進するサービスである．

　2002年"friendster"が米国において開設された．これは，ユーザがプ
ロフィールを登録し，その友だちの友だちといった友だちの輪を広げる
ことで，社会的なコミュニティを構成するという現在の一般的なSNS
の草分け的存在であった．その後2003年にLinkedInやMyspace，2004
年にFacebookがサービスを開始した．日本においては，2004年開設の
mixiが有名である．

　多くのSNSが，写真や動画・音声の投稿と閲覧など多機能化を進める
一方で，Twitterは比較的簡易なコミュニケーションサービスに特化し，
テレビニュースなど多メディアにおける活用なども見られる．さらに，
SNSにおけるメッセージ送受信機能の拡張が活発である．たとえば，連
絡手段としてのLINEの利用は，日本において広い年代で普及しており，
特に若年世代においては電子メールを大きく上回っている．また，近年
SlackやMicrosoft Teamsといったチャットツールも注目されている．
これらのサービスは，スマートフォン・タブレット・パソコンなどさま
ざまなデバイスからの利用が可能で，テキストによるメッセージ交換に
加え，ファイルの共有・通話・ビデオチャット・スケジュール管理やク
ラウドサービスなどさまざまなアプリ連携ができる．こうしたサービス
により，個人のつながりだけでなく，情報交換やタスク処理の利便性向
上などの期待から，ビジネス分野での利用も増えている．

　なお，TwitterやLINE，YouTubeやブログなど社会的なつながりを
それほど強く意識せず，個人による情報発信や個人間のコミュニケーシ
ョンなどといったサービスを行うメディアをソーシャルメディアとよぶ．
SNSはソーシャルメディアに含まれたサービスである．

20　1.情報の活用と発信

 現在利用者が多い主なSNSやソーシャルメディアのサービスとその特徴を調べてみよう．

解 答

① Twitter：半角280字（日本語では140字）以内の短いテキストメッセージ（つぶやき＝ツイート）を投稿できるミニブログサービスである．テキストメッセージ以外に写真や動画・URLなども投稿できる．あるユーザをフォローすると，そのユーザのツイートを（ブックマークなどしなくとも）閲覧することができる．自分がフォローしているユーザのツイートが時系列で並んで表示された状態をタイムラインという．また，他のユーザのツイートを再投稿することをリツイート（拡散）という．2006年にサービスが開始されて以来ユーザ数は増加し，2017年の日本国内のアクティブユーザ数は4500万人といわれる．手軽に情報を発信できる利便性があり，政治家や企業の社長などが直接情報発信したり，事故や災害時に現場の状況がスマートフォンなどの携帯情報端末を用いて投稿されるなどの事例も多く見られる．一方，いわゆるデマや偽情報（フェイクニュース）の拡散，個人情報や不適切発言の投稿，犯罪予告やネットいじめなどの社会問題も引き起こしている．

② Facebook：2004年にサービスが開始された世界でもっとも登録ユーザ数が多いSNSである．他のSNSでは匿名で登録することが多いのに対し，Facebookでは基本的に実名登録制であるため，フォローするユーザの検索が容易であるのが特徴である．写真や動画などを多く投稿することが可能で，グループやイベント，通知機能が充実するなど多機能である．友だちやビジネス関係でのつながりによる利用が多いといえる．実名登録のため，個人情報の漏洩や登録情報の選挙利用などの問題が起きている．

③ Instagram：主に写真を投稿・共有することを目的としたSNSで，2007年に米国でサービスを開始した．写真投稿に特化していたことから，

投稿時にかけるフィルタ機能が充実し，創作的な写真を簡単に投稿することができる．また，投稿内容を表すハッシュタグの導入により，同じ内容の写真を検索することが容易になっている．2014年に日本語対応されると日本のユーザ数が急増した．「インスタ映え」という投稿する写真の見栄えの良さを意味する言葉まで生まれており，これに投稿することを目的として食事をしたり旅行に出かけたりといった社会現象まで起こっている．

④LINE：テキストによるメッセージ交換や音声通話・ビデオ通話などを行えるSNSあるいはソーシャルメディアである．2011年のサービス開始以来，主に日本において利用が盛んである．メッセージ交換において，スタンプとよばれる絵文字がとくにヒットし，ユーザ拡大の要因の1つとなった．また，特定多数のユーザ間でメッセージを共有できるグループ機能もよく利用されている．写真や動画の投稿，アンケートの実施なども簡単に行える．若年層におけるメッセージ交換の代表的サービスであり，近年では中高年にも利用が拡大している．メッセージが相手に読まれると「既読」マークが付けられる．既読が付いているにもかかわらず返事がないと「既読スルー」とよばれることがあり，心理的ストレスを引き起こす問題が指摘されている．さらに，グループ内で悪口をいったり，グループから外して悪口をいいあう，特定の相手に対して既読スルーを繰り返すなどといった，LINE上でのいじめが問題となることも見られる．なお，欧米諸国では．同様なサービスとしてWhatsAppが多く利用されている．

⑤Slack：テキストメッセージのほか，ファイル共有や音声・ビデオ通話をサポートする代表的なチャットツールである．同様なサービスにMicrosoft Teamsやチャットワーク，Discordなどがある．仕事を効率よく進める働き方改革やテレワークの推進を後押しするしくみとして注目されており，主に企業での利用がさかんになっている．

コラム　デフォルト

デフォルト（default）には本来，義務をはたさない，約束事をおこたるなどの意味がある．経済学では借金を踏み倒す債務不履行をあらわす言葉として，スポーツでは試合への欠場をあらわす言葉として使われる．

コンピュータ用語では，ソフトウェアの動作が不調になり，それまでの設定を帳消しにして初期状態に戻すことや，インストール後に（本来は実施すべき）設定作業をしない状態のままでソフトウェアを使用することをあらわすときに使われる．

コラム **デファクトスタンダード**

　コンピュータの入力装置の1つであるキーボードは，19世紀末にアメリカで開発されたタイプライタをもとにしている．初期のタイプライタは機械的な機構で文字を印字するもので，入力がはやすぎると故障した．そこで，使用頻度の高いEやTを左手側に配置（QWERTY配列）して，入力がはやくなりすぎないくふうをしていた．コンピュータでは入力がはやくとも問題はないので，効率のよいキー配列にかえることもできたが，使用者の混乱をさけるため，効率の悪いキー配列を受けついだ．このように，広く普及しているものが標準となることをデファクトスタンダードとよぶ．

演習問題

(1) 新聞1ページの情報量は，約256kビットといわれている．その根拠を考え，話し合ってみよう．また，身近にあるディジタル情報の記録メディア（CD-R，DVD-R，フラッシュメモリなど）の記憶容量が新聞何ページ分に相当するか，調べてみよう．

(2) 画像や映像を扱う情報機器について，どのようなものがあるか調べてみよう．

(3) SNSやソーシャルメディアには，以下のような多くの問題も指摘されている．これらの具体的な発生事例を調べてみよう．
　①SNS中毒　　②個人情報の流出　　③いじめ
　④フェイクニュース　　⑤アカウントののっとりやなりすまし
　⑥不適切な投稿

1.1　情報の概念　23

1.2 情報の収集・整理

私たちは多くの情報に囲まれて生活している．ふだんはその情報を自分の目的に応じて収集したり，選択したりしている．そして，必要に応じて情報を発信して，相手に自分の意図を伝えようとしている．ここでは，情報の収集・整理について考えてみよう．

1.2.1 情報源の種類

一般に私たちが課題解決をするときには，次のような手順にしたがって作業をしていることが多い．
① 解決すべき課題をはっきりさせる．
② 必要な情報を収集する．
③ 情報をみやすい形に整理・加工する．

このような過程において，自分が欲しい情報をどのように集め，利用するかは大変重要な問題である．次の例で，情報について考えてみよう．

  例題 1.4　夏休みを利用して友人と国内旅行をするための旅行プランをたててみよう．そのためには，どのような情報が必要かを考えてみよう．さらに，そのような情報はどのようにして得ることができるか考えてみよう．

解 答

国内旅行の計画をたてるときには，さまざまなことがらについて，調べたり，友達と相談しながら決めていく．
そのときに必要な情報としては，次のようなものが考えられる．
① 旅行の目的は何か．
　見学旅行，グルメ旅行など
② どこへ旅行をするか．
　○○県○○町
③ 旅行先には何があるか．
　○○公園，○○ランド
④ どのような日程で行くか．
　8月5日　午前9時出発，
　8月5日　午後4時到着・・・，
　8月8日　午後5時帰宅

⑤費用はいくらかかるか．
　バス代〇〇円，列車代〇〇円，
　宿泊代〇〇円，入場料〇〇円，・・・，合計〇〇円

　これらの内容を具体的に決めるには，どのような情報を参考にすればよいだろうか．必要な情報はさまざまな形で存在することが多い．これらの情報を得るための**情報源**を考えてみよう．
①旅行目的を決めるための情報源
　旅行ガイドブックやパンフレット，友達の意見など
②旅行先や日程に関する情報源
　旅行ガイドブックやパンフレット，地図，時刻表，Webページなど
③旅行費用に関する情報源
　時刻表，旅行先からの情報など

　ここで，友達の意見は**1次情報**になり，旅行ガイドブックやパンフレット，Webページに書かれている情報は**2次情報**となる．

　さまざまな情報源から収集された情報の多くは，ディジタル化されており，インターネットやCD-ROM, DVD-ROMを通して受け取ることができる．近年は，過去に出版された刊行物（新聞，報告書，マニュアルなど）も，新たにディジタル化されて再記録されている．さらに，このようなディジタル化された情報は，データベースによるキーワード検索（p.28，コラム参照）やさまざまな関連情報の閲覧がしやすくなるようにくふうされている．

　さて，情報発信をするときには必ず発信するための意図があり，受け手を想定して効果的にメディアを使って発信しようとしている．メディアにはそれぞれ特徴があり，その特徴を理解したうえで情報を収集することが大切である．また，発信される情報の内容や表現方法にも発信者の意図が反映されている．その点にも注意して情報を読み取る必要がある。次の例題で，メディアの活用について考えてみよう．

 インターネットを使って，旅行に関する情報を効果的に収集したい．どのような手段を利用すればよいか考えてみよう．また，その際，どのようなことに気をつけなければならないだろうか．

1.2　情報の収集・整理

解　答

　インターネットのWebページや電子掲示板，電子メールなどの手段を利用することができる．

　旅行に関する情報を収集する場合には，インターネットのWebページで調べてみるとよい．Webページ上では，世界中から発信されているさまざまな情報を得ることができる．また，電子掲示板には，旅行に関していろいろな人が書き込みをしているところがある．それをみると参考になる情報を得ることができる．さらに，電子メールを利用すれば，いろいろなことを教えてもらうことができるだろう．その際，利用者はいろいろな方法で得た情報を鵜呑みにするのではなく，その情報が正しいか（情報の信ぴょう性）を判断することと，情報の内容が適切かを判断することが大切である．内容が正確でない場合，でたらめな情報である場合，他人を傷つけることが目的である場合など，ルールを無視した情報もみうけられるため，注意が必要である．

　また，情報には必ずしも意図的でなくとも，誇張があったり，一面的な見方しかしていない場合がある．たとえば，格安プランの案内のなかには，基本料金とオプショナル料金に分けて表示されている場合があり，基本料金だけが強調されて書かれていたりする．このような情報を正確に読み取らず，基本料金だけをみて判断すると，トラブルのもとになりかねない．

◆練習問題 1-5◆

　学校新聞をつくりたい．新聞記事をつくるにはどのような情報が必要だろうか．また，それらの情報をどのように収集すればよいだろうか．

1.2.2　情報の収集

　私たちが情報収集するときは，ある目的にそって行う．集められた情報は目的に合うように整理・加工され，そこからさらに新しい情報がつくりだされる．

したがって，情報収集をはじめる前に課題を分析し，どのような情報をどのような手段で収集するかを十分考えなければならない．とくに，収集した情報のなかには，不必要な情報や，不十分な情報が入っている場合がある．情報の特徴をよく理解することが必要である．
　ここでは，インタビューや電子メール，アンケート調査による情報（1次情報）と，Webページや電子辞書による情報（2次情報）の収集について考えてみよう．

(1) 1次情報の収集方法
　いろいろな人の意見を参考にしたり，アンケートをとったりすることによって，情報収集をする場合がある．このような情報は，そのままでは利用できないが，目的にそって整理・加工することによって有効な情報として活用することができる．

 クラスで人気がある国内の旅行先をアンケートで調べてみよう．クラス内の友達に電子メールでアンケート依頼をして，返事をもらおう．

解　答
　アンケート調査には，アンケート用紙を用いる方法，電子メール・Webページ・SNSなどを用いる方法がある．アンケートをつくるとき，回答方法は選択形式にすると良い．アンケート依頼をするときのWebページの例を図1.20に示す．WebページやSNSのアンケートでは，アンケート結果が自動的に集計されるようになっている場合が多く，便利である．

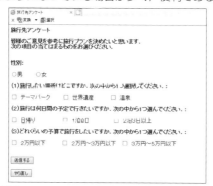

図1.20　Webページを使ったアンケート依頼

(2) 2次情報の収集方法

　書籍や電子メディア（CD-ROM, DVD-ROM）を利用して情報を収集する場合は，それぞれのメディアの特徴を利用することが大切である．

　ここでは，コンピュータ用語に関する情報を収集する方法について考えてみよう．

①電子辞書を利用して情報を収集する場合

　電子辞書はCD-ROMあるいはDVD-ROMの形で提供されている．これらの辞書は，キーワードを入れることによって，瞬時に必要な情報を検索してくれる．さらに，音声や動画なども利用できるようになっているものも多くあり，理解が深まるようにくふうされている．このような辞書には，Web上でも利用できるものもある．

②検索エンジンを利用して情報を収集する場合

　検索エンジンのWebページを使って，目的のWebページを検索することができる．

コラム　検索サイトとまとめサイト

　インターネット上の大量のデータから目的の情報を見つけ出すため，もっとも一般的な方法は，Googleに代表される検索サイトによる**キーワード検索**である．探している情報に関する「キーワード」を入力すると，検索エンジンが関係するWebページのリストを表示してくれる．表示順（ランキング）がどう決まるかに留意し，複数キーワードを使った絞り込みにより，最適な情報を得る工夫をして使いたい．

　探す情報の分野や目的が決まっていれば，必要な情報を整理・編集したまとめサイトも便利である．ただ，雑多で多様なサイトがあるので，編集の目的を十分に理解して利用しなければならない．特定の考え方に誘導されたり，なんらかの情報が排除されていて事実を把握できないことがあるので注意する．

例題 1.7 CPUやOSなど，知りたいコンピュータ用語についてWebページや電子辞書で調べてみよう．

解 答

用語辞典のあるWebページのURLを知っている場合は，URLの入力欄に直接URLを入力する．その結果，用語辞典のWebページが開くので，入力欄に調べたい言葉を入力して検索することができる．また，用語一覧表から言葉をみつけることも可能である（図1.21）．

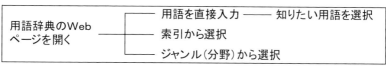

図1.21　Web上の用語辞典からの検索方法

各自でまとめた内容を，図1.22のようにワープロなどを利用して，テキストファイルにして保存しておくと，あとでWebページを作成したり，整理するときに大変便利である．このとき，出典も同時に記録しておくとよい．

また，電子辞書や検索エンジンを使って検索した結果，気になる用語が新たにでてきた場合は，これらをキーワードとして再度検索をすることにより，収集した情報の中身を充実させることができる．

図1.22　収集した情報をまとめた文書ファイル

（3）情報の信ぴょう性についての検討

収集した情報，とくに2次情報は，マスメディアから発信される情報のように一定のチェックを受けたものばかりとは限らない．そのため，必ずしも信頼できる情報であるとはいえず，収集した情報が信頼できる内容であるかないか，すなわち，情報の信ぴょう性を検討する必要がある．検討する際には，情報の表現方法や装飾にまどわされぬよう注意しながら，まず次の観点からはじめるとよいだろう（3.4.1参照）．

①情報の発信者名が明らかにされているか，それは信用できる人や組織

か.
②引用されている文章・図・表の出典が書かれているか，その出典は妥当か.
③情報作成日が書かれているか，それが極端に古くないか.
④収集したほかの情報と相違がないか.

　このように，いろいろな媒体（メディア）から得られる情報の内容を正確に読み取り，その信ぴょう性や価値などを適切に判断できる能力のことをメディアリテラシーとよぶ．メディアリテラシーには，このほかに，情報を適切に処理・加工できる能力（1.3参照）や，情報の発信・交換に利用できるさまざまな媒体の特徴や利用方法を理解して，妥当な方法で自分の考えを伝達できる能力（1.4参照）が含まれる．

　情報を活用するときには，まず，適切な媒体を選択しなければならない．このとき，ディジタル情報を扱う媒体だけでなく，印刷物などほかの媒体の存在にも注意を払う必要がある．次に，選択した媒体から得られる情報のなかから必要かつ信頼性・信ぴょう性のあるもの（3.4.1参照）だけを収集し，さらに，目的とする情報に加工しなければならない．そして，加工して得た情報を適切な媒体を通じて適切な方法で発信・交換することになる．ここでは，受信者がどんな状況にあるかや情報をどのように利用するかなど，情報の受け手に対する配慮が必要である．

　現在の社会にはディジタル化された多種多様な情報が存在している．そして，それらの情報を伝達する媒体は，情報通信ネットワークをはじめ多数出現している．このようななかで情報を有効に活用していくには，メディアリテラシーをしっかりと身につけなければならない．

例題 1.8 コンピュータ用語について検索した結果から,さらに2次情報を検索してみよう.

解 答

キーワード検索方式を採用している検索エンジンのWebページを使い,収集した情報ををさらに充実させてみよう.

図1.23は,収集した情報を図1.22のようにまとめた文書の中から「アプリケーションソフトウェア」という用語を抜き出し,さらに検索を行って情報を追加したものである.

図1.23 さらに収集した情報を追加した文書

このように,収集した情報をもとに検索を繰り返すことによって,情報を充実させることができる.

また,検索エンジンを使って収集した情報には,信ぴょう性に問題がある情報も多く含まれる可能性があるため,注意が必要である.図1.23で追加した「アプリケーションソフトウェア」に関する情報が,大手出版社や大手ICT企業など,社会的に信頼がおける組織が発信したものであれば信用してよいかもしれない.しかし,身元がわからない個人が発信している情報にもとづいているのであれば,疑いの余地が残る.情報の信ぴょう性を確実に確認することは大変困難であるが,確認しようとする努力は必要である.

◆練習問題 1-6◆

個人やグループで旅行する場合を想定して,インターネットを使って下記の情報についていろいろな方法で収集してみよう.なお,旅行日程(1泊2日など)を決めたうえで考えること.

(1) 場所　　　　　(2) 旅行先までの交通機関
(3) 宿泊先　　　　(4) 費用(交通費,宿泊費)

1.2.3 情報の整理

収集した情報はそのままでは使えない．必要でない情報や，重複した情報があったりするため，収集した情報を利用できるように整理しなければならない．

情報を整理するときには，それぞれの情報をディジタル化しておくと非常に便利である．ディジタル化された情報は，ファイル単位で蓄積することができ，それらをまとめたり，さらに加工することによって，利用価値を高めることができる．一般には，内容ごとにファイルをまとめて管理することが有効である．

複数のファイルを入れるものをフォルダ（ディレクトリ）という．このフォルダのなかに日付や種類別に分けたファイルを入れ，フォルダに名前をつけて保存しておく．さらにいくつかのフォルダを1つのフォルダにまとめ，階層構造にすることによって，情報の整理に役だてることができる．

例題 1.9 コンピュータ用語について収集した情報をフォルダにまとめ，階層構造にして整理してみよう．

解答

これまでの学習により，たとえばノートパソコンを購入する際に，インターネットやパンフレットでノートパソコンの機能を調べたり，わからないコンピュータ用語が出てきたときに，その意味を調べたりすることができるようになった．

このように集められた情報を整理する方法はたくさんある．たとえば，製品ごとに文書にまとめて文書ファイルとして登録することが考えられる．図1.24では，ノートパソコンという名前をつけたフォルダをつくり，そのなかにいくつかのフォルダをつくって整理している．

たとえば，コンピュータ用語に関するファイルを保存するために，「用語集」という名前のフォルダを作成し，ノートパソコンの性能をまとめたファイルを保存するために，「必要な機能」という名前のフォルダを作成している．

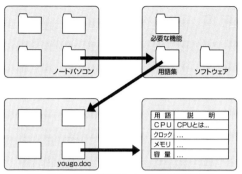

図1.24　階層構造にした情報の整理方法

 例題 1.10　作成した文書ファイルを，いろいろなファイル形式で保存してみよう．また，検索機能を使って，入力したキーワードと同じ言葉を文章中にもつファイルを検索してみよう．

解　答

　作成した文書ファイルは，使用するワープロによって保存方法が異なり，**拡張子**によって区別されている．文書ファイルのなかで，ほとんどのワープロで保存したり，読み込んだりできるのは，拡張子がtxtとなっているテキストファイルである（付録5参照）．

　このようにコンピュータのなかには，いろいろな種類のファイルが保存されていて，ファイルの数が多くなるにつれて，必要なファイルを探しだすことがむずかしくなってくる．このようなとき，コンピュータの検索機能を使うと，目的のファイルを探しだすことができる．

　検索には，ファイル名を検索する場合と，文書に書かれている文字列を検索し，その文字列を含んでいるファイルを調べる場合がある．図1.25は，「CPU」という文字列を文章中に含むファイルを検索したものである．

図1.25　ファイル検索画面

　さて，これまで収集した情報を文書ファイルとして保存し，目的に応じてフォルダにまとめたり，キーワード検索によって文書ファイルを検索したりした．数字を使用した項目があり，それを並べかえたり，計算したいときには，表計算ソフトを使うと便利である．

 例題1.11　国内旅行をするためにかかる費用を，表計算ソフトを使ってシート上に入力してみよう（図1.26）．また，費用を種類別（交通費，食事代など）に分けて，それぞれの合計金額を計算してみよう．

解　答

　このような情報は，項目が多くなると，検索したり，並べかえたりを人間が行うのは大変である．表計算シート上に数式を入力することによって，いろいろな計算を自動的に行うことが可能である．
　例題の場合，第1列目に費用項目，第2列目に種類，第3列目に金額(円)を入力すると，図1.26の表ができあがる．さらに，図1.27のように種類別や金額順に並べかえたり，図1.28のように種類別の合計を計算することも簡単にできるようになる．

	A	B	C
1		種類	金額(円)
2	A駅−B駅(JR)	交通費	14000
3	B駅−C会館前(バス)	交通費	560
4	D城入館料	入館料	300
5	昼食代	食事代	800
6	Eランド入館料	入館料	1500
7	C会館前−B駅(バス)	交通費	560
8	夕食代	食事代	1000
9	ホテルF宿泊	宿泊費	11000
10	B駅−A駅(JR)	交通費	14000

図1.26　旅行にかかる費用一覧表

	A	B	C
1		種類	金額(円)
2	A駅−B駅(JR)	交通費	14000
3	B駅−A駅(JR)	交通費	14000
4	B駅−C会館前(バス)	交通費	560
5	C会館前−B駅(バス)	交通費	560
6	ホテルF宿泊	宿泊費	11000
7	夕食代	食事代	1000
8	昼食代	食事代	800
9	Eランド入館料	入館料	1500
10	D城入館料	入館料	300

図1.27　種類別の並べかえ

	A	B	C
1		種類	金額(円)
2	A駅−B駅(JR)	交通費	14000
3	B駅−A駅(JR)	交通費	14000
4	B駅−C会館前(バス)	交通費	560
5	C会館前−B駅(バス)	交通費	560
6	ホテルF宿泊	宿泊費	11000
7	夕食代	食事代	1000
8	昼食代	食事代	800
9	Eランド入館料	入館料	1500
10	D城入館料	入館料	300
11			
12		交通費	29120
13		宿泊費	11000
14		食事代	1800
15		入館料	1800
16		合計	43720

図1.28　種類別の集計

◆練習問題 1-7◆

例題1.11で，種類別に集計する以外の方法（たとえば，論理関数を利用する）を検討してみよう．

コラム　フリーメール

インターネット上にはフリーメールとよばれる，利用者に無料でメールサービスを提供するサイトがある．料金を徴収しないため，アカウント発行時に利用者の氏名や住所を正確に把握する必要がない．そのため，本名を知られたくない場合に用いられ，悪用されることがあるので注意する必要がある．

1.2　情報の収集・整理　35

□**演習問題**□

（1）ノートパソコンを買う計画をたてたい．そこで，購入するノートパソコンをどのような手順で決めればよいか，次のことを含めて話し合ってみよう．

（a）ノートパソコンの性能を調べるためには，どのような情報をどのようにして収集すればよいか．

（b）コンピュータを買うためには，どのようなコンピュータ用語を知っておくとよいか．

（2）歴史上の有名な人物に関する情報を，次の方法で収集し，整理してみよう．

（a）キーワード検索方式の検索サイトを使って，興味のある歴史上の人物に関する情報を収集する．

（b）収集した情報の中から気になるできごとや人物などを抜き出し，さらに情報を収集する．

（c）収集した情報の信ぴょう性について検討しながらファイルにまとめる．

（3）例題1.5の旅行に関するアンケートを作成してみよう．また，文書で配布，電子メールで送信，Webページで質問，SNSで質問の4つの場合について，長所と短所をまとめよう．

（4）コンピュータ内のフォルダを開き，どのような拡張子があるかを調べてみよう．また，そのファイルの種類も調べてみよう．

（5）作成したファイルが他人に操作されないようにするためには，どのような管理をすればよいか考えてみよう．

1.3 情報の加工・表現

収集・整理した情報を正確に伝えるためには，内容や目的にあった情報の加工・表現が重要となる．そこで，代表的な表現手段を取り上げ，その特徴をいかす情報の加工について考えてみよう．また，情報を加工する際に配慮すべき点についても考えてみよう．

1.3.1 加工・表現手段の使い分け

私たちは，自分の考えや，検索・収集・整理した情報を伝えるために，どのような表現手段をとっているだろうか．情報をわかりやすく正確に伝えるためには，表現手段の特徴を理解して，発信の目的や情報内容，受信者の環境などにあった適切な表現手段を選択することが大切である．

実験をおこなった結果をまとめてほかの人に伝えたい．いろいろな表現手段の特徴を考えながら，その使い分けについて考えてみよう．

解答

学校の教職員や友達など不特定多数の人に伝えたい場合は，ポスターが手軽である．しかし，1枚にまとめられる情報は限られる．学校外を含む広範囲にわたって，より多くの情報を伝えたい場合は，Webページを利用するのもよい．

また，実験担当者など限られた人に詳細な情報を伝え，その後の保存も考慮する場合は，文章を紙にまとめた報告書が広く用いられる．そして，実験

グループなど，情報を一度に伝えられる範囲を文章よりもやや広げ，対話的に伝えたい場合には，プレゼンテーションの資料にまとめて講演することもある．ただし，講演時間の制約などで，文書よりも伝えられる内容が限られてしまう．

このように，**表現手段**によって伝えられる対象や情報の量が異なってくる．各種の**表現手段**の特徴を表1.3にまとめる．

表1.3　表現手段の特徴

表現手段	特　　徴
ポスター	不特定多数の人に伝えるときに便利である．ポスター1枚に書ける情報の量は少ない．
文章	紙にまとめて情報受信者に読んでもらい理解してもらうことができる．受信者の手元に情報が残る．
プレゼンテーション	調査報告や成果を聴衆の反応を見ながら，プロジェクタを使って伝えることができる．限られた時間内に，相手に情報を伝えなければならない．場所や対象人数に制約がある．
動画	多くの場合音声情報も付加することができ，動きのあるものを表現するのに有効である．
Webページ	インターネットを利用して，不特定多数の人に伝えることができる．受信者は能動的に情報を得る．Webページを更新することにより，最新情報を発信することができる．相手がいつ情報を受け取ったかわからない．
電子メール	1人または複数の人に同じ情報を伝えることができる．情報は主に文字情報で伝える．
SNS	インターネットを利用して，不特定多数の人または特定の人に情報を発信し，双方向のコミュニケーションができる．実名または匿名で使用することができる．簡単に情報発信でき，情報の拡散性が高い反面，不適切な投稿により炎上する危険がある．

◆練習問題1-8◆

表1.3に示す表現手段について，情報を発信する対象と方向性を検討してみよう．

次に，情報をできるだけわかりやすく，正確に伝えるためには，どのようなくふうをすればよいだろうか．代表的な表現手段である報告書などの文章，プレゼンテーションのなかでプロジェクタを使って投影されるプレゼンテーション資料，Webページの3つの情報表現を取り上げ，その特徴をいかすための情報の加工について考えてみる．

(1) 報告書などの文章

　報告書などの文章は，読んで理解してもらうものである．そのため，読みやすく，伝えたい情報を正確に理解してもらうためのくふうが必要である．

 実験や課題に関する報告書の表現形式を考えてみよう．

解答

　一般に文章の基本構成は，「起・承・転・結」や「序論・本論・結論」からなるといわれている．しかし，実験や課題に関する報告書は，実験結果や調査データを客観的に分析してまとめたものである．そのため，構成は「目的・方法・結果・考察・結論・参考文献」などとする．

　報告書の書き方を「実験報告書」の例で示す（図1.29）．また，報告書を書く場合の注意事項を以下に示す．
①事実と意見
　　報告書では，事実と意見をきちんと書き分けることが要求される．事実を正確に書き，論理的に矛盾しないようにする．意見を述べるときは，「私は・・・と考える」などと表現する．また，情報の受け手に誤解のないように，あいまいな記述はさける．
②わかりやすい文章
　　1つの文章でいくつものことを伝えようとすると，文が長くなりわかりにくくなる．そこで，1つの文はできるだけ短くすっきりさせ，主語と述語をはっきりさせる．さらに，接続詞を適切に用いて，文と文のつながりを明確にしてわかりやすい文章にする．
③**文献の引用**
　　報告書を書くときに，文献を引用・参考にした場合は，関連する本文中の箇所に，参考文献番号を書く．たとえば，「この点については，○○[1]は次のように提案している．」のように参考文献番号を書き，文章の最後の参考文献一覧に著者，文献名などを記載する．

1.3　情報の加工・表現　39

××××年○○月△△日
実験報告書の書き方
○○学科　○○番　情報太郎

1. 目的
実験の目的を書く．

2. 方法
「○○を測定するために，××を使用した[1]．」のように，実験に使用した装置等を記述する．「○○の値を得るために，以下の測定を行った．・・・」のように，測定方法を具体的に書く．

3. 結果
実験結果や測定した実測値を記述する．得られた結果を図表やグラフなどを使い，見やすくわかりやすい表現にする．図表を使う場合，「○○の結果を図1に示す．」，「○○の結果，表1のような結果が得られた．」などのように，それらの説明を文章中に必ず明記する．図表には図1，表1のような通し番号と，タイトルをつける．数値を扱うときは，必ず単位を明記する．また，有効数字の桁数を統一する．

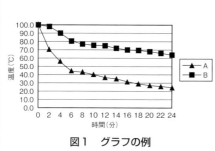

表1　表の例

時間(分)	A(℃)	B(℃)
0	100.0	100.0
2	70.0	98.0
4	55.5	90.0
6	44.0	80.5
8	43.0	77.0
10	40.0	75.5
12	36.5	75.0
14	35.0	72.0
16	31.5	70.0
18	29.0	69.5
20	27.0	68.0
22	26.0	66.0
24	24.5	64.0

図1　グラフの例

4. 考察
実験結果を考察し，結論を導く．考察は，「○○方法[2]と比較して，××方法が○○であると考える．」，「○○実験で，××が有効であることが明らかになった．」のように，自分の考えを述べる部分であり，決して感想を書いてはいけない．得られた結果の評価（実験値と理論値の比較，高精度のデータが得られた場合の理由，予期しないデータが得られた場合はその原因，実験条件をかえて測定した場合のデータ比較など）を明確に示し，結論を導く．

5. 結論
最終的な結論を示す．

参考文献
引用・参考にした文献を以下のように書く．
[1] 鈴木花子：○○の測定，□□出版，1981．
[2] 山田太郎：○○方法の評価，□□雑誌，Vol.3, No.1, p.25-60, 2002.

図1.29　実験報告書の書き方

参考文献

[1] 木下是夫：理科系の作文技術，中公新書，1981.

また，自分で作成していない表やグラフを引用する場合は，その表やグラフの下の余白に出所を明記する．

次に，伝えたい内容を視覚的に示す効果的なプレゼンテーション資料を作成するために，どのような表現をすればよいか考えてみよう．

(2) プレゼンテーション資料

プレゼンテーションは，あるテーマについて，限られた時間内にプロジェクタなどの道具を使って，聞き手に説明することである．説明した内容を聞き手に理解してもらうためには，聞き手に合わせた筋道の通った明快な話し方をすることが大切であるとともに，相手に情報の核心を印象づけるプレゼンテーション資料を用意することも重要である．

プレゼンテーション資料は，読んで理解できる表現にするよりも，みて理解できる表現にするほうが効果的である．

 実験に関するプレゼンテーション資料（図1.30）を作成したい．作成手順を考えてみよう．

解答

プレゼンテーション資料の作成手順を示す．
① 発表内容の全体構成を検討
　決められた時間内に効率よく話をするために，表示する内容の見出しを書き出す．
② 絵コンテの作成
　表示する資料に文字・画像・図・グラフなどをどのように配置するかなど，資料のレイアウトを絵コンテで示す．
③ プレゼンテーション資料の作成
④ プレゼンテーション資料のチェック
　プレゼンテーション資料をプロジェクタなどで投影して，資料はわかりやすいか，図表などが適切であるか，1枚の資料で示す情報の量が適切であるかなどをチェックする．

①簡潔な表現

　1枚のプレゼンテーション資料には，その資料で伝えたい内容を的確に示す見出しをつける．また，文章は短く簡潔な表現にする．そのため，箇条書きのような表現が有効である．

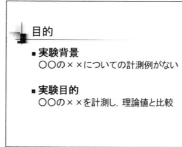

図1.30　プレゼンテーション資料

②画像・図・表・グラフの活用

　伝えたい内容を視覚的に示す図表，グラフなどを活用する．

③文字の装飾

　プレゼンテーション資料をみる立場になって，文字の大きさ・字体（フォント）・配色などをくふうする．強調したい内容は，アンダーラインなどを使って明確に示す．

(3) Webページ

　インターネットの普及にともない，これまでの情報表現に加え，ネットワークを利用した情報表現が出現した．その代表的なものがWebページである．Webページは，文字と画像や音を組み合わせた情報を，世界中の不特定多数の人に発信する有効な伝達手段である．

　Webページ用のファイルは，HTMLやXHTMLを使用し，テキストエディタやWebページ作成ソフトウェアを使って作成する．これらのファイルの拡張子は，「.html」「.htm」「.xht」などである．HTMLファイルの内容と，これをブラウザで表示させた例を，図1.31に示す．

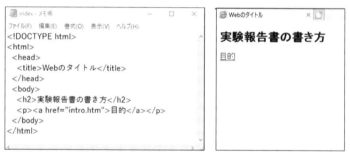

図1.31　HTMLファイルとWebページ

 例題1.15　報告書の書き方のWebページを作成する．わかりやすく効果的なWebページを作成するために，どのようにすればよいか考えてみよう．

解答

　Webページでは，関連するほかのWebページや同じWebサイトのページにリンクをはり，リンク先へ移動する**ハイパーリンク**の設定ができる．これ

はほかにない情報表現法である．シンプルな形でリンクをはり，わかりやすく効果的なWebページを作成するために，次のようなくふうをする．
①わかりやすい構成
　Webページをデザインするときは，関連情報にシンプルな形でリンクできるようにする．たとえば，トップページに目次をおき，目次から関連情報にリンクをはる．これにより，Webページの全体像を示すことができる．このとき，閲覧者が迷わないように，どこからでも目次に戻れるようにする（図1.32）．

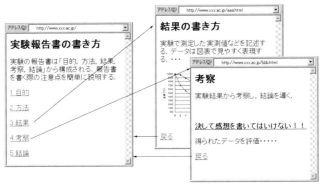

図1.32　Webページのリンク

②情報の視覚化
　伝えたい情報を明確にするために，プレゼンテーション資料と同じように，視覚的にうったえる表現にする．
③文字・画像・サウンドの効果的な利用
　音楽が流れるWebページや写真を配置したWebページをよくみる．このように，Webページでは，文字・画像・サウンド・動画などの**ディジタル情報**を加工して，効果的なページを作成することができる．
④表示速度への対応
　画像・サウンド・動画データは，テキストデータに比べて，ファイルサイズがかなり大きくなり，Webページの表示に時間がかかりすぎる場合がある．そのため，画像などをWebページに挿入するときは，必要最低限の大きさにする．
⑤閲覧者の環境への気配り
　Webページの閲覧者が発信者と同じ環境（ブラウザの種類，各種ファイルを表示するための専用ソフトやプラグインの有無）でない場合，Webページが同じように表示されないことがある．

◆練習問題 1-9◆

自分の居住している市町村の紹介，学校のクラブの紹介，調査や研究した内容の紹介などを，適切な手段（文書，プレゼンテーション資料，Webページなど）を用いて，まとめる方法を考えてみよう．

1.3.2 情報加工の手段

私たちは，情報をできるだけわかりやすく，効果的に伝えるために，文字のサイズや色の変更，グラフや図の活用など，情報の加工を行う．パソコンに取り込まれた文字・画像・サウンドなどのディジタル情報は，各種のアプリケーションソフトウェアを使って容易に加工できる．これらのディジタル情報を加工し，統合的に扱うことにより，より効果的な情報表現が可能になる．表1.4にディジタル情報を加工するアプリケーションソフトウェアと加工内容を示す．

表1.4　ディジタル情報の加工

ディジタル情報	ディジタル情報の加工の例	アプリケーションソフトウェア
文字	文字の大きさ・フォント・色などの文字装飾など	ワープロ，テキストエディタ
数値	表計算，統計処理，グラフ表示	表計算ソフト，グラフプロットツール，可視化ソフト
画像	画像の拡大・縮小・トリミング，ファイル形式の変換，ファイルの圧縮	ペイント系ソフト，ドロー系ソフト，フォトレタッチソフト
サウンド	サウンドの合成・切り出し，ファイル形式の変換，ファイルの圧縮	サウンド編集ソフト

例題 1.16 地域の人に自分たちの学校を知ってもらうために，図1.33のような学校案内を，ワープロで編集してWebページを作成してみよう．さらに，卒業後の進路状況や本校の校歌を紹介する内容を追加してみよう．

解答

学校案内の作成を通して，ディジタル情報（文字・数値・画像・サウンド）

の加工を学習しよう．
①**文字情報**

　学校案内のタイトル文字は，ワープロの機能を使ってデザイン文字に加工したものである．このように，文字情報は，文字サイズ・色・フォントなどの装飾の加工を施すことにより，文字の効果的表現が可能になる．

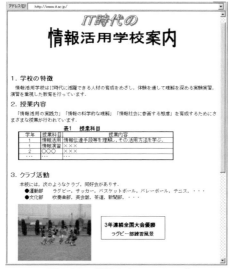

図1.33　学校案内Webページ

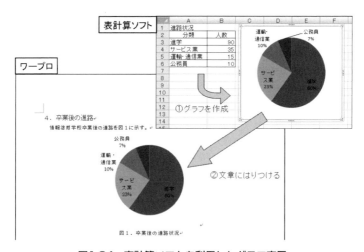

図1.34　表計算ソフトを利用したグラフ表示

46　1.情報の活用と発信

②数値情報

学校案内の卒業後の進路データから，表計算ソフトを利用してグラフを作成し，ワープロの文章にはりつける（図1.34）。

アンケート調査や実験データなどの数値データは，表計算ソフト，グラフプロットツール，可視化ソフトなどを使って，可視化することができる。これにより，数値データがあらわす情報を直感的に理解しやすくできる。

たとえば，表計算ソフトはセルとよばれるます目に数値データ，文字データ，計算式を書き込み，表を作成することができる。さらに，作成された表データの並べかえや，統計処理が簡単にでき，その結果をグラフ化することができる。表1.5にグラフの種類と特徴を示す。それぞれのグラフの特徴を考えて，適したグラフを利用することが重要である。

また，このような表やグラフは，ワープロやプレゼンテーションソフトを使って，文章やプレゼンテーション資料に簡単に挿入することができる。

表1.5　グラフの種類と特徴

グラフの種類	特　　徴
折れ線グラフ	データの推移を表現するのに適している。
棒グラフ	データ間の相違を表現するのに適している。
円グラフ, 帯グラフ	全データに対する各データの割合を表現するのに適している。
レーダーチャート	項目間のバランスや，そのバランスのグラフ間での相違を表現するのに適している。

③画像情報

ディジタルカメラで撮影したクラブ写真を学校案内にはりつけた。ディジタルカメラやスキャナで取り込まれた画像データを描画・加工するソフトウェアには，**ビットマップ画像**を扱う**ペイント系ソフト**，ベクトル画像を扱う**ドロー系ソフト**がある（2.2.3（6）p.127参照）。このような**画像処理ソフト**を活用して，写真の切り抜き（**トリミング**）や写真の明暗・色調整など（**フォトレタッチ**）を行い，より効果的な画像に加工することができる。

画像ファイルはテキストファイルに比べ，ファイルサイズがかなり大きくなる。そのため，JPEG形式，PNG形式などに圧縮され，Webページなどに利用される。

④サウンド情報

音楽の流れるWebページや，プレゼンテーションのときにサウンドファイルが挿入された資料をみたことがあると思う。このように，サウンドもディジタル化され，コンピュータで扱うことができる。

1.3　情報の加工・表現　47

サウンド情報はWAV形式，MIDI形式などのファイル形式で保存する．サウンドファイルは再生ソフトで聞くことができる．
　録音編集ソフトで録音した校歌を学校案内にはりつけると，画面上にサウンドのアイコンが表示される（図1.35）．

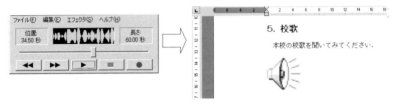

図1.35　サウンド情報の挿入

⑤学校案内Webページ
　ワープロで作成した学校案内を，Webブラウザで表示できるようにファイル保存する．

◆練習問題1-10◆
　イメージスキャナで地図情報を解像度150dpi，300dpiなどで読み込み，画質と保存ファイルの大きさを比較してみよう．

1.3.3　収集した情報の加工に対する配慮

　私たちは収集した情報を目的に応じて，適切な表現形態に加工し，表現している．最近ではインターネットを利用して，個人で全世界へ情報発信ができるようになり，インターネットによる情報の影響ははかりしれなくなっている．そのため，情報を表現する前に，収集してきた情報の情報源と加工に対する配慮が重要になってきている．
　情報の加工を行う際には，どのようなことに注意しなければいけないか考えてみよう．

（1）情報加工の妥当性

　さきに，学校案内で表やグラフを用いた（p.46，図1.33参照）．これは適切な表やグラフであっただろうか．また，実験の報告書などでは，数値データの有効桁数が適切であっただろうか．このように，アプリケーションソフトウェアで得られたグラフや可視化の結果に対しては，正

しいかどうかを必ずチェックしなければならない．さらに，グラフなどの座標軸の目盛りや見出しが適切であるかを確認すべきである．

また，収集した数値データを加工する際には，つごうの悪いデータを意図的に除外したり，ばらつきを無視したりせず，事実を正確に伝えるようにしなければならない．

（2）情報の内容・表現の妥当性
情報の内容・表現のなかに誤解をまねくような表現がないか確認する．

（3）著作権の侵害
学校案内でクラブ写真や校歌を用いた．これは著作権を侵害していないだろうか．収集した情報を利用する場合，著作権を侵害しないように注意しなければならない（3.4.3 参照）．他人がつくりだした著作物（音楽，写真，絵画，文献，Webページなど）は勝手に使用することはできない．著作物を使用する場合は，著作者に使用許可をもらう必要がある．

（4）肖像権の侵害
学校案内に自分で撮影したクラブ写真を利用した場合は，肖像権の侵害にならないのであろうか．自分で撮影した友人の写真でも，その人の許可なく勝手に使用すれば，肖像権の侵害となるので注意しなければならない．

（5）文献引用
文章はもちろんのこと，図や表にも著作権があり，それらを勝手に利

用することはできない．他人の文章の引用が正当と認められるには，①引用する文章をカッコで囲む，一段下げて書く，などして引用部分と自分の文章をはっきりと区別すること，②分量，内容ともに自分の文章が主であって引用部分が従であること，③引用する文章には一切手を加えないなど，もとの文章の作者の人格を尊重すること，④出典を明らかにすること，などの要件を満たす必要があるといわれている．

(6) プライバシーの侵害

収集した情報に個人情報がある場合は，プライバシーの侵害にならないように慎重に取り扱わなければならない．また，情報を加工する場合もプライバシーの侵害，個人を誹謗・中傷した内容，倫理的に問題のある内容などにならないように注意しなければならない．

(7) 機種依存文字

ディジタル化された文字情報には，機種に固有の特殊文字（機種依存文字という）がある（図1.36）．

図1.36　機種依存文字の例

50　1.情報の活用と発信

このような機種依存文字を使った電子メールを送信した場合，自分と同じ MS-Windows 環境では読めるが，Mac 環境では一部の文字が化けて読めないなどの問題が生じる．

このような問題を起こさないために，Web ページ・電子メールなどを作成するときは，機種依存文字や半角カナ文字などを使用しないように注意する必要がある．

◆練習問題 1-11◆

クラス紹介の Web ページを作成することになった．情報を①収集・②加工・③表現する　それぞれの段階で配慮しなければならない内容について話し合ってみよう．

□演習問題□

（1）国内旅行プランを，文章・プレゼンテーション資料・Web ページのかたちに作成してみよう．

（2）対象（中学生・高校生・地域の人たちなど）をかえて，学校紹介 Web ページを作成してみよう．Web ページには，次に示すマルチメディア情報を組み込もう．

・文字情報：対象者にとってわかりやすい学校紹介の文章

・画像情報：ディジタルカメラで撮影した学校の外観，スキャナで取り込んだ学校の地図など

・音声情報：学校行事のようす，クラブ活動のようすなど

・数値情報：学校行事の一覧表やグラフ

（3）プレゼンテーション資料を評価するチェックシートを作成してみよう．

1.4 情報の発信・交換と評価

これまでの節では，情報とは何かについて学び，情報の収集と整理，さらに，収集した情報をもとに新たな情報をつくりだすことについて学んだ．ここでは，つくりだした情報などを外部に向けて発信することに関する事項について考えてみよう．

1.4.1 発信・交換手段の使い分け

学校のクラブや趣味の集まりの活動状況をほかの人に知ってもらうためには，情報を発信する必要がある．また，何かを調査したり研究した結果を発表し，それに関して議論を交わすためには，情報を発信することと，意見を交換することが必要である．情報を発信・交換する場合には，発信する情報はどのようなものか，だれがどのようにして情報を受信するのかなどをよく考えて，適切な方法を選ぶ必要がある．これをおこたると，必要な相手に情報が届かなかったり，伝えたい内容が相手に十分に伝わらなかったりする．方法を選ぶときには，まず表1.6のような視点から発信する情報を分析してみるとよい．

表1.6　情報を分析する視点

視点	具体的な分析例
情報を発信する対象	特定・不特定，多数・少数　　など
情報が受信される環境	受信機器の機能が高い・低い，通信速度が高速・低速　　など
発信する情報の表現方法や内容	データサイズが大きい・小さい，速報性が必要・不要　　など
情報がやりとりされる方向	双方向・一方向　　など
情報が配信される方法	受信者が能動的に取得する・発信者が送り込む　　など

分析が終わると，次は情報を発信・交換するための方法を選ぶことになる．最近は，情報通信ネットワークを使う方法を利用することが多い．次にこれらの方法の特徴を簡単にまとめておく（1.1.3，1.3.1参照）．

（1）Webページによる方法

不特定多数の人に情報を発信できる方法であり，検索サイトを通して広範囲に情報を発信することができる．欠点は，Webページ上の情報

52　1.情報の活用と発信

を更新しても，それを，興味をもつすべての人に，ただちに知らせることがむずかしい点，情報発信の方向が発信者から受信者への一方通行になりやすい点，携帯電話や画像を表示できないブラウザなど，機能に制限のある機器やソフトウェアを使っている人には，情報発信者の意図が伝わりにくい点などがあげられる．

(2) 電子メールによる方法

文章による双方向の連絡を特定少数の相手と行うのに適した方法である．また，図1.37に示すように，メーリングリストサーバに電子メールを送ると，登録されているメンバー全員に，同時に同じメールを送ることができる．情報が受信者に直接届けられるため，速報性ではWebページより有利といえる．とくに携帯電話の電子メール機能やLINEは，この面で有利である．欠点は，大きなサイズのデータを扱えない点のほか，携帯電話の電子メール機能については，送信可能な文字数や文字データ以外の送信に関してきびしい制限がある点などがあげられる．

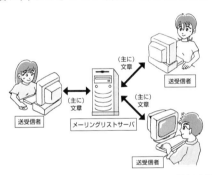

図1.37　メーリングリストによる情報交換

(3) 電子掲示板による方法

同じテーマに興味をもつ不特定多数の人々の間での意見交換に向く．書き込まれた情報がWebページとして不特定多数の人に公開されるので，より多くの人とより気軽に意見交換することが可能である．また，自分で新たに掲示板を開設することも可能な場合もある．小説・動画などの投稿サイトも広い意味でこの方法に含まれる．欠点は，気軽に参加できることの裏返しで，問題発言により議論が乱されることが多い点があげられる．

(4) SNSによる方法

　情報発信者と特定または不特定多数の参加者による意見交換ができる（p.21例題1.3参照）．スマートフォンやタブレットでの利用もサポートされており，Webページにかわる手軽な情報発信手段として普及している．しかし，その手軽さゆえに安易な利用が増え，多くの問題やトラブルが指摘されている．

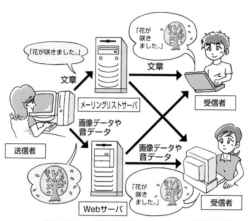

図1.38　方法を組み合わせての情報発信

　以上の方法は，組み合わせて使うことによって互いの欠点を補い，より効果的に情報発信をしたり意見交換をしたりすることができる．たとえば，図1.38に示すように，メーリングリストでWebページを紹介しておいて，サイズの大きいデータはこのWebページ上で公開することや，情報を発信しているWebページ内に電子掲示板をいっしょに設置し，Webページの利用者間で情報を交換してもらうことができる．

　情報発信の方法の選択に関する次の例題について考えてみよう．

例題
1.17
　ある学校のサッカー部では，自分たちの活動状況をほかの在校生，OB，ほかのサッカーチーム，地元地域の人々など，興味をもってくれている多くの人々に広く知ってもらいたいと考えている．公開する内容やその表現方法などを検討したところ，活動状況と部員を紹介すること，部員の顔写真を公開することなどが決まった．どのような方法で情報発信を行うとよいか考えてみよう．

解　答

　この場合はWebページやSNSが適している．まず，発信する情報について表1.6（p.52参照）の視点で分析してみる．

　この情報は興味をもってくれた人を対象に発信することになる．しかし，だれが興味をもっているのかをつねに把握しておくことは困難であり，今後も変化していくことが十分考えられる．したがって，対象者は不特定多数となる．次に，内容について考えてみると，活動状況などを説明する文章のほかに，部員の顔写真のデータもある．また，活動状況などを一方的に知らせることが目的なので，情報の発信側と受信側での双方向の情報交換は必要ない．

　このような分析結果をもとに発信方法を考えると，活動状況を知らせるにはWebページやSNSによる情報発信が適当であるとわかる．WebページやSNSであれば，サイズの大きい画像データを公開することも比較的簡単にでき，情報をみたいと思った人がみたいと思ったときに情報を受信することができる．また，この場合は，情報発信の方向が一方通行になりやすいという欠点も問題とならない．

　ただし，スマートフォンも情報の受け手に含めるならば，表示機能に違いがあるため，通常のコンピュータを対象とするWebページやSNSとは，デザインが異なる専用のWebページを用意する必要があるかもしれない．また，画像データが含まれるので，通信速度が低速であるなどの理由で画像を表示しないブラウザを利用している人には，十分に内容が伝わらない可能性があることにも留意する必要がある．

 例題 1.18　ある学校のサッカー部では，部員に練習日を連絡したり，試合の反省や新しい作戦について部員全員で意見を交換してそれを記録に残したりしたいと考えている．どのような方法を使うとよいだろうか．

解　答

　この場合は電子メールまたはLINEなどのSNSが適している．分析してみ

ると，作戦のうちあわせに利用することなどから，情報のやりとりは部員間に限って行う，特定の人間を対象とした情報発信法を利用することが望ましいとわかる．また，発信する内容が練習日の連絡や作戦のうちあわせであることから，文字だけ使えれば十分なこと，発信した情報はただちに部員に伝えられるべきこともわかる．さらに，全員が情報の発信者と受信者になれなければならないことも明らかである．

このような場合は，電子メールやLINEを使うのがよい．とくに，スマートフォンの電子メールやLINEを利用すれば，連絡が早く伝わることを期待できる．電子メールやLINEであれば，宛先として指定した特定の相手にしか情報が伝わらないしくみなので，不正な情報取得がない限り，安心して作戦についてうちあわせることができる．電子メールは返信がない限り，相手がメールを読んだかどうかわからないが，LINEは相手が読んだかどうかわかる既読機能があるので便利である．電子メールやLINEは情報を削除しない限り，あとから読み直して練習日を確認することができる．さらに，電子メールのメーリングリストやLINEのグループ機能を使えば，新入部員が増えたときの宛先管理ができる．

◆練習問題1-12◆

次のような情報発信や情報交換をする場合に，適切な情報発信の方法と，その理由を考えよう．
　①趣味で撮りためていた写真を多くの人にみてもらう．
　②タレントＡのテレビ出演情報などを全国のファンの間で交換する．
　③次の日曜のピクニックの集合場所・時間を友達3人に連絡する．

1.4.2 発信・交換前の注意

さきに述べたように，情報通信ネットワークは，情報の発信や交換のための強力な道具である．その一方で，私たちの財産や生活をおびやかす道具ともなりうる．また，ちょっとした不注意で，いつのまにか加害者の立場になってしまう．さらに，法律にはふれないものの，他人に迷惑をかけている存在になりうる．このようなことにならないために，注意すべきことが数多くある．そのうちの主なものを8つあげておく．

(1) 不必要な個人情報を発信しない

情報通信ネットワークを介した情報のやりとりでは，相手がどのような人物かを正確に把握することはむずかしい．情報通信ネットワーク上で発信した情報が，悪用される事件の発生する確率は低いとはいえない．また，情報を直接やりとりしている相手に悪意がなくても，情報通信ネットワークでは多数のコンピュータが通信路を共有するため，そこを流れている情報を悪意ある第三者が盗聴することは簡単である．事件に巻き込まれないためにも，Webページ・電子メール・SNSに個人情報を安易に書き込むことは控えるようにする．とくに，他人の個人情報を書き込むことは厳に慎まなければならない．ほかにも，Webページ上のアンケートなどに，自分の携帯電話の番号やクレジットカードの番号などの個人情報を書き込むときには，十分な注意が必要である．やむを得ず書き込まなければならない場合は，暗号化してデータ通信を行うSSL（2.6.3参照）を使った通信を利用するなど，安全確保に留意し，それでも不正による漏洩の可能性があることを心にとめておくべきである．

(2) 情報の発信者を明らかにする

　WebページやSNSで情報を公開するときや電子メールを送るときには，発信者や連絡先を明記して責任の所在を明らかにしなければならない．これができない情報発信はしてはならない．なお，場合にもよるが，公表する連絡先はメールアドレスなど個人を簡単には特定できないものにとどめて，自分のプライバシーの保護にも留意する．連絡があったときには，内容や状況に応じて，適切に対処する．

(3) 情報公開範囲に注意する

　SNSでは，投稿内容や自分のプロフィールなどの公開される範囲を，必ず確認するべきである．初期設定がだれでも閲覧できるようになっている場合もあり，不特定多数の人に知られたくない情報を閲覧される危険性がある．また，公開した写真から個人や撮影場所を特定される，写っている人に了承を得ることなく写真を掲載して迷惑を与える，不用意な写真や発言が炎上するなどのトラブルがある．投稿する前に投稿内容を必ず見直すようにするべきである．

(4) 表示のされ方の違いに注意する

　Webページの情報は，使っているソフトウェアや画面サイズなど受信者の受信環境ごとに，図1.39に示すように，画像の表示範囲や表示位置，文章の改行位置など表示のされ方が異なる．

図1.39　画面サイズの違いによるWebページのみえ方の違い

このことが理由で，ある人にはわかりやすいWebページであっても，ほかの人には大変読みにくいものになっている恐れがある．

　電子メールでは文字を使って簡単な図形（絵文字）を描くことがある．このとき，表示に使う文字の書体が違うと，意図した図形にならないことがある．コンピュータ環境の違いや携帯電話など，使用機器の違いに

よる表示のされ方の違いを知り，内容を十分に伝えられる表現方法をくふうしなければならない．また，どうしても特定の環境でのみ正常に表示できる表現を利用する場合には，そのむねを表示するなどして受信者に伝えるようにする．

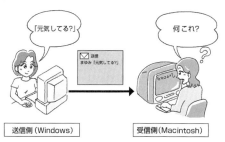

(5) 添付するデータの形式に注意する

電子メールは，ワープロの文書データや画像データなどを添付して送信することができる．しかし，別の会社のワープロ製品を使っているなど，コンピュータの環境が発信者と受信者とで異なっていると，せっかく送ったデータを受信者は利用することができない．データを添付した電子メールを送る場合には，その前に相手がそのデータを利用できる環境であるかを確認する必要がある．

(6) データのサイズに注意する

電子メールにサイズの大きいデータを添付して送信すると，郵便受けに大きな小包が入らないのと同じで，送信データが受信側の処理能力を超え，受信側の機械にトラブルが起きることがある．メガバイト単位のデータを送信する必要がある場合には，CD-Rで郵送する，ファイル共有サービスを利用するなど，別の手段を考える．相手が携帯電話の場合には，データを添付していなくても制限を超えることがある．Webページについても，サイズの大きな画像データなどが含まれていると，受信に時間がかかり，受信者に不愉快な思いをさせる恐れがある．

(7) 同報機能を使うときにはメールアドレスの扱いに注意する

　同じ内容の電子メールを複数の人に送りたい場合，同報機能を利用することができる．電子メールを送る際，宛先欄のほかにCc（カーボンコピー）やBcc（ブラインドカーボンコピー）の欄にメールアドレスを書くと，その電子メールはCcやBccの欄に書かれたメールアドレスにも送られる．

　このとき注意しなければならないのは，Ccの欄に書かれたメールアドレスは，その電子メールを受信したすべての人が読むことができる点である．たとえば引っ越しの案内をCcの欄を使って知人に送った場合，知人のなかにお互いに知り合いでない者が含まれていると，その人たちの間でメールアドレスがわかってしまい，プライバシー侵害となる恐れがある．このような場合はBcc欄の利用を検討する．Bccの欄に書かれたメールアドレスなら，受信者は読むことができない．

(8) 文字コードに注意する

　コンピュータは直接には文字を扱えないので，0と1を並べてつくった符号に文字を対応づけて扱う．文字に対応する符号のことを**文字コード**とよび，対応を一覧表にしたものを**文字コード表**とよぶ（付録1, 2参照）．この文字コード表は，コンピュータ（OS）ごとに，また，コンピュータと携帯電話の間でも，異なっている．この違いは，システム内で自動的に変換され，英文字・数字・全角かな，ほとんどの全角漢字は受信側でも，対応した文字として表示される．しかし，一部の全角漢字と半

角カナや記号に対応する文字コードはうまく変換されず，図1.40に示すように，受信側で正常な文字として表示できない「**文字化け**」という現象が起きることがある．情報の発信や交換に使う電子的なファイルを作成するときには，半角カナや①，Ⅰ，㌔といった**機種依存文字**（1.3.3(7) p.50参照）とよばれる特殊な文字や記号の使用に気をつけなければならない．携帯電話でよく利用される絵文字も機種依存文字の一種である．

送信側　　　　　　　　　受信側
図1.40 「文字化け」現象

ここでは注意点の一部を簡単に説明した．ほかにも，Webページ・電子メール・SNSなど，発信手段ごとに気をつけなければならないことがある．情報発信の方法が決まったら，まず，その方法に関する入門書や解説書に一度目を通して，注意点の詳細を理解する必要がある．

 ある学校のサッカー部員紹介のWebページを作成するときに，内容を考えたり実際にデータ入力したりするうえで，どのような点に気をつけなければならないか考えてみよう．

解　答

　電話番号や住所など，不必要な個人情報が内容に含まれないよう注意する必要がある．また，部員の写真を掲載するときには，著作権と肖像権の取り扱いにも注意を要する．トラブルをさけるため，Webページが完成したら，公開に先立って関係者にみてもらって了承を得るようにする．さらに，身長欄に「㌢」など，機種依存文字をうっかり使ってしまうことがないように注意しなければならない．

1.4　情報の発信・交換と評価

◆練習問題 1-13

情報を発信する際に注意する項目を，Webページを使う場合，電子メールを使う場合，SNSを使う場合とで，それぞれまとめてみよう．

1.4.3 情報発信後の責任と評価

情報を発信するという活動においては，情報を収集し，収集した情報を編集して発信することだけでなく，発信した情報をあとからふりかえって吟味したり，継続的にメンテナンスすることも必要である．そのため，自分のWebページには自分でも定期的にアクセスしてみる必要がある．また，電子メール・電子掲示板・SNSにおける自分の発言についても，ときどき読み直してみるようにする．

情報を見直すときには，まず，表現が適切でわかりやすくまとまっているか反省する．受信者の立場から見直してみると，いろいろ気がつくことがある．反省を繰り返して，よりよい表現の方法を身につけていくようにする．

次に，すでに古くなってしまった情報がないかをチェックする．たとえば，アンケートの案内が回答期限以降もWebページ上に残っていることは，トラブルの原因や情報源としての信用を失う原因となりうるので，好ましいことではない．どの発信方法においても，状況の変化に応じて最新の情報を発信し続けるよう心がける．

さらに，Webページに関しては，内容が改ざんされてしまう事件が社会問題になっている．情報通信ネットワーク上においてある情報は，だれにでも簡単に閲覧してもらえる利便性がある一方で，悪意ある人間

に改ざんされる危険性もはらんでいる．自分のWebページが改ざんされていないか，定期的にチェックしなければならない．

　ほかに，Webページ上のハイパーリンクのリンク先もチェックする必要がある．情報ネットワーク上の情報は発生と消滅，変化をめまぐるしく繰り返しているので，リンク先の情報もいつのまにかなくなっていたり，別の内容に変更されていたりするかもしれない．せっかくの訪問者に不愉快な思いをさせないため，ハイパーリンクのチェックを忘れてはならない．

　SNSに関しては，投稿内容がトラブルに発展しないように，その内容の見直しだけでなく，だれでも閲覧可能な状態になっていないかチェックする．友人同士の情報共有のつもりが，だれでも閲覧可能になっていることもある．また，投稿した写真から住所などの個人情報が流出しないように，掲載した写真に位置情報が含まれていないかのチェックをする．さらに，使わなくなったSNSのアカウントは削除して，不正利用されないようにする．

　最後に，WebページやSNSなどで発信した情報に対する反響について考えてみる．世の中に情報を発信すると，発信した情報に対してさまざまな意見が送られてくる．親しい友達から感想が届くこともあるし，見知らぬ人から貴重な情報を送ってもらえることもある．

　しかしなかには，あなたの発信した情報に対する抗議や批判が含まれているかもしれない．情報通信ネットワークを介してのコミュニケーションでは，互いに顔がみえないこともあり，過激な言葉を含む表現が使われることもある．このような批判的な意見が送られてきた場合には，

1.4　情報の発信・交換と評価　63

まず冷静さを保つ努力をしなければならない．そして，相手が本当に訴えたいことは何なのかを理解する努力をしてみる．

その結果，もしあなたの発信した情報に不適切な内容や表現が少しでも含まれていたならば，真摯(しんし)に反省し，ただちに情報の修正や訂正記事の発信をしなければならない．そして，相手にていねいにお詫びしなければならない．情報通信ネットワーク上に発信した情報は，コピーが簡単にできるので，世の中から完全に消去・訂正することは不可能である．しかし，この場合は情報を発信したあなたに非があるので，誠意をもって対処しなければならない．たとえ他人の意見を引用した部分に対する抗議であっても，情報を発信したあなたは責任を回避できない．

一方，あなたの発信した情報にまったく問題がない場合は，自分の真意をもう一度相手に説明してみる．感情的になっている相手でも，ていねいに説明することで，こちらの真意を理解してもらえる可能性が高くなる．そして，自分が発信した情報を読み直してどうして相手が誤解したのかを検討し，必要があれば表現を改めるなどの修正を行う．

例題 1.20　サッカー部員紹介のWebページを維持するうえで気をつけることはないか，また，参加した地区選手権大会の公式Webページへのハイパーリンクを維持するうえで気をつけることはないか考えてみよう．

解　答

部員の入退部があると所属部員は変化する．退部した学生がいつまでもリストにのっていては，その学生に迷惑がかかるかもしれない．入退部があったときや年度がわりには情報を必ず更新する．

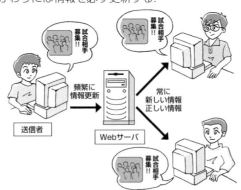

64　1.情報の活用と発信

イベントの公式Webページは，イベント終了後しばらくすると消去されたり，別イベントの内容に変更されたりする．ほかの人や組織が管理しているWebページにハイパーリンクを設定している場合には，定期的にその状況をチェックする必要がある．

コラム　Web技術の標準化

　Web技術が世界中に普及するにしたがい，その標準化が必要となってきた．Web技術が標準化されているおかげで，異なるシステムを使うものどうしで情報交換できるなど，われわれは広い範囲でWeb技術を利用できるのである．Web技術を利用して情報発信するときには，標準化された仕様にしたがっているかどうかに注意を払う必要がある．作成したWebページに仕様違反があるかどうかを自動的にチェックしてくれるサイトなども存在するので，これらの利用も検討するとよい．

　Web技術のうち，HTMLやXHTMLの仕様など，主にWWW（1.1.3 p.18参照）に関係する標準化にたずさわってきた組織はW3C[※8]である．W3Cは標準化のほか，障がいのある人が利用できるWebページを作成するためのガイドライン（アクセシビリティガイドライン）の公開などもおこなっている．

◆練習問題1-14◆

自分でつくったWebページを見直すときに確認しなければならない項目をあげてみよう．

□演習問題□

（1）自分の興味ある分野に関してどのようなWebページがあるか調査し，どのような内容になっているか確認しよう．また，メーリングリストについても，どのようなものがあるか調査をしよう．

（2）これまでに何か問題のあるWebページをみたことがないか，グループで話し合ってみよう．経験がなければ該当するWebページを探してみよう．また，SNSや電子メールの問題についても話し合ってみよう．

1.4　情報の発信・交換と評価　65

(3) 新聞社のニュース速報のWebページと，Jリーグの試合結果の
Webページについて，それぞれの情報更新の間隔はどのくらいが
適当かをグループで話し合い，実際に確認しよう．さらに，お互
いに間隔が違っている場合は，その理由についても話し合おう．

(4) 情報伝達において，下記の事例はどのような問題点を含んでいる
かを指摘し，方法や手段をどう改善すればよいか，グループで話
し合おう．

①友人と会う日時を確認するために，自分と友人がともに登録し
ているメーリングリストを利用した．

②電子メールで集合場所を知らせるために，受信者全員に集合場
所の地図の画像ファイル（BMP形式）を添付した．

③長期休暇中で旅行に出かけている相手に対し，自宅宛に郵便で
手紙を書いた．

④いそぐ必要はないが，忘れないうちに連絡したかったので，電
話をした．

⑤文化祭のテーマ募集を，夏休み中に学生に向けてWebページで
よびかけた．

(5) 自分の発信した情報に関して次のような問題が起こったときの対
応について，対処の方法とその順番を話し合おう．

①自分のFacebookやWebページに誤って無関係な会社の電話
番号をのせてしまい，大量の間違い電話で相手の業務に重大な
支障が生じてしまった．

②学生からよせられた修学旅行の感想文を要約してWebページで
公開したが，この要約では自分の真意が伝わらないと指摘された．

1.5 情報の管理とセキュリティ

ここでは，パソコンやスマートフォンなどでのネットワーク利用者が，被害者とならないための情報管理とセキュリティ対策と，加害者とならないためのマナーやエチケットについて，個人として気をつけなければならない点を述べる．なお，技術的な側面は2.6で，社会的な側面は3.4で取り上げる．

1.5.1 個人による情報セキュリティ対策

一般に，高額なお金や宝石など，大切なものは金庫や保管庫に入れて鍵をかけて保管することが多い．同様に個人が所有する情報にも，大切なものがある．その情報が失われたり，外部にもれることにより，自分自身が不利益をこうむったり，他人に迷惑を及ぼす場合があるので，厳重に管理する必要がある．そこで，個人の立場でパソコンに保管している情報を管理するうえで注意すべきことを次の例題で考えてみよう．

例題 1.21 パソコンに保管する情報が失われる危険性と，その対策について，考えてみよう．

解 答

①災害や事故が起こり，パソコンが破壊されたり，故障することによって，パソコンに保存されている情報がまったく読み出せなくなる可能性がある．対策として，定期的にデータやプログラムの予備（バックアップ）を作成し，それを複数の異なる場所に保管することがあげられる．

②急な停電が起こったり，ソフトウェアの不具合でコンピュータの動作が不調になったりして，編集作業中の情報が失われることがある．対策として，数分から数十分おきに編集内容をファイルに保存することがあげられる．

◆**練習問題 1-15**◆
　重要な情報を確実に保護するために，電源や記憶装置に関するトラブルを防ぐ対策として，どのようなものがあるか調べてみよう．

ネットワークに接続されたパソコンに保管する情報が，外部にもれたり，改ざんされたり，移動・削除されるなどの事故が起こる危険性について，考えてみよう．

解　答
①**設定ミス**：家族や友人と情報交換するつもりのファイル共有のアクセス権設定や，ネットワーク機器の設定にミスがあり，あやまってファイルを移動・削除・変更されてしまう．
②**不正アクセス**：ネットワークやOSの欠陥（**セキュリティホール**）を悪用した外部のネットワークからの不正な侵入により，不正操作されてしまう．
③**マルウェア（Malware）**：他人のパソコンを不正に操作したり，情報をぬすみ出すなどの悪意ある目的で作成された有害なソフトウェアによって，不正操作されてしまう．

　最近では，コンピュータやネットワークを使うサイバー犯罪が増加傾向にあり，未成年の検挙者も出ている[*9]．自分自身が被害者にならないための心がけと，悪意がないつもりの操作でも不正な行為につながるかもしれないという意識を持つことが大切である．これから，サイバー犯罪とマルウェアについて，被害を防ぐ対策を考えていく（3.4参照）．

（1）サイバー犯罪
　警察庁ではサイバー犯罪を次の3つに分類している[*9]．
　　①**コンピュータ・電磁的記録対象犯罪**：金融機関のオンライン端末を不正操作して他人の口座から預金を引き出したり，Webサーバを不正操作してWebページの内容を改ざんする犯罪行為．
　　②**不正アクセス禁止法違反**：他人のユーザIDを不正使用したり，セキュリティホールを悪用するなどして，コンピュータを不正に操作すること．それを助長する行為も犯罪となる．

③ネットワーク利用犯罪：インターネットオークションで違法な物品を出品したり，代金をだまし取る詐欺行為を行うことなど．

個人でインターネットを利用する場合には，とくに不正アクセスとネットワーク利用犯罪に注意しなければならない．

（2）不正アクセスを防ぐための安全なパスワード

コンピュータの利用者がだれであるかを特定するしくみを認証システムといい，一般にはユーザIDと，合い言葉であるパスワードの組み合わせを用いる．本人しか知らないはずのパスワードをコンピュータに入力させることで，「他の人ではない」ことを保証するしくみである（2.6.2参照）．

パスワードは，アルファベットの大文字と小文字，数字，特殊記号を組み合わせたものである．特殊記号には，！＃＄％＆（）／？：：＜＞＝＠｜｜［］＊～｜などがある．図1.41にパスワードの注意点を示す．

---
①名前や電話番号や生年月日は使わない．
②辞書に載っている単語や数字だけの単純なものは使わない．
③パスワードをメモしない．
④パスワードをファイルに保存したり，電子メールで送らない．
⑤他人にパスワードを教えない．
⑥一度使ったパスワードは再利用しない．
⑦異なったサイトやサービスで，おなじパスワードを使わない．

図1.41　パスワードの注意点

次に，パスワードの安全性について考えてみよう．パスワードを見破るための方法として，「総当り方式」と「辞書を用いる方式」がある．総当り方式は，可能性のある文字の組み合わせをすべて試すやり方であり，辞書を用いる方式は，英語辞書に登録されている英単語などを順番に試すやり方である．コンピュータを用いると，辞書に登録されている単語や，短い文字列のパスワードは，比較的容易に破ることができる．理論的には，用いる文字種と長さにより組み合わせの数が決まる．大文字・小文字・数字・記号を混ぜて，覚えられる範囲でできるだけ長いパスワードとすれば，天文学的な組み合わせとなるので破られにくい．つまり，適切なパスワードは，他人が容易に推測できるものではなく，8文字以上のできるだけ長いものである．

　図1.42に，適切なパスワードの例として，母音を抜き，記号や数字などを挿入するパスフレーズによるパスワードの作成方法を示す．現在使っているパスワードについて，考えなおしてみよう．

「山と川と海」⇒「yamaTOkawaTOumi」〈ローマ字で表す〉 　　　　　　⇒「ymTOkwTOm」　　　　〈母音を抜く〉 　　　　　　⇒「ym&2kwTOm」　　　　〈前のTOを&2に置き換える〉

図1.42　パスフレーズによるパスワードの作成例

（3）不正アクセスを防ぐためのセキュリティ対策

　セキュリティ対策とは，不正アクセスをさせないために，コンピュータシステムに施す処置のことである．有効なセキュリティ対策として，アクセス制御による制限，パスワードによる制限，セキュリティ対策ソフトの利用，暗号化の利用，ファイアウォールの設置などが考えられる（2.6参照）．

①アクセス制御による制限：大切な書類や文書の保護のためにファイル単位にアクセス権を設定する．

②パスワードによる制限：パスワードを利用することで，コンピュータやネットワークの使用権限について，本人と他人との区別をする．

③セキュリティ対策ソフトの利用：マルウェアにより情報が失われたり，不正操作されることを防ぐために，通信を監視したり，コンピュータ

70　1.情報の活用と発信

ウィルスを検出するセキュリティ対策ソフトを利用する．新しいマルウェアが次々に出現するため，セキュリティ対策ソフトは常に最新の状態に保たなければならない．
④暗号化の利用：クレジットカード番号などの大切なデータを送信するときには，盗聴による被害の危険性が高まるので，送信先が信頼のおける相手かを十分に確認したうえで，データを暗号化して通信する技術であるSSL/TLSの利用を検討すべきである（1.4.2，2.6.3参照）．

⑤ファイアウォールの設置：インターネットなどの外部のネットワークと学校や会社などの内部のネットワークを分けて，ネットワーク間の通信を制御する装置であるファイアウォールを設置して，外部からの不正な侵入を防ぐ．家庭でも，とくに高速インターネット回線を利用する常時接続を行う場合には，ファイアウォールを設置して，十分なセキュリティ対策をとる必要がある（2.6.4参照）．

(4) ネットワーク利用犯罪とその対策

ネットワーク利用犯罪には，銃器や違法な薬物の販売のように違法性が明らかなものから，その行為自体は違法にみえなくても詐欺や不正アクセスの手がかりを得るものまで，さまざまである．とくに注意すべき例をあげる．
①ソーシャルエンジニアリング：ネットワーク管理者やパソコン操作に詳しい助言者として身分をいつわり，パスワードなどを聞き出して不

正アクセスの手がかりを得ること．画面やキーボード操作を盗みみたり，手帳を盗みみることなども含まれる．対策として，パスワードはメモしたりせずに頭のなかだけで記憶し，たとえ保護者や教員であっても教えてはならない．

②フィッシング（phishing）詐欺：「利用期限がまもなく切れます」や「システム移行のため，登録内容の再入力をお願いします」などと金融機関や管理組織からの電子メールを装って，本物にそっくりな偽のWebサイトへ巧みに誘導し，そのページで住所・氏名・銀行口座番号・クレジットカード番号などを入力させて，不正に個人情報を入手しようとすること．金融機関や管理組織が電子メールで個人情報を問い合わせることはないので，これらをたずねてくるメールはフィッシング詐欺と疑うべきである．重要な通知と思われるメールでも，本文中に書かれているURL（アドレス）は開かずに，そのような内容のメールを送信したかどうかを，正しい連絡先（組織のオフィシャルページや印刷物などに掲載されている電話番号など）で確かめるべきである．安全性に確信がもてない場合には，個人情報を入力してはならない．

③ネットワーク利用詐欺：インターネットオークションで架空出品をして落札者から代金をだまし取ったり，ショッピングや旅行手配などの商取引サイトを急に閉鎖し，商品を配送しないで振り込まれた代金を持ち逃げすること．対策として，事前に取引相手の信用性，支払い方法についての安全性，返品やクーリングオフ制度が利用できるかなどを十分に確認し，少しでも不審点がある場合は利用してはならない．「期間限定」や「数量限定」などの表示があっても，取引相手の信頼性と，商品の機能や価格の信ぴょう性を冷静に判断しなければならない．

④有害情報：インターネットを代表とする情報通信ネットワーク上では，多様な価値観・文化をもった人々が情報発信やコミュニケーションを行っている．ネットワークからはさまざまな情報を得ることができるものの，そのなかには日本の国内法では違法であるものや，年齢によって好ましくない情報も含まれる．こうした有害情報には，わいせ

つ・殺人・暴力などの犯罪につながる情報と，誹謗・中傷や人種差別などの倫理的に問題とされるものがある．このような有害情報にふれないように努力し，また，発信しないように注意しなければならない．

（5）マルウェア対策

マルウェアには，コンピュータウィルス，ワーム，ボット，スパイウェアなどとよばれるさまざまな種類の不正ソフトウェアがある．また，ソフトウェア自体は不正目的ではないものの，利用にあたって注意が必要なアドウェアとよばれるソフトウェアも存在する．とくに注意すべきものについて説明する．

①コンピュータウィルス：コンピュータに悪影響を及ぼす目的で作成された不正ソフトウェアであり，プログラムやデータを破壊する悪質なものがある（2.6.4参照）．コンピュータウィルスの検出や駆除を行うウィルス対策ソフトのことをワクチンソフトまたはアンチウィルスソフトとよぶことも多い．

②スパイウェア（spyware）：キーやマウスの操作，Webサイトの閲覧状況，電子メールの内容などを無断で収集し，第三者に送信する不正ソフトウェアである．ホテルや空港など信用できそうなインターネットコーナのパソコンでも，不特定多数が利用するパソコンはスパイウェアに汚染されている可能性がある．そのようなパソコンからクレジット番号などの重要な個人情報を入力すると，スパイウェアによってその情報を盗まれるかもしれない．対策として，スパイウェア対策ソフトウェアを利用することや，Webブラウザのセキュリティ設定をできるだけ高く設定することがあげられる．また，新たにソフトウェアをインストールするときには，契約文書をよく読み，必要以上の情報が外部に無断で送信されることに同意することが，利用条件に含まれていないかを確認しなければならない．

③ランサムウェア(ransomware)：コンピュータ内のデータを勝手に暗号化して使えない状態にして，使えるようにするための身代金（ransom）を要求するマルウェアである．多くの場合，電子メールの添付ファイルやWebページから感染する．不審なメールの添付ファ

イルを開かないことや，必要のないWebページにアクセスしないことが重要である．さらに，OSやウィルス対策ソフトなどのアップデートを行い，つねに最新の状態にすることが大切である．また，こまめにデータのバックアップを行っておくことも重要である．

④アドウェア（adware）：定期的に広告を表示するかわりに，有償のソフトウェアと同等の機能を無料で利用できるソフトウェアである．通信ソフトやセキュリティ対策ソフトなど，機能自体は不正目的ではないものの，ユーザに表示する広告を選別するなどの目的で情報収集を行っていることが多く，スパイウェアのようにふるまう有害なものもあるので，十分に事前調査し，安全かどうかを慎重に判断してから，注意して利用しなければならない．

コラム　ハッカー，ハッキング，クラッカーの語源

　コンピュータが開発された初期には，ハッカーは非常によくできた洗練されたプログラムを書く，想像力にあふれた人物をさしていた．なかでも"good hack"は優れたプログラムを意味していた．ハッカーは「コンピュータの巨匠」とよばれていた．彼らはコンピュータシステムを時間の許す限り学び，コンピュータシステムをより新しいものにするうちに，しだいに社会の主流から外れる傾向にあった．

　その後ハッキングという言葉には，悪意の有無はともかく，不正な目的でコンピュータシステムに侵入する行為が含まれるようになった．最近では，「ハッカー（hacker）」とは，コンピュータや電話ネットワークの複雑な構造に分け入りいたずらする者から，故意にファイルを破壊したり，コンピュータウィルスをばらまいたりする者，通信経路を変更する者，信用情報ファイルの改ざんをする者などまで，意味が拡大している．盗みをはたらいたり，損害を与えたりするために，権限なくコンピュータシステムに侵入する者を「クラッカー（cracker）」とよぶ．

1.5.2　個人情報の保護と著作権

　個人で扱う情報のなかでも，個人情報はとくに気をつけて管理しなければならない．ネットワーク利用において，他人のプライバシーや著作権を侵害しないための注意点について考えてみよう．

（1）個人情報とプライバシー

　個人情報とは，氏名・住所・生年月日・性別など個人を特定できる情報のことである．とくに，氏名・住所・年齢・性別の4項目は，基本4情報とよばれる．個人情報の分類を表1.7に示す．

表1.7　個人情報の分類

基本的項目	氏名, 住所, 年齢, 性別, 国籍, 電話番号, メールアドレスなど
社会的項目	職業, 所属, 役職, 学歴, 職歴, 成績, 資格, 趣味, 特技など
経済的項目	収入, 資産, 借金, 納税額など
家庭的項目	家族構成, 親戚関係, 結婚歴, 家庭状況など

　個人情報の流出に関しては，次のような事例がある．

・懸賞つきのオンラインアンケートに回答したユーザの個人情報がもちだされ，無関係のWebページに掲載された．
・プロバイダが不正アクセスを受け，会員名簿が無関係のWebページに掲載された．
・市役所の住民票台帳のデータが流出し，名簿業者に売られた。
・プロバイダの会員のクレジット番号が，外部から閲覧可能な状態におかれた．

　このように，個人情報はICT社会のなかで経済価値があり，名簿業者などの間で売買されているのが実情である．友人や知人の住所・氏名などの個人情報を無断で公開すると，プライバシーの侵害につながるので注意しよう．また，友人といっしょの写真を無断で公開すると，友人の肖像権を侵害することになるので注意しよう（1.3.3参照）．

　個人情報を守るためには，私たち一人ひとりが「自分の情報は自分で守る」という意識をもつことが大切である．自分の個人情報をむやみに提供しないために，気軽にアンケートに応じてはならない．個人情報の

1.5　情報の管理とセキュリティ　75

提供を求められた場合には，事業者が個人情報保護の体制をしっかり整備しているかどうかを，

・個人情報の利用目的と利用範囲がはっきりと示されているか
・利用目的に照らして，必要以上の個人情報を求められていないか
・会社名や苦情受付窓口などの連絡先がきちんと示されているか
・個人情報保護方針やプライバシーポリシー（事業者の個人情報に対する考え方や方針）が公表されているか

などにより，みきわめるようにしなければならない．

（2）著作権

　著作権とは，個人や企業が制作した著作物を，ほかの人がコピーして利益を得たりしないように，その財産権を守る権利である．著作権は権利を得るための手続きを行わなくても，著作物を創作した時点で自動的に発生する．その権利は著作者の死後70年まで保護され，ほかの人が勝手に使うことはできない．たとえば，コンピュータのプログラムもソフトウェアの著作権によって保護される（3.4.3参照）．著作権に関する問題や注意点について考えてみよう．

①情報の違法コピー：ディジタル化された文字・音声・映像などの情報は，質を落とさずに簡単にコピーすることができる．CDやDVDのみならずインターネット上での情報でも収集・配布やコピーが簡単に行える．さらに，書籍・音楽・映像・ゲームソフトなどを，コンピュータを用いて違法に複製する行為が増えている．これは明らかに著作権を侵害する犯罪である．

②インターネットの利用と著作権：WebページやSNSによる情報発信時には，著作権に配慮することが大切である．たとえ盗用する悪意がなくても，他人のWebページやSNSの図や文章などを相手の許可なく使ってはならない．使用する場合は，WebページやSNSの作成者から使用する許可を受けなければならない．たとえば，次のような行為は違法行為（もしくは違法行為に加担する行為）となる．

・他人のWebページやSNSの文章や画像，サウンドファイルなどを，無断で自分のWebページやSNSに取り込んで公開する．

76　1.情報の活用と発信

・自分のWebページやSNSに，会社の商標や漫画のキャラクタを勝手にコピーして公開する.
・違法に音楽を配信したり，マンガ・書籍のコピーを公開しているインターネットサイトから，音楽データやコピーのダウンロードを行う.

1.5.3　ネットワーク利用のマナーとエチケット

急速に変化する情報社会のなかで，コミュニケーションを円滑に保ち，快適な社会生活を送るためには，法律や規制を遵守するだけでなく，マナーを守り，エチケットに気をつけて，他人の感情を害したり迷惑をかけないよう心がけることも必要である.

これから，電子メールの誤った使用例である迷惑メールをてはじめに，情報交換におけるマナーやエチケットについて考えてみよう.

（1）迷惑メールとその対策

迷惑メールには，いたずらメール，チェーンメール，スパムメール，ウィルスメールなどがある.

①いたずらメール：特定の人を対象にして，相手が嫌がる内容のメールを送ったり，他人になりすましてメールを送りつけるものである.対策は，返信をして反応を返すと，さらにエスカレートする場合が多いので，相手にせずに無視することである.

②チェーンメール：「不幸の手紙」や「幸福の手紙」の電子メール版で，受け取った人が他人にメールを出すように強要するものである.コンピュータウィルス情報やボランティア募集など，一見，有益な内容に思われるメールも含まれる.対策は，このようなメールが届いても無視して，転送などをしないことである.

③スパムメール：ダイレクトメールの電子メール版で，単なる商品紹介の宣伝のみならず，デマ情報や巧みに個人情報を聞き出す懸賞アンケート，出会い系サイトの広告までさまざまなものがある.対策は，「当選しました」とか「あなただけが選ばれました」といった魅力ある言葉を鵜呑みにしないことである.お金を振り込んだり，不必要に個人情報を提供してしまってから，後悔をすることのないように，ま

1.5　情報の管理とセキュリティ　77

ずは疑ってかかることが大切である．また，配信停止の連絡先がメールに書いてあっても，そのアドレスにメールを送ることは，個人情報の提供につながるため，メールソフトやメールサーバの迷惑メールフィルタ機能を使って，受信を制限するとよい．

④ウィルスメール：コンピュータウィルスが添付されたメールである．添付ファイルを実行すると，アドレス帳のなかにあるすべてのアドレスにメールを自動的に送信してしまう大量メール送信型ウィルスもある．対策としては，不審なアドレスから届いたメールは読まずに削除することや，添付ファイルを開く前に，ウィルス対策ソフトでチェックを行うことである．

（2）電子メールのエチケット

　電子メールは，双方向の情報伝達が可能なコミュニケーション手段である．しかし，相手を時間的に拘束しないために敏速な返事が期待できないことや，テキスト（活字）でメッセージを届けるために手書きの文字にくらべて温かみやぬくもりが伝えにくいという制約がある．したがって，電子メールを利用する場合には，読む相手のことを考えて，ていねいにメッセージを書くよう心がけることが最低限のマナーである．

　そのうえでメール送信にあたって気をつけなければならないエチケットを図1.43に，返信や転送にあたって気をつけなければならないエチケットを図1.44に示す．

---

①一目でわかりやすい題名（Subject）をつける．
②複数の宛先にメールを一斉送信する場合，アドレスをTo，Cc，Bccのどれに指定すべきか，十分に考慮する．
③相手からの了承が得られない限りHTML形式ではなく，文字だけのメールで本文を書く．
④機種依存文字や半角カナは使用しない．
⑤電子メールの最後に自分の署名を入れる．
⑥ファイルは，添付する前に受信可能なサイズや形式を相手に確認する．

図1.43　電子メールの送信に関するエチケット

①受信文を引用して返信するときは，どの部分に対する返事か明確に書く．
②引用部分が長くなりすぎないよう調整する．ただし，文の解釈がかわってしまわないよう注意する．
③メーリングリスト宛のメールに返信するときは，発信者だけに返信するのか，全員に返信を届けるのか，返信先アドレス指定に気をつける．
④個人宛のメールを第三者に転送するときは，許可を得る．
⑤他人のメールを転送するときは，内容を変更しない．

図1.44　電子メールの返信・転送に関するエチケット

（3）Webページ作成上の基本マナー

Webページ作成上の注意点は，1.3.3や1.4.2でも述べてきたが，あらためて，基本マナーを図1.45にまとめて示す．

Webによる情報発信は，著作権上は公衆送信権として扱われる（3.4.3参照）．コンテンツをWebサーバに送る前に，問題がないか，十分なチェックを行わなければならない．

①トップページには，写真などを入れず，データを軽くする．
②段落や箇条書きを使って，わかりやすく表示する．
③キーワードや主張したい箇所は，色をかえたりして，強調する．
④画像や写真は，必要最小限の大きさで表示する．
⑤Webページ作成時には，著作権やプライバシーに配慮する．
⑥個人情報の公開は慎重にする．
⑦ブラウザソフトによる表示の違いに配慮する．
⑧ハイパーリンク設定で，むやみに新しいウインドウを開かない．
⑨情報を適宜更新する．

図1.45　Webページ作成上の基本マナー

（4）SNS利用上の基本マナー

1.1.4で述べたSNSは，インターネット上における人と人とのつながりを生み出すためのコミュニケーションサービスとして，プライベートからビジネスまで幅広く利用されている．写真や動画などの共有や情報提供が気軽に行える．しかし，GPS機能つきのスマートフォンやディジタルカメラで撮影した写真には，撮影した場所の位置情報などが含まれている．この位置情報のついた写真をSNSに投稿して，自宅の住所

1.5　情報の管理とセキュリティ　79

が特定され，個人情報が知られてしまう危険性がある．また，友人間の
SNSを利用している場合でも，その友人が掲載内容を引用することにより，投稿内容が拡散することもある．さらに，不適切な投稿により，その内容が拡散され炎上してしまうこともある．また，アカウントの乗っ取り被害やなりすまし被害など，SNSには危険性があることを認識して，その危険を回避するように努めなければならない．SNSの基本マナーを図1.46にまとめて示す．

①個人情報は安易に掲載しない．
②写真や動画を投稿する前に，一緒に写っている人に承諾を得る（肖像権に注意）．
③職業上知りえた情報などは投稿しない（職業倫理，企業の守秘義務に注意）．
④不適切な写真や動画，悪口や誹謗中傷などの発言を投稿しない．
⑤他の人の作成した写真や動画などを勝手に掲載しない（著作権に注意）．

図1.46　SNSの作成上の基本マナー

コラム　スマートフォンでのメールのエチケット

スマートフォンでメールを利用する場合のエチケットを，以下に示す．
①数字だけのメールアドレスには迷惑メールが届きやすいので，自分で新たに考えたメールアドレスにかえる．
②迷惑メール対策のフィルタリング機能を使って，不必要なメールは拒否し，必要なメールは確実に届くよう設定する．
③通信料などの問題があるので，短く簡潔な文にする．
④絵文字は通信キャリアによって表示が異なる場合があるので，それを考慮して使う．
⑤スマートフォンはパソコンなどより気楽に使え，マナーがおろそかになる恐れがあるので，気をつける．

◆練習問題1-16◆

情報モラルや，エチケット，インターネット利用に関するルールやマナー，情報セキュリティ，著作権について学習するためのWebサイト

80　1.情報の活用と発信

が数多く開設されている．現在の自分の知識とスキルを向上させるのに役立つサイトをみつけ，学習をすすめてみよう．

> インターネットの普及により，我々のコミュニケーション手段は大きくかわってきた．インターネット上では，今でも次々に新しいサービスが開発・提供されている．新しい情報機器も次々に開発・販売され，我々の個人生活に大きな影響を及ぼしている．
> 急速に変化する情報社会のなかで，学習した知識を正しく活用し，ネットワーク利用において被害者にも加害者にもならないよう，適切な行動を選択するには，**情報モラル**を身につけなければならない．

□演習問題□

（1）各自でパスフレーズによるパスワードを作成してみよう．

（2）コンピュータウィルス，スパイウェア以外のマルウェアについて，どのような不正動作をするのか調べてみよう．

（3）現在，どのようなマルウェアが問題になっているか調べてみよう．

（4）次のような電子メールを出すとき，To，Cc，Bccの使い分けを検討してみよう．
　①転校してきたので，もとの学校の友人・知人に挨拶のメールを送る．
　②新しい店を開店したので，取引業者に，その案内メールを送る．
　③著名な講師の特別講演の案内がきた．せっかくの機会なので，自分の知り合いの多くに，このメールを転送して案内したい．
　④会議の議事録を参加者および会議に欠席した人にメールで送る．
　⑤書類の締め切り日になっても未提出の人たちに，督促のメールを送る．

（5）日常使っているSNSから，特別な利用をしない限り利用料金を請求されることはない．SNS運用企業は，どのようなビジネスモデル（収益を上げるためのしくみ）で利益を得ているのか調べてみよう．

1.5　情報の管理とセキュリティ　81

コラム　オープンソースソフトウェア

　コンピュータの動作でソフトウェアがはたす役割の重要性は，よく知られているところである．これらのソフトウェアに，正反対の考え方をもった2種類があることを知っているだろうか．一方は著作権で厳格に保護され，対価を払って利用し，もう一方は自由な利用を期待して情報を積極的に公開し，無料で利用できる．前者は多くの商用ソフトウェアであり，後者はオープンソースソフトウェアである．

　オープンソースソフトウェアは，開発者の努力の結晶であるソースコードを公開していることから，こうよばれている（厳密な定義がある*10）．なぜ，知的財産の権利を放棄してまで，重要な情報を公開するのだろう．これは，ソフトウェアは過去の知的共有財産を利用しながら開発されたもので，その効果も公開すべきであると考える人たちがいるからである．

　考え方の重要性だけでなく，ソフトウェアを公開し，多くの人の目に触れることで新しい考えを素早く取り入れ，完成度が高まったり問題点を迅速に発見し修復できたりと，具体的な利点も得られている．ネットワーク社会で多くの人が協調して作業する必要性が高まっているなか，貴重な取組みといえる．

　オープンソースソフトウェアを3つ紹介する．ワープロ，表計算，プレゼンテーションなどの機能をもつオフィスソフトとして，OpenOffice.org（オープンオフィス．オルグ）がある．Ruby（ルビー）は，まつもとゆきひろ氏が開発したオブジェクト指向スクリプト言語として知られている．また，Moodle（ムードル）は，eラーニングシステムを構築するための学習管理システム（LMS：Learning Management System）として，多くの教育機関に導入されている．いずれも，市販ソフトウェアと同様の機能をもつものである．

第2章　情報の処理と技術

2.1　問題解決の方法論とデータ … 84

2.2　情報のディジタル表現と処理 … 111

2.3　コンピュータのしくみ … 133

2.4　プログラミング … 148

2.5　情報通信ネットワーク … 166

2.6　セキュリティを守る技術 … 186

　本章では，コンピュータを中心とする情報機器を活用して問題を解決するとき，最低限知っておくべき科学的・技術的な知識について学ぶ．プロセッサを内蔵し通信機能をもつ複雑な情報機器を，正しく効果的に利用するためには，動作原理・基本概念や関連分野の一歩踏み込んだ知識が必要となるからである．

　問題解決の方法論と基礎となるデータ（2.1）からはじめて，機器内での情報のディジタル表現と処理（2.2）と，これを処理するためのコンピュータのしくみ（2.3）を学ぶ．さらに，コンピュータ処理で欠かせないプログラミング（2.4）と，データ交換に必須の情報通信ネットワーク（2.5）に関して，その基本の考え方から応用まで取り上げる．最後に，セキュリティを守る技術的なしくみ（2.6）を学ぶ．

2.1 問題解決の方法論とデータ

ここでは，コンピュータなどの情報機器を使って問題解決するにあたり，その特徴を理解することを目的とし，モデル化・シミュレーション・データ表現とデータサイエンスについて紹介する．情報機器を適切に利用して問題解決をするための，基本となる考え方を述べる．

2.1.1 問題解決の手順

私たちは，コンピュータや通信ネットワークが使えるようになって，これまでには解けなかったような問題であっても，くふうしだいで解決方法をみつけることができるようになっている．しかし，コンピュータを使えば何でも解決できるわけではない．問題の分析から実際の解決まで，適切な手順を踏まなければ，答えが得られなかったり，誤った結論に至ることがある．ここでは，問題解決の基本事項を学ぶうえで必要な，全体的な見方を取り上げる．

例題 2.1　人類全体が直面している問題に，地球温暖化がある．この問題を解決する方法を検討してみよう（図 2.1）．

解　答

問題が与えられたとき，まず行わなければならないのは，問題の内容と構造を理解し，扱う範囲を明確にすることである．地球温暖化のように大きく複雑な問題では，まず，地表の温度がどのように決まるかを理解しなければならない．地球は，太陽からとどくエネルギーで暖まり，地表から放射されるエネルギーで冷えるので，太陽の状態が大きく変わっていないとすれば，宇宙空間へ放射されるエネルギーが減っているから温暖化が起こるとわかる．

次は，なぜ減っているかが問題になる．少し調査すれば，温室効果ガスとよばれている一部の気体が，放射されたエネルギーの一部を地表に戻しているので，このガス（とくに，二酸化炭素（CO_2））の量が関係していると理解できる．最終的に，温暖化を防ぐもっとも重要なことは，CO_2 の削減であるとまとめることができ，「CO_2 削減」問題を扱うことにする．こうした調査は，1 章で述べた情報の収集・整理で行えるであろう．

明確化した CO_2 削減のためには，変化の原因を分析しなければならない．このためには，CO_2 の発生・吸収の要因を洗い出し，各要因が互いにどう関

わりあうのかを明らかにすることが必要となる．このように，問題の本質を抽出し整理してわかりやすく表現したものを**モデル**とよび，モデルを作ることを**モデル化**という．

　CO_2の発生・吸収についてモデル化できれば，森林が減ったとき，海洋温度が変化したときなど，環境変化に対するCO_2濃度を知ることができる．

　CO_2削減の問題をコンピュータで処理するには，過去の気温変化，森林面積の変化，気体の流れをあらわす式など，非常にたくさんの情報を利用する．また，得られた結果の意味を理解し広く知らせるためには，得られた結果（多くは数字）をわかりやすく表現しなければならない．各種の情報をどのように表現するかは，コンピュータを使って問題解決を行うとき重要な要素である．

　地球温暖化問題で利用するデータのなかで，気温・水温・CO_2濃度など過去から蓄積されたデータはとくに重要である．こうしたデータは，利用しようとしたときに望む部分がすみやかに取り出せるよう，管理して保存しておく必要がある．このようにデータを整理し管理するのがデータベースであり，温暖化問題に必要なデータを信頼のおけるデータベースから手に入れて利用する．

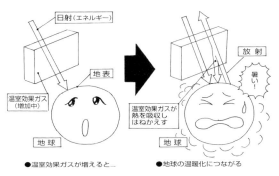

図2.1　地球温暖化の検討

　例題2.1で述べられているように，問題解決のためには，モデル化（2.1.2）とシミュレーション（2.1.3）という手法を使う．このとき，コンピュータ上で効率よく扱えるよう，データの表現と利用（2.1.4）が必要である．さらに，モデル化を行わないで，データから有益な知見を直接見つけ出すデータサイエンス（2.1.5）についても述べる．

2.1.2 モデル化

問題解決を容易にするために，問題の核心部分を取り出す一方で，本質を損なわない末梢を省略し，簡略化して表現することをモデル化という．なにげなく過ごしている日常生活でも，私たちは実にさまざまな問題に対し，情報を処理し解決している．その過程でモデル化を行っていることがある．ここでは，次の例を通して，どのような情報処理とモデル化をしているのかをみていく．

平日の毎朝，目が覚めてから出かけるまでの一連の行動を考え，まずは大まかに，このときの動作を箇条書きにしてみよう．そして，自分の行動に照らして図式化してみよう．

解 答

A）目が覚める，B）出かける，C）ベッド（布団）から出る，D）トイレに行く，E）朝食をとる，F）歯を磨く，G）身だしなみを整える

これらは多くの人に共通のものや各人固有のものなどさまざまで，また，行動パターンは日により異なるだろう．ここで，各行動の時間変化を矢印であらわし順に並べると，図2.2のような行動パターンを示すことができる．

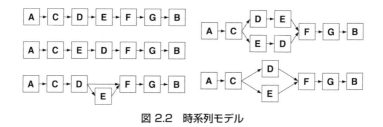

図 2.2　時系列モデル

図2.2は事象を単に時間順に並べただけのものだが，朝の日常生活を簡潔に表現しているので，朝の生活モデルといえる．こうして作成したモデルは時間軸上の列となるので，**時系列モデル**とよぶ．

次に，別の日常の問題として，やかんに水道水を入れ，ガスコンロを用いて加熱し，お湯を沸かすとき，どのくらいの時間を要するのかについて考えてみよう．通常，このことは一連の作業として行うものの，やかんに水を入れる問題と，お湯を沸かす問題に分けて考えることができ

るので，ここでは別々に考える．

 例題2.3　水を入れる問題では，水道のモデル化と水を入れるやかんのモデル化を考えなければならない．どのようなモデル化が必要か考えてみよう．

解答

問題設定を簡単にするために，蛇口はスイッチでオンオフでき，オンのときに単位時間当たり一定量の水が出るとする．また，連続して流れ出る水を，水のブロックが単位時間ごとに出てくると考えることにする（図2.3）．

やかんはいろいろな形や大きさのものがあるが，ここではそうしたやかんの特性は必要なく，水量のみに着目すればよい．そこで，必要な情報を損なわないものとして，目標水量が入る四角や円柱の箱で考える（図2.3）．

図2.3　実体のモデル化

上のモデルのように，物理状態をあらわすものを**物理モデル**とよぶ．

やかんを円柱などの単純な形状で簡略化してモデル化を行うことにより，いくつかの情報が欠落してしまう．たとえば，やかんとそのモデルでは水量は同じだが水深の状態は異なるので，このモデルでは水量とやかんの水深の関係を求められない（図2.4）．

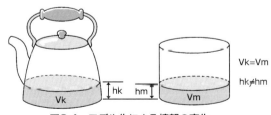

図2.4　モデル化による情報の変化

◆**練習問題2-1**◆

やかんに水を入れてお湯を沸かす手続きの，時系列モデルを作成してみよう．

>
> やかんの水量変化を考えるのに必要な情報として，目標水量：V[L]，現在水量：Vi[L]，現在時刻：ti[s]，単位時間：Δt[s]，単位時間当たりの水の変化量：Δv[L]を与える．これをもとに，時間的な水量変化を求めるための式を考えてみよう．

解　答

水道モデルの「蛇口からは単位時間当たり一定量の水がでる」をZ[L/s]であらわすと，これはやかんの水の変化量と同じなので，

　　　Δv／Δt = Z[L/s]

という式が，図2.5をもとにして経験的に導かれる．一定時間に注がれる水量がZ[L/s]なので，やかんが空の状態から目標水量になるまでに必要な時間T[s]は，

　　　T = V／Z[s]

で求められることを経験的に導くことができる．

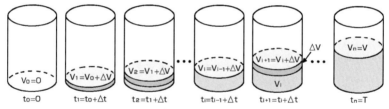
図2.5　時間と水量の変化モデル

ここで求めたいくつかの数式は，やかんの水量変化を抽象化してあらわしている．これらは**数理モデル**とよばれる．

>
> 例題2.4を参考にして，お湯が沸くまでの時間を求めるための数理モデルを作成してみよう．

解　答

お湯が沸くまでの時間を計算するには，ガスコンロの火力に加え，水については水温と沸点との差および水量が関係することは，経験的に知っている（図2.6）．

ここで，温度差（Δx[℃]）と時間（t[s]）および水量（v[L]）と時間は比例関係にあり，火力（F[Wh]）と時間との関係は反比例であると仮定してみる．比例を掛け算，反比例を割り算で考え，それぞれに適当な係数b, c, dを仮定すると，お湯を沸かす時間の関係式は，以下のように書ける．

$$t = b \cdot \Delta x \quad [s]$$
$$t = c \cdot v \quad [s]$$
$$t = d / F \quad [s]$$

　お湯を沸かす時間は，これらすべてが関係して決まるので，係数b, c, dをまとめた係数aを導入すると，式は，

$$t = a \cdot (\Delta x \cdot v) / F \quad [s]$$

であらわされる．これがお湯を沸かすのに必要な時間を求めるための数理モデルとなる．

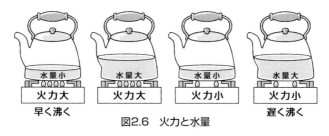

図2.6　火力と水量

◆**練習問題2-2**◆
　このお湯が沸く時間を求める数理モデルは，実際には0～100[℃]のすべての範囲には適用できない．どこに問題があるのか考えてみよう．

2.1.3　シミュレーション
（1）数理モデルを使ったシミュレーション
　2.1.2のようにモデル化されたものに対して，いくつかの規則や数式を適用して擬似的に結果を予想すること，あるいはモデル化した環境を実際に作成して実験を行うといったことを，シミュレーションとよぶ．多くの場合はコンピュータを用いたものを示すが，実際のものを模擬したミニチュアや簡素化したモデルを用いての実験も擬似的に行うことになるので，これもシミュレーションである．

例題 2.6 例題2.5で求めた数理モデル
$$t = a \cdot (\Delta x \cdot v) / F \quad [s]$$
を使って，お湯を沸かす時間を具体的に求めてみよう．

解答

計算を行うには，係数aの値を求める必要がある．水量が変わらないと考えると，温度を1[℃]だけ上昇させる係数になるので，aは水の比熱に関係することがわかる．水1[mL]の温度を[1℃]上げるのに必要なエネルギーは，4.18[J](= 1[cal] = 1/860[Wh])なので，家庭のガスコンロやIHでお湯を沸かすのにかかる時間をこれで予想できる．表2.1は，目標温度・水量・火力をいくつか変えて計算した結果の例である．

表2.1 シミュレーション結果

初期水温[℃]	目標温度[℃]	水量[L]	火力[Wh]	時間[min]
20	100	1	700	7.97
20	100	1	1300	4.29
20	100	3	700	23.92
20	100	3	1300	12.88
20	40	3	700	5.98
20	40	210	700	418.60
80	120	3	1300	6.44

次の例として，クラスの席がえをくじ引きで行うことを考える．このシミュレーションでは，座席をモデル化することと，くじ引きをどのように擬似化するかを考えなければならない．

例題 2.7 クラスの人数を36名として，座席をモデル化することと，くじ引きの擬似化を考えてみよう．

解答

まず，座席をあらわすモデルを考えるとき，席がえ問題なので教卓は無視する．配置は教室の形で決まる．ここでは6×6のマス目とし，座席に値を割り当てた表をモデルとする（図2.7）．

次に，座席番号の書かれた紙を箱のなかから取り出すくじ引きについて考える．くじ引きを数式であらわすことはできないので，何らかの方法ででたらめに発生する数字を得なければならない．ここでは図2.8のように，サイコロを2度投げて，1回目が行の，2回目が列の番号を示すものと擬似化する．

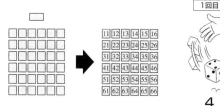
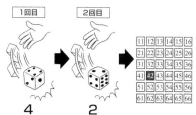

図2.7 座席のモデル化　　　　図2.8 くじ引きの擬似化

　上の例のサイコロをふってランダムな数字を得るような，時間とともに変動しながら偶然に決まるような現象を確率モデルという．

　実際に全員の座席を決めるためには，具体的な手続きを考えてシミュレーションを行わなければならない．このように処理の手順などを整理したものをアルゴリズムとよぶ．

◆練習問題2-3◆
　実際にクラスの座席を決めるシミュレーションを行う場合，例題2.7の場合のほかに考慮しなければならない点を考えてみよう．

(2) シミュレーションの応用
　たとえば，車同士の衝突事故について考える．衝突するおのおのの車両の重量・ボディ構造・硬さなどは，さまざまである．衝突時の速度・角度などの条件も異なるなど，衝突のメカニズムを解析するには複雑な問題が浮上する．実際に車を用いて衝突を試みる破壊実験は，実際の事故などを模擬して行う実験で，このためには何台もの車が必要で莫大な予算を費やす．実験で得られるデータは膨大なため，解析はコンピュータを用いて行われる．コンピュータによる仮想空間でシミュレーションによる衝突実験を行えば，データはすぐに解析でき，また車を破壊する必要もなくなる（図2.9）．

2.1　問題解決の方法論とデータ

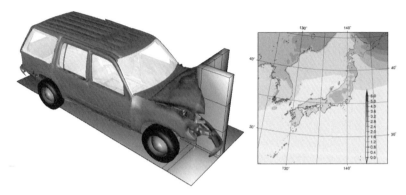

図2.9　車の衝突や気象などのシミュレーション[*1][*2]

　次に，地球規模の天候・温暖化・地殻変動などの解明や予測はどうだろう．これらは時間的にも空間的にもスケールが大きく，多様なプロセスの連鎖・複合により生じるのでメカニズムが複雑であり，実験による現象の再現はきわめて困難である．この場合，コンピュータを用いて地球上の諸現象を模擬的に再現して実験を行うコンピュータシミュレーションが，もっとも有効な手法となる（図2.9）．

　シミュレーションは，さまざまな手続きをへて行う（図2.10）．モデル化における簡略化など，それぞれの手続きで近似などが行われるので，シミュレーションはあくまでも擬似的な解法となる．コンピュータを用いる場合，さらにプログラムミスなどでも誤った解を導くことがあるため，得られた結果は十分検証して利用する必要がある．コンピュータシミュレーションでは，実際の機材を用いないで数値を組み合わせるだけで結果を予想できることから，正しく利用できればとても有益な手段であると考えられる．しかし，コンピュータによる結果は必ず正しいといった思い込みは危険であり，注意しなければならない．

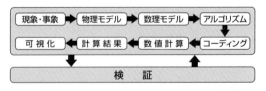

図2.10　コンピュータシミュレーションの手続き

92　2.情報の処理と技術

2.1.4 データの表現と利用

コンピュータを使った問題解決においては，利用するデータを正確に効率よく処理することが欠かせず，正しい理解にもとづいた適切な扱いが必要となる．ここでは，コンピュータのなかでデータをどのように出し入れするかというデータ構造，情報交換や情報システムでデータをどう表現し利用するかというデータモデル，データの蓄積・検索などを容易にするデータベースという，データ処理の基本を取り上げる．

（1）データ構造

コンピュータでデータを処理するには，プログラムを通して，データの出し入れや加工をおこなう．このとき，複雑なデータであっても，より基本的なデータとデータを組み合わせることで表現できる．データとデータの組み合わせ方（関係）を**データ構造**とよぶ．コンピュータ上で問題を解決するときに，よく使われるデータ構造には，変数，配列，グラフ，木，スタック，キュー，リストなどがある．

① 変数

変数は，最も基本的で単純なデータ構造で，データを入れておく箱のようなものである．変数の重要な役割は，値を保存しておくことである．1つの変数には，1つの値を保存することができ，変数に値を保存することを代入とよぶ．代入できる値には整数，実数，文字などがある．このような値の種類を型とよび，整数を代入できる変数を**整数型**，実数を代入できる変数を**実数型**とよぶ．

変数の重要な役割は，変数にどのような値が代入されているのかを，あとから知ることができることで，これを参照とよぶ．

変数に値を代入したり，変数の値を参照するときには，どの変数に対して行うのかを示すために名前を使う．そのため，変数には名前をつけることになっている．たとえば，変数xに文字aが，変数yに整数7が保存されていると，図2.11のようになる．

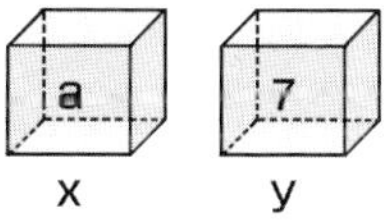

図2.11 変数

2.1 問題解決の方法論とデータ　93

例題 2.8 変数には同時に1つの値しか保存することができない．1つの変数に対して，参照と代入を行うとどうなるか，また，変数に何度も値を代入するとどのようなことが起こるか考えてみよう．

解 答

yに7が代入されていた状態でy ← y + 3を実行すると，変数yの値7に3が加えられ，結果の値10が同じyに保存される．このとき，もともと保存されていた値7は新しい値10によって書きかえられてしまう．

同様に，変数に値を何度も代入すると，値が書きかえられて最後に代入された値が残ることになる．

② 配列

配列は同じ種類（型）のデータをひとまとめにし，連続して扱えるようにした変数の集まりである．変数という基本的なデータから構成され，より複雑な構造をもつデータである．したがって，配列に対して行える操作は，変数に対して行える操作と同じで，また，変数と同様に名前をつける．

ただし，1つの配列にはひとつの名前しかつけられない．したがって，名前を使って配列と配列を区別することはできても，1つの配列に含まれている特定の変数を指定することはできない．そこで，**添字**とよばれる位置をあらわすための情報を用いて，そのなかの任意の変数を指定する．添字は，配列の先頭から数えて何番目の変数であるのかを示している．

図2.12に配列の例を示す．この配列にはaという名前がつけられ，全部で10個の文字型変数をひとまとめにしてあり，それらを識別するために1～10の添字を利用する．文字型の変数をひとまとめにしてあるので，この配列は**文字型の配列**とよぶ．

図2.12 配列

配列では，名前と添字を指定することで，代入や参照を行いたい変数を指定することになる．たとえば，添字を指定するために配列の名前に続けて［ ］を使うとすれば，配列aの添字5はa[5]とあらわすことが

できる．図2.12ではa[5]には文字+が格納されている．このようにして，添字を使って指定された配列内の変数は，通常の変数とまったく同じように扱うことができる．

◆**練習問題2-4**◆

変数と配列との違いを考えてみよう．

③ グラフと木

グラフはいくつかの点と，それらをむすぶ線から構成され，点と点の関係をあらわす．点は頂点または節点ともよばれ，線は辺または枝ともよばれる．図2.13にグラフの例（右は鉄道網を表した例）を示す．

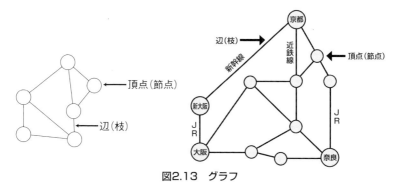

図2.13　グラフ

一方，次の条件を満たすグラフは，木とよばれる．
・根とよばれる，どの辺も入ってこない頂点が1個だけ存在する．
・根以外のすべての頂点に入る辺は1本だけである．
・根からすべての頂点に至る経路が必ず存在する．

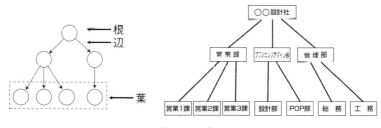

図2.14　木

2.1　問題解決の方法論とデータ　95

図2.14に木の例（右は会社の組織図を表した例）を示す．ある頂点sからtに向けた辺があるとき，頂点sはtの**親**，tはsの**子**とよばれる．出る辺が1本もない頂点は**葉**とよばれる．各頂点の子の数が2以下であるような木を**2分木**という．

④ **スタックとキュー**

データを一時的に退避しておくために，よく利用されるデータ構造に，スタックとキューがある．スタックは，計算の途中結果などを退避しておき，あとで利用するといった操作で利用される．図2.15にスタックの例を示す．

図2.15　スタック

スタックに対して行える操作は，データを追加する**プッシュ**（push）と，データを取り出す**ポップ**（pop）の2種類だけである．

スタックではデータを追加する場合，一番うしろ（図2.15では一番上）に追加する．データを取り出す場合も，一番うしろから取り出す．このように，データの追加と取り出しが同じ場所で行われるので，新しいデータを古いデータより常に先に取り出すことになる．スタックのこの性質を**LIFO**（Last In First Out：後入れ先出し）とよぶ．

一方，**キュー**は待ち行列ともよばれ，退避したデータを，退避した順番に処理したいときなどに利用される．図2.16にキューの例を示す．

図2.16　キュー

キューに対して行える操作は，データを追加する**エンキュー**（enqueue）と，データを取り出す**デキュー**（dequeue）の2種類だけである．

キューではデータの追加を行う場所と，取り出しを行う場所が異なり，追加を一方の端で行い，取り出しはもう一方の端から行う．データを追加した場所と反対側の場所からデータを取り出すので，最初に追加したデータから順に取り出される．キューのこの性質をFIFO（First In First Out：先入れ先出し）とよぶ．

⑤ **リスト**

リストは配列と同様にデータの列を扱うデータ構造である．1つの要素は，データ部分と次のデータの場所を示すポインタとよばれる部分から構成され，要素を次々につないで列をつくり，全体をたどれるようにしたものである．図2.17にリストの例（右はクラスの連絡網の例）を示す．

ポインタを2つ用意して，前にも後ろにもたどることができるリストを**双方向リスト**という．リストの利点は，途中にデータを挿入することやデータを削除することが簡単にできることである．

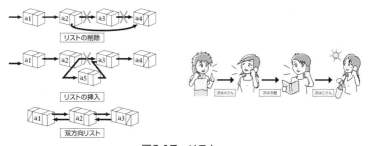

図2.17 リスト

（2）データモデル

問題解決を行うとき最も重要なことは，解決したい問題の本質をとらえることである．そのため，情報は整理され扱いやすくしなければならない．すなわち，情報をどのように表現し利用するのかが重要である．さらに，データは単に集めるだけでなく，利用しやすく整理された情報

として扱えることが望ましい．また，一度作成したものを別の目的などで再利用できると効率的である．このように，情報を整理して表現や利用することを考えたものを，**データモデル**とよぶ．

身のまわりには，文字・画像・音声などさまざまな形態の情報が存在する．たとえば，平面図形の情報をあらわすにもいろいろな方法が考えられる．図2.18ではいずれも同程度の情報を表現していても，情報の利用を考えたとき，画像と文字の情報の違いが浮き彫りとなる．

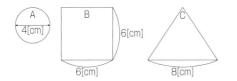

図2.18 平面図形情報

 例題2.9 ミカンを思い浮かべたとき，私たちの記憶のなかから，その特徴などの情報がいくつか連想される（図2.19）．ではミカンという語をオレンジ色の球におきかえると，なにが連想されるだろうか．

図2.19 情報の連想と情報量

解 答

ミカンとオレンジ色の球といった単語レベルでの情報量は同程度であっても，連想される内容は，ミカンには大きさ・硬さ・味などさまざまな情報があるのに対し，オレンジ色の球には色と形しかない．しかし，ミカンをみたことも食べたこともない人，あるいはコンピュータやロボットに，ミカンやオレンジ色の球の特性をわかってもらうには，それぞれの大きさ・形・分類などの提示が必要である．

ミカンとオレンジ色の球					
番号	名称	色	直径[mm]	重さ[g]	分類
X1	ミカン	C1	80	100	G1
X2	オレンジ色の球	C1	70	120	G2

色	
番号	名称
C1	オレンジ
C2	グリーン

分類	
番号	名称
G1	果物
G2	ボール

```
X1 ── 名称：ミカン
    ├─ 色：オレンジ
    ├─ 直径[mm]：80
    ├─ 重さ[g]：100
    └─ 分類：果物

X2 ── 名称：オレンジ色の球
    ├─ 色：オレンジ
    ├─ 直径[mm]：70
    ├─ 重さ[g]：120
    └─ 分類：ボール
```

図2.20　情報の整理方法の例

　ここで平面図形と同様に，情報を表で整理してみる．おのおのを区別する，あるいは共通する項目を洗いだし，それに対応する情報を記述して表を作成する（図2.20左）．ここでは，色と分類情報は別の場面での利用も考えられるので，別の表に分離している．このようにお互いに関連づけられたデータを表形式であらわしたものをリレーショナル型データモデルとよぶ．また，表以外でも表現は可能で，図2.20右では木構造の例を示している．どちらが優れているわけではなく，情報をどのように表現し利用するかは，必要に応じて使い分けなければならない．表形式のデータを利用するには，ミカンとオレンジ色の球のデータから「番号X1の名称」のように参照する．また色については，さらに色のデータと組み合わせて「番号C1の色」のように参照する．

　次に，コンピュータなどの情報機器を用いて情報処理を行う場合の表現について考える．さまざまな情報を扱うことが可能なコンピュータだが，内部ではすべての情報を数値で扱うため，文字はASCIIコードやUnicodeなどで数値との対応づけが行われており，画像は分割されたものを数値におきかえた状態で表現されている（2.2参照）．コンピュータは，情報を利用するさいに，必要に応じた加工をすることで表現形式を変更できるので，コンピュータ内部で情報処理を行うための内部表現と，人間がみるなどのための外部表現とに区別することができる．

　情報整理のために表を用いるとき，人の目で確認できる形式とするには，データ項目以外に，罫線もあわせて記述するのが普通である．しかし，データ集計などでは，罫線情報はたんに区切り記号として扱われる

2.1　問題解決の方法論とデータ　99

のみである．すなわちデータ処理では，表の区切りは線である必要がなく，別の記号などを用いても構わない．さらに，表の欄に記述する文字桁数を固定すると，区切り文字を必要としないで表現することができる（図2.21）．

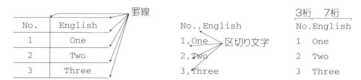

図2.21　表の表現手法

コンピュータでは多数の情報を扱うことが可能であるものの，メモリなどの資源は有限なので，有効に利用する必要がある．そのため，不必要な情報の排除やデータ圧縮などが行われる．さまざまな方法で表現された情報を利用するときには，利用したいデータの表現形式を知ることが必要になる．表現形式が不明であると，特定の相手とのみ情報を共有するために暗号化されている場合と同じで，その情報を利用することは難しい．そこで，コンピュータで用いる情報の表現手法の多くは規格化されている．

（3）データベース

データベースとは，役に立つデータを分類・整理してたくわえ，情報を欲しいときにすぐに利用できるようにしたものといえる．わからない単語の意味を調べたい，アイデアを実現したいなど，これらの問題を解決するためにデータベースを活用することは有効な手段である（図2.22）．データベースで必要な情報を探すことを，**検索**という．

図2.22　データベースによる問題解決

身のまわりには，スマートフォンの電話番号帳，電子辞書，図書館などの書籍検索システムなどのデータベースがあり，個人利用のものから，多くの人が共有するものまでさまざまである．また，インターネットなどのネットワークを介して利用できるオンラインデータベースも多く存在し，世界中から情報を探すこともできる．

　コンピュータ性能の向上にともない，データベースが管理できる情報量も増大しており，文字情報や静止画像に加え，音声や動画情報などさまざまなものが管理され，利用できるようになっている（図2.23）．

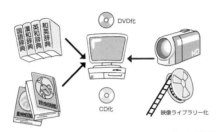

図2.23　ディジタル化されるさまざまな情報

　データベースシステムは，通常，目的に応じて設計され，利用される．たとえば，あるスーパーマーケットチェーンについて考えてみよう．1つの店舗について考えると，どこにあるのか，どんな商品を扱い，毎月の売り上げや在庫がどうなっているかなどを管理しなければならない．さらに，チェーン全体で考えた場合には，店舗ごとの売り上げ状況や，地理的条件などによる売れ筋商品の違いなどの情報を管理するとともに，経営戦略を立てるという目的にも利用できるよう考える必要がある．こうした要求を満たすようなシステムを構築しなければならない．

　適切にシステムを構築するには，どのようにデータを表現するかというデータモデルが重要である．現実のデータの集まりをできるだけこわさずに，関連項目を整理し，矛盾のないように記述する構造を検討し，作成する．階層型やネットワーク型などのデータモデルのなかで，リレーショナル型が広く使われている．

　リレーショナル型データモデルでは，データの関係をリレーションとよばれる表で管理する．複数の表はリレーションシップ（関係）により関連づけられることで，全体を1つのものであるかのように扱うことが

できる．さらに，表の行（レコード）を取り出す選択や表の列（フィールド）を取り出す射影を使って条件に合うデータを取り出したり，結合により複数の表から1つの表を作ることができるなど，データに関する演算が可能でデータを柔軟かつ強力に処理できる．このデータモデルにもとづいて作成されるデータベースは，リレーショナルデータベースとよばれる．

　データベースシステムは，データモデルにもとづくデータファイルと管理プログラムで構成される．システム保守などを考えると，管理プログラムとデータファイルは独立させ，おのおのの変更が他方に影響しないように設計するほうが，効率的である（図2.24）．

図2.24　データベースの構造とメンテナンス

　データベースでは，情報を検索するだけでなく，データの追加・削除・修正などもおこなえなければならない．このような操作をデータベースで行うとき，利用者からの操作を受け付けて結果を返す対話処理をおこなうのが管理プログラムで，**データベース管理システム**（DBMS：DataBase Management System）とよばれ，標準化された問い合わせ言語SQLにより操作をおこなう．現代社会では，多数のリレーショナルデータベース管理システム（RDBMS：Relational DBMS）が，大量のデータ管理をおこないながら社会生活を支えている．また，インターネット検索サービスにおける管理システムでは，扱う情報が随時変更されているものが多いので，自動的に情報収集するシステムと組み合わせて，登録や削除を自動的におこなうようになっている．

例題 2.10 RDBMSでは処理の難しいデータに対して，NoSQLとよばれる新たなDBMSが使われている．なぜ必要となったか，どのようなものか調べてみよう．

解答

　リレーショナルデータベースは，データ間の関係にもとづき管理するために，関係性が明確なデータを正確に効率よく処理できる．しかし，SNSの大量で多様なマルチメディアデータ，IoTにより発生する大量の多種多様なデータなど，関係性を見つけにくかったり，関係づけてしまうと多様な価値が失われてしまうというように，リレーショナル型で扱うのが適切でないデータがふえている．このようなデータに対しては，NoSQL（Not only SQLと解されている）とよばれるDBMSが使われている．NoSQLは特定の手法を指すのではなく，大量のデータを高速に格納・検索できるようなくふうのこらされた複数のDBMSを意味する．たとえば，Key-Value型データベースは，値（Value）と取得用のキー（Key）のみを管理することで，特定の用途では非常に高い性能を発揮する．

 例題 2.11 データベース化することにより，利用者にどのような利点が生じるか考えてみよう．

解答

　次のような利点が生じる．
①データの重複や相互矛盾の回避
　たとえば，電話帳のように相互に関連するデータを整理・統合してあれば，簡単な検索には使える．しかし，このようなファイルが複数存在すると，データのチェックや修正は困難である．データベースを導入することで，データの重複や相互矛盾を回避できる（図2.25）．
　さらに，データの共同利用ができるようになり，多くの人が同時に利用できるようになる．このとき，管理プログラムに利用制限機能をもたせれば，特定の人だけが利用できるといった，セキュリティの向上も可能になる．
②多面的で柔軟な検索が可能
　データベースで情報を検索するには，手がかりとなる語（キーワード）を用いることが一般的である．このときデータベースを使うと，ワイルドカード（1つまたは複数の実際の文字をあらわすために使用する文字）を用いることで，不完全なキーワードから情報を検索できる．さらに，複数のキーワードどうしの関係を決める論理演算を行うことで，必要な情報にたどりつくよう，結果をしぼり込んだり，逆に広げたりできる．また，データベースに

は検索のための目次や用語辞書などが用意されているので，あいまいな情報から，多様な検索を高速で処理することができる．

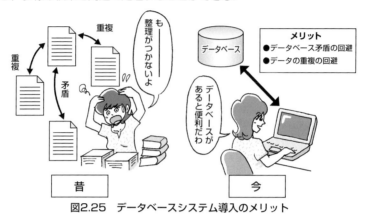

図2.25　データベースシステム導入のメリット

2.1.5　データサイエンスに基づく問題解決

この節で扱っている問題解決の方法論の歴史を振り返ると，実験により現象を経験的に理解する実験科学と，現象を記述できる普遍的な理論を確立する理論科学とを両輪として，現代の科学技術文明の基礎を築いてきたといえる．さらにコンピュータの出現により，現象をコンピュータ上の模擬実験により理解する計算科学が出現し，これを2.1.2や2.1.3で説明した．

経験・事実から結論を導く帰納的方法論（実験科学）と公理・理論から結論に至る演繹的方法論（理論科学と計算科学）を組み合わせた方法論に，新たな方法論が登場し重要性を増している．これは，大量データから新たな知見を見いだす帰納的方法論で，データを研究対象としデータに潜む現象を明らかにしデータから価値を導くという意味で「データサイエンス」とよぶ．ただ，データサイエンスは，社会的に十分な合意の得られた言葉とはいえず，ここではデータ処理の基礎である情報学と，データ分析の基礎である統計学を統合した科学分野として扱っている．

このような方法論が重要になったのは，ディジタル化された情報に基づき活動を進める情報社会になったからである．現代社会では，WebサイトやSNSから時々刻々発生する文字・画像・動画データ，IoTで接

続された情報機器やセンサから生成される種々の観測データなど，これまでのシステムでは処理の難しいデータを扱わなければならない．こうしたデータはビッグデータ(big data)とよばれ，桁違いに大量(volume)であるだけでなく，非定型の多様性(variety)と非常な高速性(velocity)という3V特性を持つといわれている[*3]．情報ネットワークを介してビッグデータの生成・流通・保存を扱えるようになり，これらデータから問題解決に必要な分析や発見を効率的におこなえる方法論が必要とされている．

データサイエンスを基礎として，現実の非常に複雑な構造を持つ非定型データから，そのデータが生成される原理・構造や得られたデータの特徴といった知見を得て，目的にふさわしい価値を引き出すシステムを作り上げなければならない．

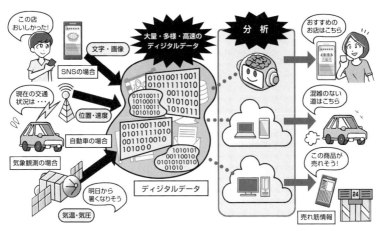

 非定型データから有益な価値を引き出す手順を調べてみよう．

解 答

大まかな手順は次のようになる．
①さまざまな視点からデータの特徴を探り，原理・構造を推定する．

2.1 問題解決の方法論とデータ　105

②分析に使う生データに対して，異常な値を削除したり欠けている値を補
完したりといった前処理をおこなう.
③前処理済みのデータを使って，機械学習により予測モデルを作成する.
④予測モデルが，期待する知見を導くかどうか評価する.
⑤期待通りであれば，実装して実運用に供する.
⑥運用状況を監視し，問題があればモデルの修正をおこなう.

　例題2.12の手順に沿ってデータ解析をおこなうとき，目的を明確にし
て，これに合った特徴や構造を探っておかないと，むだな処理をおこな
ったり，得られた結果が間違ったり，結果さえ得られないことがある.
このために最初に①において，さまざまな視点から仮説を生成し，デー
タ探索をおこなって，原理・構造を可視化する.視覚的にデータをとら
えながら多面的に観測する探索的データ解析（EDA：Explanatory Data
Analysis）は，代表的な推定方法である.
　解析の方向性が定まれば，利用するデータに対して，②の前処理をお
こなう.このとき，前処理済みのデータの一部を評価用に分離したり，
公開されている標準的な訓練データを使うこともある.
　③の予測モデルの作成がもっとも重要な過程で，コンピュータ上でデ
ータから規則性を自動で学習して，予測モデルを作成する.①で演繹的
扱いが有効であれば，2.1.2で述べたようにモデルのパラメータ決定を
おこなう.ビッグデータでは，演繹的処理が適用できにくく，統計的処
理で傾向を抽出する帰納的処理が採用されることが多い.このとき，人
の脳細胞（ニューロン）とシナプス結合をまねて，シナプス相当の経路
で人工ニューロンをつないだニューラルネットワークが有効な方法とな
っている.とくに，人工ニューロン層を複数おいて相互接続した多層ニ
ューラルネットワークの発展が著しく，これを使った学習は深層学習
（deep learning）とよばれている.この場合の処理は，結合経路に重み
をつけながら，入力（行列データ）と人工ニューロン状態（行列で表
現）との行列演算を，適切な出力になるようパラメータを変えて繰り返
すことである.このため，整数値の大量の並列計算が必要となるので，
画像処理用演算プロセッサ（GPU：Graphics Processing Unit）を流用
したり専用プロセッサが開発されている.適切な出力が得られたら，そ

106　2.情報の処理と技術

のときの人工ニューロンの状態が、予測モデルとなる.

　予測モデルが作成できれば、④で評価データを使って期待する知見が得られるかどうか評価する. 深層学習で得られるのは、統計処理による推定モデルのため、学習に使ったのと異なる性質のデータにより、問題のある結果を出力することがある. このとき、人工ニューロンの状態が何を意味しているかを理解するのは難しく、問題の原因を探るのが困難である. この問題は、⑤や⑥でも発生するので、注意を要する.

　ここでは、データサイエンスに基づく問題解決について、科学的な視点から取り上げた. 実際に役に立つ知見を得るためには、データの発生過程から結論の利用場面まで、関係する人々の行動・意識、社会制度や法律、データ交換やシステム運用の環境など、多面的な視点で検討することが欠かせない. 発展途上の方法論なので、適切に活用できるよう努めていきたい.

コラム　人工知能 (AI)

　Artificial Intelligence (AI) という言葉は、1956年7月から8月にかけて開催され、のちにダートマス会議とよばれるようになった "Dartmouth Artificial Intelligence Conference : The Next Fifty Years" において、最初に使われたとされている. この会議は、人の知能や学習の機能を明らかにし、これをコンピュータ上でシミュレーションするための研究を進展させることを目的としていた. "人のような知能を持った機械の実現" という魅力的なテーマは、社会から大きな期待を受けて研究がおこなわれ一定の成果が得られた. 一方で、人の知能の複雑さ (すばらしさ) から、"Next Fifty Years" において期待に十分に応えることができていないという現実もある.

　こうした期待と現実の隔たりから、人工知能 (AI) という言葉は、時代により、使う人により、使われる場面により、意味する内容や範囲が異なっており注意を要する. ここでは、人の知能を実現するという AI 技術の本質が、歴史的にどのように発展してきたかを整

2.1　問題解決の方法論とデータ　107

理し，AIを扱う上での基本概念を検討したい．

　ダートマス会議を受けて，各種のAIプログラムが開発され，迷路脱出・定理証明といった問題で"人のような"解を得ることができるようになり，1950年代後半から1960年代に第一次のAIブームが起こった．しかし，扱えるのは閉じられた世界の限定した条件に支配された問題に限られ，人の柔軟性に富む知能とはいえなかった．すなわち，知能のごく一部である論理機能をコンピュータ上に組み込んだだけで，記号処理により探索や推論の簡単な処理をおこなえても，条件外の事象への対応や文脈理解の必要な言語処理など，社会の求める水準には遠く及ばなかった．

　その後，AI研究の方向が，推論を汎用的に処理することから，人の知識に着目した処理に変わった．人の知識を表現し，これを使って推論を進め，何らかの結論を得るというシステムが研究された．汎用性のある最初の成功例は，血液感染症の診断・治療を助言するMYCIN（1973）で，プロダクションルール（IF THEN）による知識表現と，判断木による推論技法という汎用手法により実現した．このようなシステムは，専門家の知識を利用し専門家と同等の能力を持つという意味で，エキスパートシステムとよばれ，多数のシステムが作られて1980年代に第二次のブームを迎えた．しかし，組み込んだ知識しか利用できず，その知識も表現や内容に限界があり，人の知能から見て知識処理の一部を扱っているに過ぎない．演繹的な推論をおこなうだけの限界を内包しており，限られた範囲の知識・問題に関するシステムにとどまった．

　しばらくの低迷期を経て，AI研究は2000年代から第三次のブームを迎えた．これは，ICTの発展によるデータの処理・交換能力の大幅な向上のもとで，知識利用の最大問題であった学習技術の研究が進んだことによる．人が自然に身につけている学習機能を，コンピュータで実現する機械学習は，AI研究のはじめから取り組まれており，第二次ブームまで人手を介した統計学に基づく演繹的推定に基づくものであった．そこに，脳の要素であるニューロンを模擬

108　2.情報の処理と技術

したニューラルネットワーク技術が導入され，大量データの帰納的処理により自動学習がおこなえるようになった．とくに，多層構造のニューラルネットワークを用いた機械学習は深層学習とよばれ，大

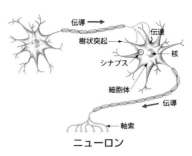
ニューロン

量のデータに対する認識・分類・予測・発見などにおいて，人の知能を部分的に超える能力を持つに至った．たとえば，3,000万の囲碁対局を学習し世界名人に勝利するシステム，外界の情報をリアルタイムに分析し自動車を自動運転するシステム，多言語間の自動翻訳システムなど，データから人手を介さず帰納的に特徴を抽出・記憶して問題解決に利用している．

このように，AI研究は，人の知能の成り立ちを参考にしつつ，論理から知識の処理へ，さらに深層学習へと発展している．この結果，人の能力の一部を超えるAIシステムが実現し，全人類の知能を超えるAIが出現すれば世界が変わるという意見を述べる人もいる．しかし，現在の状況と望ましい価値を自ら判断し，柔軟な問題設定と情報解釈をおこなって生きていく自律的な存在が人であると考えると，あらかじめ設計された指令に基づき，過去のデータに依存して結論を出す他律的な存在の機械とは，本質的な違いがあると考えられる．身体性からくる判断の広がりや，好ましさや嫌悪感などの感情が与える影響といった人の特徴は，自律的存在の人ならではのものであろう．AI技術がいろいろな形で社会システムに組み入れられていくなか，どのようなデータに基づいて作られたシステムか，その結論は個人や社会にとって問題ないのかといった，人ならではの検討を加え，必要なら異議を唱えたり，技術者ならシステムを修正する態度が望まれている．

□演習問題□

(1) 次に示すような日常問題の数理モデルを考えてみよう.
　　①一定速度で歩く人の目的地到達時間を推定する.
　　②目的額を貯金するために毎日入れるお金と日数の関係を求める.

(2) 水を温める時間を求める数理モデルを用いて，表計算ソフトなどでシミュレーションをおこない，表を作成してみよう.

(3) 水を温める時間を求める数理モデルのシミュレーションの結果（P.90表2.1）について，次の時間が正しいかどうか検討してみよう.
　　① 1300[Wh]の火力で210[L] の水を40[℃]にする時間が7[h]
　　②目標温度120[℃]として求めた計算時間

(4) コンピュータでは，0～1の間の不規則な数列（乱数の一種）を発生させることができる．この乱数の値xを1～整数yに変換する手法として，「xに1000を乗じ小数点以下を切り捨て，さらにyで割った余りに1を加える」というアルゴリズムが使える．この意味を説明し，表計算ソフトなどを使って，実際の計算をおこなおう．また，席がえのくじ引きに利用してみよう.

(5) データ構造の考え方は，日常生活でも見かける．①変数，②配列，③グラフ，④木，⑤スタック，⑥キュー，⑦リストのそれぞれの考え方で，処理したり表現されたりしている事例を調べてみよう.

(6) Webページのキーワード検索を使って実際におこなわれているシミュレーションを調べてみよう.

(7) 図書館で，どのような書籍情報が管理されているか調べてみよう.

(8) 深層学習を使った情報システムの事例を調べ，従来のおなじようなシステムと比べて，どんな利便性が得られるようになったか考えてみよう.

2.2 情報のディジタル表現と処理

コンピュータなどの情報機器だけではなく，テレビやビデオなどのAV機器でも，数値・文字，音声，画像・図形，動画などのさまざまな情報をディジタルデータとして扱うようになってきた．ここでは，情報をディジタル表現するときの表現方法と，その特徴について述べる．

2.2.1 ディジタル情報と情報量

アナログ情報とディジタル情報の違いについては前に述べた（1.1参照）．

ここでは，ディジタル情報における情報量のあらわし方，情報量の大小と伝達（通信）メディアおよび記録メディアとの関係，ディジタル化による情報の劣化についてみてみよう．

(1) 情報量の表し方

ディジタル情報の情報量は，ビットを単位としてあらわされる．1ビットは2進数の1桁のように0または1であらわされる情報の量である．

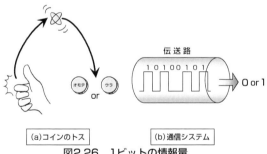

(a) コインのトス　　(b) 通信システム
図2.26　1ビットの情報量

1ビットの情報量とは，たとえば，硬貨を投げてその表裏についての結果を得るとか，2元（値）情報（たとえば0と1）の通信システムの出力などのように，まったく同様に生じ得る2つの選択肢のうち，どちらであるかが決まったときに得られるものである（図2.26）．

ディジタル情報は2元（値）情報，一般的には，0と1という2値であらわされ，数学的に2進数（法）で扱われる．2元（値）情報の1

つ1つは1ビットの情報量をもつことになる．

したがって，数値・文字，音声，画像・図形，動画と異なる情報も，ディジタル情報に変換してしまえば，ビット単位の情報量という共通の尺度で扱えることになる．このように，異なる情報を統合的に扱えるようにすることがディジタル化の大きな特長の1つであり，統合化されたデータを**マルチメディア**や**情報コンテンツ**という．

(2) 情報量とメディア

伝達（通信）メディアを使ってディジタル情報を送受信する場合には，そのメディアを使って単位時間あたりにどれだけの情報量を送ることができるかが重要となる．この尺度が**伝送速度**であり，1秒間に送ることのできる情報量（ビット数）であらわされ，**ビット／秒（bps）**という単位が用いられる．たとえば，光ファイバによる家庭用インターネット接続サービスの伝送速度は，最大1Gbps程度である．また，スムーズな動画視聴には1～5Mbps程度が必要といわれている．

伝送速度と情報量，伝送時間との間には次の関係がある．

$$伝送速度\,[bps] = 情報量\,[bit] / 伝送時間\,[s]$$

したがって，伝送速度を一定とすると，情報量が増大するとともに伝送時間も増大することになる（図2.27(a)）．

一方，記録メディアにディジタル情報を記録する場合には，そのメデ

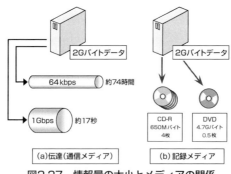

図2.27　情報量の大小とメディアの関係

ィアにどれだけの情報量を記録できるかが重要となる．この尺度が記録容量であり，この大きさは，たとえば，CDでは650MB程度，DVDでは4.7GB（1層）または8.5GB（2層），BDでは50GB（2層）である．

記録すべき情報量が大きければ，より記録容量の大きな記録メディアあるいは多数の記録メディアが必要となる（図2.27(b)）．

伝送時間を短縮したり，記録メディアの枚数を減らしたりするためには，情報のデータ量を減らすくふうが必要となる．ディジタル化された情報は後述するようにそのデータ量を減らすことができる（2.2.3参照）．データ量を減らすことを**圧縮**といい，圧縮されたデータをもとの情報に戻すことを**伸張**という．データの圧縮・伸張が行えることもディジタル化の大きな特長の1つになっている．

(3) 情報の劣化

ディジタル情報はアナログ情報に比べて，正確な再生・再現ができることはすでに述べた（1.1参照）．逆に，アナログ情報をディジタル情報に変換する際には，2.2.3で述べるように誤差が生じてしまい情報が劣化してしまう．また，圧縮を行った際にも，圧縮方法によっては情報が失われてしまうという問題もある．

このように，情報はディジタル化によって得られる利点も大きい反面，劣化するという欠点があるということも知っておかなければならない．

2.2.2 数値と文字

情報のディジタル化の具体的な例として，まず数値と文字のディジタル表現についてみてみよう．あわせて，数値や文字をディジタル化する際の限界や問題点についても考えてみよう．

(1) 数値の表現

数値のディジタル表現の例として，整数の場合についてみてみよう．

 10進数の0から15までを，4ビットの2進数であらわすとどのようになるか考えてみよう．

解　答

4ビットであらわすことのできる0と1の組み合わせは，0000から1111までの16（＝2^4）通りである．これを10進数に対応させると，たとえば，表2.2に示すように，0から15（＝2^4-1）までの16個の数値をあらわすことができる．数字だけを使ったのでは4ビットを2桁であらわさなければならないので，A〜Fの文字も使って1桁で表現できるようにした16進数がよく使われる．表2.2には16進数との対応もあわせて示した．

表2.2　4ビットでの数値の表現

2進法	10進法	16進法	2進法	10進法	16進法
0000	0	0	1000	8	8
0001	1	1	1001	9	9
0010	2	2	1010	10	A
0011	3	3	1011	11	B
0100	4	4	1100	12	C
0101	5	5	1101	13	D
0110	6	6	1110	14	E
0111	7	7	1111	15	F

例題2.14　4ビットで整数をあらわすとき，あらわせる数値の範囲はどれくらいになるか考えてみよう．

解　答

数値をあらわすには，大きさとともに正負の区別が必要である．私たちは，ふつう＋と－の符号を使ってあらわしている．ディジタル表現においては，図2.28に示すように，数値をあらわすビット列の左端，**最上位ビット**（MSB）を符号ビットとし，残りのビットで数値の大きさをあらわす方法をとっている．

図2.28　負数のあらわし方と固定小数点方式

符号としては，正を0，負を1であらわす．また，数値の大きさをあらわす部分には補数表現を用いる．補数表現は，負数をその絶対値の2の**補数**で表現するものである．補数をとると，最上位ビットは自動的に1になるので，符号も負をあらわすことになる．

表2.3に，4ビットで整数をあらわした場合を示す．符号を考えない場合は，あらわせる数値の範囲は表2.2と同じである．符号を考えた場合には，表2.3に示すように，-8（$=-2^3$）から7（$=2^3-1$）までとなる．

表2.3　整数の表現

(a) 符号なし

内部表現	整数値
0000	0
0001	1
0010	2
0011	3
0100	4
0101	5
0110	6
0111	7
1000	8
1001	9
1010	10
1011	11
1100	12
1101	13
1110	14
1111	15

(b) 符号つき

内部表現	整数値
0111	7
0110	6
0101	5
0100	4
0011	3
0010	2
0001	1
0000	0
1111	-1
1110	-2
1101	-3
1100	-4
1011	-5
1010	-6
1001	-7
1000	-8

　このような整数の表現方法では，小数点の位置を最下位ビット（LSB）の右端に固定している．このように小数点の位置を固定して数値をあらわす方式を**固定小数点方式**とよぶ．

例題 2.15　固定小数点方式の問題点と，別の表現方法を調べてみよう．

解答

　固定小数点方式では，非常に大きい数値が表現できなかったり，逆に絶対値の非常に小さい数値の精度が悪くなるなどの不都合が生じる．これをさけるために，浮動小数点方式が用いられる．

　浮動小数点方式は，数値を$a \times r^e$のような形式で書き，aとeとの組であらわす方法であり，実数をあらわす場合に用いられる．ここで，aを仮数（mantissa），eを指数（exponent）とよぶ．rは基数（radix）で2または16が用いられる．なお，仮数が1未満で小数第1位の桁が0以外の値になるように仮数と指数を調整する正規化が行われることが一般的である．

　図2.29にコンピュータ内部での浮動小数点方式の表現形式の例を示す．データ長を32ビットとした場合で，最上位ビット（MSB）で数値の符号を，続く8ビットで指数部を，残りの23ビットで仮数部をあらわしている．

2.2　情報のディジタル表現と処理　115

図2.29 浮動小数点方式の表現形式例

　浮動小数点方式は，固定小数点方式に比べると，同じデータ長でもあらわすことのできる数値の範囲が格段に広がる．

(2) 数値表現の誤差

　数値をディジタル表現するとき，どのような誤差が生じるか考える．数値をあらわすのに用いるビット数（データ長）は限られている．このようなハードウェア上の制限のために，あらわすことのできる数値の範囲と，あらわすことのできる桁数である精度にも，必然的に制限が生じることになる．

　固定小数点方式で，データ長を32ビットに拡張したとしても，あらわすことのできる正の整数の最大値は約21億（＝ $2^{31}-1$）でしかない．

　一方，精度についても，無限の桁数をあらわすことはできず，数値を途中の桁で打ち切らなければならない．この打ち切ることによって生じる誤差を，丸め誤差という（図2.30）．

```
10進数    0.1
 変換↓
2進数(A)  0.00011001 10011…（循環無限小数）
 丸め↓      小数点以下8桁で表す
2進数(B)  0.00011010

        丸め誤差＝B－A
        0.0000000001100…
```
図2.30　丸め誤差

　ハードウェア上の制限からビット数が少ない場合には，丸め誤差は大きくなり，プログラムにおいて，10進数の0.1を10回加えても1.0にならないような問題が生じることになる．

(3) 文字の表現

文字や記号をどのような0と1の並びで表現するかは，文字コードとして定められ，標準化されている．

① 英数・記号コード

米国など英語圏の国で使われている文字は，英数字と＋－＊／などの記号であり，その総数は多くとも約100個である．7ビットで128個，8ビットで256個の文字をあらわせるので，1バイトで十分ということになる．

例題 2.16 「GAKKOU」という英大文字を，ASCIIコードであらわしてみよう．

解 答

JIS8単位コード表（付録1参照）より，16進数表示でそれぞれ47，41，4B，4B，4F，55となる．

　1バイトの文字コードで，米国などで使われているのがASCIIコードである．これは，1文字を7ビットで表現したものである．
　日本では，情報交換用のコードとしてJISコードが用いられている．JISコードにはJIS7単位コードとJIS8単位コードがあり，それぞれ7ビットと8ビットを用いて，英数字と記号のほかに半角カタカナをあらわしている（付録1参照）．

◆**練習問題2-5**◆

JIS8単位コード表において，英字の大文字と小文字の間にはどのような関係があるか調べてみよう．

◆**練習問題2-6**◆

JIS8単位コードを用いて，自分の名前（ローマ字の大文字と半角カタカナ）を文字コード（16進数表示）であらわそう．

② 漢字コード

日本では，英数字・記号・半角カタカナのほかに漢字や平仮名が使

われているので，1バイトでは表現できず，2バイト以上（マルチバイト）が必要となる．2バイト（16ビット）あれば65536（＝2^{16}）個の文字をあらわすことができる．

インターネット上に存在する日本語ファイルでは，JIS漢字コード，シフトJISコード，EUCコード（付録2参照）やUnicodeが主に使われている．なかでも，国際化の進むなかで，世界中の符号化文字集合体であるUnicodeが普及し，これを数値変換する文字符号化方式の符号化形式（UTF-8など）が使われるようになっている．

③文字データの圧縮

文字データ（文書ファイル）の代表的な圧縮方式に，zip（ジップ）がある．zipには，複数ファイルをディレクトリ構造ごと1つのファイルにまとめるアーカイブ機能をもっている．

④文字のディジタル表現における問題点

第一の問題点は文字コードの国際化である．世界の国々には多数の表意文字や表音文字が存在している．そのため，国ごとに自国の文字コードが制定され，コンピュータメーカなどは国ごとに対応していた．

その後Unicodeのように統一的な文字コードを作成する動きがでて，あらゆる国の文字や絵文字のような記号まで含めて表現可能になっている．このとき，どのような符号化形式でコード化されているか，それを処理できる環境かが重要である．

もう1つはフォントの問題である．文字コードを文字に変換するには，日本語を扱う機器では1万文字以上の文字フォントをもっていなければならない．また，フォントの種類もたくさんあり，すべてのフォントを扱うためには，大容量のメモリとディスクが必要になる．

◆練習問題2-7◆

日本語文字（2バイトコード）で書かれた1ページ（1行40文字，40行）の文字データの情報量は，何キロバイトになるか考えてみよう．

コラム　文書構造の表現

コンピュータを用いて文書を作成するとき，ワープロソフトを用いる方法と，HTMLのようなマークアップ言語を用いて表現する方法がある．

ワープロソフトを用いる方法は，文書のレイアウトや文字の大きさなどの文書構造を画面上で直接編集し，画面上でみているものがそのまま印刷イメージとして出力される．これをWYSIWYG（What You See Is What You Get）とよんでいる．この方法では，ワープロソフトごとに文書のファイル形式が異なり，互換性がないという問題があった．

これに対して，文書構造を制御情報の形で本来の文書とともに埋め込むことで，文書の論理構造を定義するようにしたのがSGML（Standard Generalized Markup Language）である．このように文字の大きさや配置などの文書構造を記述できる言語を，マークアップ言語という（マークアップは印刷用語の組み指定に由来する）．SGMLは強力な言語であるものの，定義が複雑で処理が重いので，広く使われているとはいえない．その後，WWWの普及にともなって，Webページの記述に特化したHTMLや，構造の表現方法そのものを規定できるXMLが登場し，広く使われている．

SGMLなどのマークアップ言語を使うと，複雑な文書構造をもつ文書であっても，作成はテキストエディタでおこなえるし，作成した文書を表示したり印刷したりする際には，対応するソフトウェアさえあれば，機種やOSに関係なく同じ体裁の書面を確認できる．このように，SGMLによって，複雑な文書構造をもちつつ，環境の違いを超えた汎用度の高い文書の作成・管理ができるようになった．

2.2.3　マルチメディア

ここでは，音声，画像・図形，動画などのマルチメディア情報をディジタル化するときの表現方法とその違いについてみてみよう．また，デ

ィジタル化にともなう情報の劣化，情報量と伝達（通信）メディアや記録メディアとの関係についても具体的に考えてみよう．

(1) アナログ情報のディジタル情報への変換

自然界の音声や画像・映像の情報は本来アナログ量である．このようなアナログ信号をディジタル信号に変換することをA/D変換といい，逆に，もとのアナログ信号に戻すことをD/A変換という（図2.31）．

A/D変換は，標本化と量子化そして符号化の3つのステップにより実行される．それでは，音声，画像・図形および動画の各情報について，それぞれの標本化，量子化，符号化についてみてみよう．

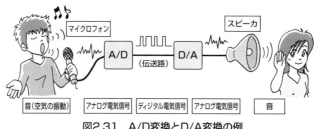

図2.31　A/D変換とD/A変換の例

(2) 音声の表現

音声情報のディジタル化は次のように行われる．

①標本化

図2.32に示すように，音の強さは時間的に連続して変化している．このような音声信号をディジタル表現するには，一定の時間間隔で音の強さを読み取らなければならない．これが標本化である．

音声の標本化で重要になるのは，信号をどれくらいの時間間隔で読み取ればよいか，すなわち，読み取る周波数（単位時間あたりの回数）をどれぐらいにすればよいかということである．この間隔のことを標本間隔，周波数のことを標本化周波数という．

標本化周波数および標本間隔については，シャノンの標本化定理により，信号の最大周波数成分が$W[Hz]$であった場合，その2倍以上の周波数で標本化すれば，もとの信号を復元できることがわかってい

る．すなわち，1/(2W)[秒]以下の時間間隔で読み取ればよいということになる．

たとえば，人間の音声の周波数成分は数百Hzから5kHzの間に集中している．また，人間の耳は16Hz近くから20kHz付近までの音を聴くことができる．このことから，標本化周波数（標本間隔）としては，音声であれば10kHz（100μ秒），音楽であれば40kHz（25μ秒）程度が必要となる．

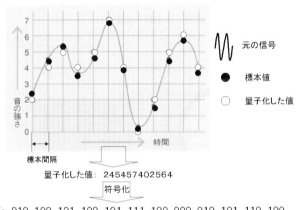

図2.32　音声情報のディジタル化

②量子化

図2.32に示す音声情報の例では，標本値を●であらわしている．この値は連続的な値である．これをディジタル化するためには，あらかじめ設定した離散的な値におきかえなければならない．これを量子化という．

音の強さの最大値から最小値までを，この例では7等分して，音の強さを0から7までの8段階の離散的な値であらわす．標本値を四捨五入するなどして，このとびとびの値で近似する．これが音声情報の量子化である．図2.32では量子化した値を○で示す．量子化において，最大値と最小値の間を何段階に分けるか，その段階数のことを量子化数といい，各段階の値を量子化レベルという．

③符号化

　標本化により時間的に離散的な，さらに量子化により音の強さも離散的な値に変換された情報を，機器内部では2進数値のディジタル情報であらわす．図2.32の例では，8段階の量子化数であらわされた値を3ビットの2進数値であらわしている．これが符号化にあたる．

　音声のA/D変換では，符号化されたディジタル情報を矩形波（パルス）信号に変換して伝送する．これをパルス符号変調（PCM：Pulse Code Modulation）という．

④誤差

　音声情報をディジタル化するとき，どのような誤差が生じるのか考える．量子化により，標本値を離散的な値に近似するので，もとのアナログ信号（標本値）との間に誤差が生じる．図2.32の音声情報の場合，標本値●と量子化された値○との間に差が生じている．この誤差のことを量子化誤差という．

　量子化数を大きくとれば，量子化の間隔が狭くなって，量子化誤差は小さくなる一方，情報量は大きくなる．たとえば，図2.32の例で，量子化数を倍の16にすると，量子化の間隔は半分に縮まるものの，量子化した値を符号化するのに4ビットが必要になって，情報量は増える．逆に，量子化数を減らして量子化の間隔を広くとると，情報量は減るが音質は悪くなる．

⑤圧縮

　音声データの圧縮方式として，MP3という規格がある．これは，動画圧縮方式MPEG-1の音声用圧縮法で，約1/10にできる非可逆圧縮法である．そのほか，MP3の後継仕様のAACや，可逆圧縮法のFLACなどがある（付録5（c）参照）．

（3）画像・図形の表現

画像情報のディジタル化についても音声情報と同様に行われる．

①標本化

　図2.33に示すように，画像情報の場合には，色の濃淡が空間的に連続して変化している．このような画像情報をディジタル表現するには，

画像を離散的な点の集合であらわす方法がとられる．このとびとびの点を**画素**（ピクセル，ドット）という．画素は，一般的には画像の縦横を一定の間隔で格子状に区切り，この格子の交点に配置される．各画素に対する濃淡の値（明るさ，**濃度値**）は，画素に含まれる領域の明るさの平均値などで求められる．これが画像情報の標本化である．

画素間の間隔が標本間隔に相当し，単位長あたりの画素数が標本化周波数に相当する．標本間隔を狭めて画素数を増やせば，鮮明な画像になるものの，データ量が増大する．

画像の画素数は，横方向と縦方向の画素数を掛けて640×480のようにあらわされる．図2.33は画像を画素数8×8であらわした場合である．

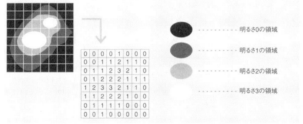

図2.33　画像情報のディジタル化

②量子化

図2.33に示す画像情報の例では，画素の濃度値を0から3までの4段階（量子化数，階調）の離散的な値であらわし，各画素の濃度の標本値をこの4つの値で近似している．これが画像情報の量子化である．

画素に含まれる領域の実際の明るさ（標本値）と量子化された濃度値との差が，量子化誤差となる．量子化数を大きくとれば，音声データの場合と同様に，画像の精度は上がるものの，情報量は大きくなる．逆に，量子化数を減らすと，情報量は減るが画質は悪くなる．

③符号化

量子化された濃度値は，2進数値に変換されてディジタル化される．

(4) 画像の種類と濃度値

例題
2.17
画像の種類によって画素の濃度値（量子化レベル）の与え方が異なる．これを白黒画像（図2.34），グレースケール画像（図2.35），カラー画像（図2.36）について調べてみよう．

解　答

　白黒画像：黒（1），白（0）のように2色（2値）であらわす．2値画像ともいう．量子化数は2階調（1ビット）である．文字や線画に適している．

　グレースケール画像：連続的な明るさ（輝度）情報であらわす．量子化数は256階調（8ビット）であらわす場合が多い．モノクローム写真やレントゲン写真に適している．

　カラー画像：色の表現モデル（表色系）を利用した色情報であらわす．カラー写真に適している．表色系としては**RGB表色系**がよく知られている（次ページのコラムを参照）．色情報はRGBそれぞれの成分について量子化数256階調（8ビット），合計24ビットであらわす場合が多い．このとき，表現できる色数は256×256×256＝16,777,216色≒1677万色となり，これを**フルカラー**（24ビットカラー）という．

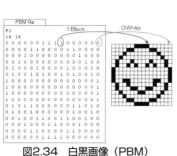

図2.34　白黒画像（PBM）

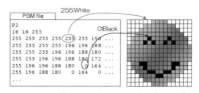

図2.35　グレースケール画像（PGM）

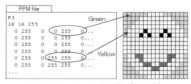

図2.36　カラー画像（PPM）

◆**練習問題2-8**◆

　画像情報をディジタル化するとき，画像の精度とデータ量との間にはどのような関係があるか考えてみよう．

コラム　表色系

　カラーテレビ受像機やコンピュータディスプレイではRed・Green・Blueの3色の光をまぜあわせること（加法混色）でさまざまな色を表現する（表，図）．この3色のことを光の3原色とよぶ．3色の光をすべて加法混色すると，太陽光のような無色（白色，White）の光となる．

　一方，カラープリンタではRGBの補色であるCyan・Magenta・Yellowの3色をまぜあわせること（減法混色）でさまざまな色を表現する（図）．この3色のことを色の3原色とよぶ．3色をすべて減法混色すると黒色となる．実際は完全な黒色にできないので，CMYにK（blacK）を加えた4色を使って印刷を行う．写真印刷の表現を広げるために，CとMについて濃淡2種類を用意して6色を使ったり，さらに赤と緑を加えて8色を使うプリンタもある．

表　RGB表色系の色成分

R , G , B	色名
255 , 0 , 0	Red
0 , 255 , 0	Green
0 , 0 , 255	Blue
255 , 255 , 0	Yellow
0 , 255 , 255	Cyan
255 , 0 , 255	Magenta
0 , 0 , 0	Black
255 , 255 , 255	White

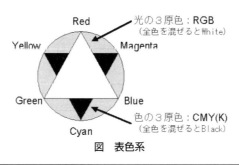

図　表色系

(5) 画像データの圧縮

画像データの圧縮方式には，100%復元できる可逆方式（lossless符号化）と復元できない非可逆方式（lossy符号化）がある．可逆圧縮方式は，同じデータが続く部分を1つのデータとそれが何回続くかという情報に置き換えたり，2回以上現れるデータ列を短いデータ列に置き換えたりして圧縮しているので，計算や置換によって伸張できる．非可逆方式は，消去しても人間の目でみたときに違和感を与えない情報を削除することで圧縮しているので，伸張することはできない．

MS-Windowsの標準画像ファイルであるBMPファイルは，標準で無圧縮のためサイズが大きくなりやすい．可逆方式による圧縮では，GIFやPNGが利用される．PNGはGIFにかわる画像形式として開発された．一方，JPEGは非可逆方式の代表であり，圧縮率を変えることができる．

コラム　GIF画像とLZWアルゴリズム

初期のWWWでは，JPEGとGIFの2種類が標準的な画像とされていた．GIF画像を作成するには，アメリカのUnisys社が特許をもつLZWアルゴリズムを採用したソフトウェアを利用する必要がある．WWWが爆発的に普及すると，Unisys社はGIF画像を作成できるソフトウェアや，その利用者，GIF画像を掲載しているWebサイトなどに特許の使用権料を請求することを考えるようになった．

現在，WWWの標準規格を定める団体W3Cでは，GIFを標準画像からはずし，代わりに特許などの制約がないPNGを標準画像として推奨している．

なお，本書の1.5と3.4で著作権について学ぶように，アルゴリズムは著作権の保護対象には含まれておらず，特許として国家機関に申請・受理されたものが一定の期間だけ保護される．LZWアルゴリズムは，アメリカ・日本など数か国で特許として認められていたが，日本では2004年6月に失効した．

(6) 図形情報のディジタル化

図形（線画）データの表現方式には，ビットマップ表現とベクトル表現がある．

図2.37に示すように，ビットマップ（ラスタ）データは，ここで説明してきた画像データと同様に，画素の集まりとして表現するもので，写真画像やペイント系ソフトを用いて描いた画像に適している．一方，ベクトルデータは，図形の構成される点や線の座標値（ベクトル）によりあらわされたもので，地図や図面などドロー系ソフト（CADソフトなど）を用いて描いた画像に適している．データ量はビットマップデータに比べてはるかに小さく，拡大してもギザギザは生じないなど，品質面でも優れている．

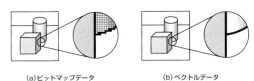

(a) ビットマップデータ　　(b) ベクトルデータ
図2.37　ビットマップデータとベクトルデータの比較

(7) 動画の表現

動画情報のディジタル化では人間の感覚特性を利用する．人間の目には直前にみた映像が，しばらく焼きついてみえ続けるという現象がおこる．これを残像現象という．たとえば，本やノートのページの隅に少しずつ異なる絵を描いて，これを手ですばやくパラパラめくる．すると，残像現象によって絵が動いているようにみえる．

動画はこのパラパラめくりと同じ原理であり，静止画を連続的にすばやく切りかえて表示したものである．動画における，この連続した1枚1枚の画像をフレームという．1秒間に再生する画像のフレーム数をフレームレートといいfpsであらわす．テレビやビデオの動画像の場合，切りかえの速さは基本的に30fpsである．

(8) 動画データの圧縮

代表的な動画データの圧縮方式に，AVI，WMV，MPEG-4，H.264，

MTS, AVCHDなどがある. MPEG方式では, 各フレームの画像を対象物（動きのある物）と背景に分けて考える. 隣り合ったフレームどうしでは, 背景がほとんどかわらないことを利用して, 前のフレームの情報に, 次のフレームで変更があった部分だけをデータとして記録することにより, データ量を大幅に減らすことができる. 情報をどのくらい省略するかによって画質に優劣がでてくる. 圧縮率は数十分の1から1/100程度である.

◆練習問題2-9◆

（1）5分間の音楽データを標本化周波数44.1kHz, 量子化レベル16ビット, ステレオ（2チャンネル）でディジタル化するときの, 情報量は何Mバイトになるか考えてみよう.

（2）画素数640×400, 白黒濃淡16階調（4ビットの量子化レベル）の画像データの情報量は何kバイトになるか考えてみよう.

（3）解像度1024×768のフルカラー動画データ5分間の情報量を計算してみよう.

2.2.4　ディジタル情報の処理

（1）基本3論理演算

コンピュータはデータや命令を2進数で扱う. 2進数の演算は, AND演算, OR演算, NOT演算が基本となる. 図2.38に基本3演算の回路記号, 真理値表, 等価回路を示す. 真理値表は, 入力状態の組み合わせに対する出力状態を記述した表である. 等価回路は, 各演算をスイッチとランプで構成される電気回路で表現したものである. 入力としてスイッチのONを1, OFFを0に, 出力としてランプの点灯を1, 消灯を0に対応させている. リレーは, 電磁石によりスイッチをON/OFFさせる装置である.

AND演算は「かつ」あるいは「しかも」という意味で, 入力がすべて1のときのみ出力が1となる演算である. OR演算は「または」という意味で, 入力のいずれかが1のときに出力が1となる演算である. NOT演算は「ではない」（否定）という意味で, 入力が0ならば出力は

1. 入力が1ならば出力は0となる演算である．

基本3演算の組み合わせにより，2進数のあらゆる演算が実現できる．コンピュータは，演算装置だけでなく，ほとんどの装置でこれらの3演算を実現する電子回路の組み合わせにより構成されている．

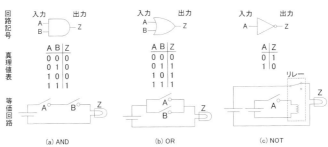

図2.38 基本3論理演算の回路記号，真理値表，等価回路

(2) NAND演算，NOR演算，EXOR演算

コンピュータのほとんどの装置は，原理上基本3論理演算を組み合わせて作ることができる．しかし，実際の装置では，NAND演算とNOR演算もよく用いられる．NAND演算はAND演算の出力値を，NOR演算はOR演算の出力値を，NOT演算する論理演算である．NAND演算とNOR演算の回路記号と真理値表を，図2.39(a)と(b)に示す．

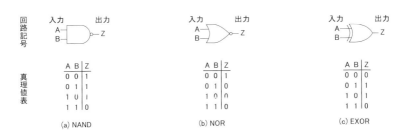

図2.39 NAND/NOR/EXOR演算の回路記号，真理値表

NAND演算には，NAND演算だけでほとんどの装置を作ることができるという性質がある．NOR演算も同様である．また，AND演算やOR

演算に比べて，NAND演算やNOR演算の電子回路は少ない部品数で作ることができ，高速・低消費電力を実現しやすい．そのため，実際の装置ではNAND演算やNOR演算も多く使われる．

ほかに，「2つの入力値が異なっている」という意味のEXOR（XOR）演算がある．EXOR演算の回路記号と真理値表を図2.39(c)に示す．EXOR演算を使うと，与えられた2進数のなかの1の数が奇数個なのか偶数個なのか調べることができる．このことを利用してEXOR演算は，情報通信をおこなって受信した2進数が，送信された2進数と異なっているかの検査に使われることがある．

例題 2.18 4ビットのデータ1001を送信したい．このデータの受信者に，通信中に誤りが生じたかどうかを検査させる方法を考えてみよう．

解 答

送信したいデータといっしょに検査用のデータ1ビットを送り，受信したデータのEXOR演算の結果が0であれば誤りは生じなかったと約束しておくことで，検査させることができる．

4ビットのデータ1001を送信するさいは，いっしょに検査用のデータ0を送る．受信者は，受信した5ビットのデータのEXOR演算を行う．EXOR演算をxorで表すと，1 xor 0 xor 0 xor 1 xor 0を演算することになる．すると，演算結果は0になり，受信者は誤りが生じなかったことを確認できる．

もし通信中に左から3ビット目に誤りが生じて1011を受信すると，EXOR演算の結果は，1 xor 0 xor 1 xor 1 xor 0 = 1となり，受信者は誤りが生じたことを確認できる．

以上のように，受信したデータに誤りが生じたかどうかをEXOR演算で検査することをパリティ検査とよび，このとき加える検査用の1ビットのデータをパリティビットとよぶ．パリティ検査は，高々1ビットの誤りしか生じない状況でしか使うことができない．

(3) 数値演算

コンピュータ上では，数値は2進数で表現される（2.2.2参照）．そのため，加減算などの数値演算は，コンピュータ上では2進数どうしで演算され，2進数どうしの数値演算は，AND演算やOR演算などの論理演算により実行される．

例として，2進数1桁の2数の加算を実現する回路（半加算器）を図2.40に示す．2進数1桁の加算は，0＋0＝0，0＋1＝1，1＋0＝1，1＋1＝10の4種類である．最後の1＋1の計算で桁上がりが生じる．そのため加算回路の出力は上位の桁と下位の桁の2つとなる．図2.40の入力A，Bに0または1を当てはめ，それぞれの回路の出力を図2.40の真理値表にしたがい決めることにより，この回路で加算が実現できることが確かめられる（図2.41）．なお，図2.39(c)の真理値表と比べると，下位の桁Sの演算結果はAとBを入力とするEXOR演算の出力になっていることがわかる．このことから，半加算器はEXOR演算を利用して作ることができる．

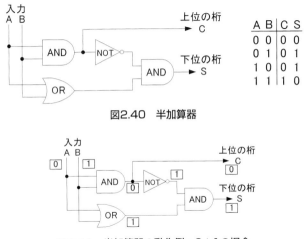

図2.40　半加算器

図2.41　半加算器の動作例：0＋1の場合

　また，減算は，たとえば4-2=4+(-2)=2のように，負数の加算として実行する．このとき，負数を2の補数で表現し（2.2.2参照），加算とおなじ図2.40の回路で実行する．

◆練習問題2-10◆
　図2.40の左の回路が，右の真理値表にしたがうことを確認しよう．

□演習問題□

(1) 10進数2002.0924を2進数，8進数，16進数に変換しよう．ただし，小数点以下は2進数で12桁，8進数で4桁，16進数で3桁まで求めよう．

(2) 2進数1101.101の2の補数と1の補数を求めよう．

(3) 10進数2002.0924の10の補数と9の補数を求めよう．

(4) 数値をあらわすビット数が32の場合，固定小数点方式であらわすことのできる数値の範囲を求めよう．

(5) 半角文字と全角文字を調べてみよう．

(6) 「学校」という2文字の漢字を，シフトJIS，JIS漢字，EUC，Unicodeの各文字コードで示そう（16進数表示）．

(7) 256色カラーはフルカラーに比べて，記憶領域が何分の1になるか調べてみよう．

(8) ディスプレイの解像度が1024×768のとき，65536色を表示できる記憶領域をもったコンピュータがある．このコンピュータの解像度を1600×1200にしたとき，表示できる色数は何色か考えてみよう．

(9) 1Mbpsの伝送速度をもった回線を使って，100分の1に圧縮したフルカラー動画データを送るとき，回線の性能を100％使用できるとすると，どの程度の解像度の画像を送ることができるか考えてみよう．

2.3 コンピュータのしくみ

　コンピュータは非常に複雑な装置であるようにみえても，そのしくみは思ったより単純で，しかも，どのようなコンピュータであっても同じである．ここでは，コンピュータのしくみと，それを構成するハードウェアとソフトウェアについて，その基本を述べる．

2.3.1　コンピュータの基本構成と動作
（1）コンピュータの基本構成
　情報処理にコンピュータを使う場合，そのコンピュータにはどのような機能をもつ装置がそなわっていないといけないだろうか．コンピュータの基本構成を，次の例題で学ぶ．

クラスメートの身長の平均値を求めたい．身長は1人ごとの身体測定カードに記録されている．この作業の手順を示そう．また，この作業を自動的に実行させる装置に必要な機能およびその装置名を示そう．

解　答

　身長の平均値は，全員の身長を合計した後，人数で割ることにより求めることができる．図2.42に，電卓を利用する場合の手順をフローチャートで示す．

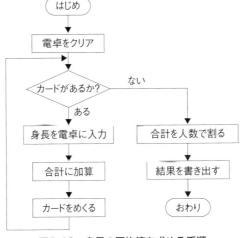

図2.42　身長の平均値を求める手順

この作業を自動的に実行させる場合，それに必要な機能と装置は，次の通りである．
・カードから身長のデータ（数）を入力できること……入力装置
・加算と除算（割り算）ができること……演算装置
・加算のための数や合計を記憶できること……記憶装置
・結果を表示できること……出力装置

このほかに，図2.42の順序で上記の装置を動作させなければならない．それを実現する方法には，次の2つがある．
・方法（1）図2.42の順序で動作するように電気回路を組み立てる．
・方法（2）手順（プログラム）を記憶装置に保存し，それにしたがって各装置に指示を送る．

方法（2）を実現するには，プログラムを保存するための記憶装置と，プログラムにしたがうように各装置を制御するための制御装置が必要である．

方法(1)を採用した装置は，特定の処理しかできない専用機器となる．たとえば，自動販売機などである．一方，方法(2)を採用した装置は，プログラムを変更することにより，ほかの用途にも利用できる汎用機器となる．コンピュータは，方法(2)を採用する機器である．機器自体に書きかえ可能なプログラムおよびデータを内蔵することから，**プログラム内蔵型コンピュータ**，あるいは，この方式の開発者のひとりであるフォン・ノイマンにちなみ**ノイマン型コンピュータ**ともよばれる．

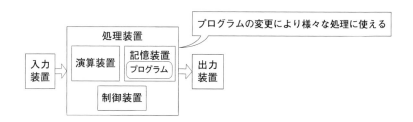

図2.43　コンピュータの基本構成

図2.43に，コンピュータの基本構成を示す．コンピュータは，入力装置・演算装置・記憶装置・制御装置・出力装置という5つの装置と，それを動かす手順であるプログラムから構成される．5つの装置はコンピュータを構成する**5大装置**とよばれる．

◆**練習問題2-11**◆
コンピュータを構成する5大装置の役割を簡単に説明してみよう．

(2) コンピュータの動作
図2.44は，各装置を「係」で表現したコンピュータの基本構成である．これを用いて，コンピュータの動作を学ぶ．

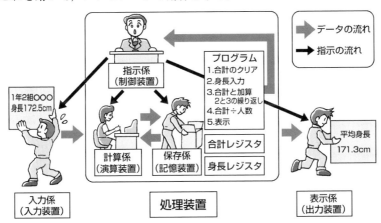

図2.44 身長の平均を求めるコンピュータの動き

 例題 2.20 図2.44に示すコンピュータの基本構成図を用い，例題2.19の問題（身長の平均値を求める）を実行する場合に，制御装置から他の装置へどのような指示が送られるか考えよう．なお，プログラムは，図中に示された内容のものが記憶装置内にあらかじめ保存されており，また，合計や身長のデータを一時保存するための記憶場所として，記憶装置内に合計レジスタと身長レジスタが確保されているものとする．

解 答
このコンピュータが動作をはじめると，次の順で指示係から他の係へ指示が送られる．ただし，ここではプログラムの命令3までの指示を示す．
①保存係へ：プログラム内の命令1を指示係に渡せ．
②保存係へ：合計レジスタに0を保存せよ．
③保存係へ：プログラム内の命令2を指示係に渡せ．
④入力係へ：身長データを1件取り込め．
　保存係へ：入力係からデータを受け取り，身長レジスタに保存せよ．
⑤保存係へ：プログラム内の命令3を指示係に渡せ．

⑥保存係へ：身長レジスタ内と合計レジスタ内のデータを計算係に渡し，その後，計算係から計算結果を受け取り，合計レジスタに保存せよ．
　計算係へ：保存係から2つデータを受け取り，それらを加算せよ．計算結果は保存係へ渡せ．
＜身長データがなくなるまで③から⑥を繰り返す＞

　コンピュータは，記憶装置内に保存されたプログラムの命令を1つずつ読み込み，その命令にしたがう動作を各装置が実施することにより動作する．命令が1つずつ順番に実行されることを**逐次処理**とよぶ．逐次処理は，プログラム内蔵型コンピュータの特徴の1つである．

◆練習問題2-12◆
　指示係から各係に送られる，指示の続き（命令4以降）を考えよう．なお，「人数」はプログラム内で与えられているため，入力の必要はないものとする．

2.3.2　ハードウェア
（1）パーソナルコンピュータのハードウェア構成
　コンピュータは入力装置・演算装置・記憶装置・制御装置・出力装置から構成される．ここでは，パーソナルコンピュータにそなわる機器と5大装置の対応について学ぶ．

> パーソナルコンピュータを構成する装置を調べ，それらがコンピュータの5大装置のいずれに対応するか考えよう．

解　答
　図2.45にパーソナルコンピュータを構成する主な機器と5大装置の対応を示す．

　一般に，パーソナルコンピュータは，複数の入出力装置，1つの**中央処理装置**，複数の記憶装置から構成される．
　入力装置は，文字入力のためのキーボードやGUI操作のためのマウス，出力装置は画像出力のためのディスプレイ，印刷のためのプリンタなど

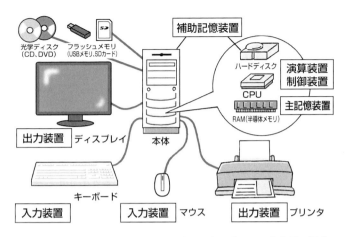

図2.45 パーソナルコンピュータを構成する主な装置と5大装置の対応

である.目的に応じてさまざまな入出力機器をパーソナルコンピュータに接続できるように,接続方法(インタフェース)の規格が定められている.たとえば,映像出力に用いられるHDMI(High-Definition Multimedia Interface),汎用性の高い入出力用のUSB(Universal Serial Bus)などがある.

演算装置と制御装置は,CPUとして1つのLSI(大規模集積回路)に納められている.

記憶装置は,主記憶装置と補助記憶装置に分けられる.主記憶装置は,実行中のプログラムや一時的なデータをたくわえるためのものである.一般に,RAM(半導体メモリ)で構成され,電源が切れると記憶内容は消えてしまう.補助記憶装置は,主記憶装置の補助として,プログラムやデータを長期にわたり保存するための装置である.電源が切れても記録内容は保持される.たとえば,ハードディスク装置・光学ディスク装置(CD,DVDなど)・フラッシュメモリ(USBメモリ,SDカードなど)などである.

◆練習問題2-13◆

身近なパーソナルコンピュータにそなえられている機器を調べ,5大

2.3 コンピュータのしくみ 137

装置と対応づけてみよう．

（2）CPU（中央処理装置）の基本構成と性能

CPU（Central Processing Unit）は，演算装置と制御装置を統合した半導体素子で，マイクロプロセッサ，または単にプロセッサとよばれることもある．CPUの基本的な内部構成を図2.46に示す．算術論理演算装置（ALU：Arithmetic and Logic Unit）は，加減乗除などの四則演算と，2.2.4で述べた各種の論理演算やビットシフト演算，補数演算などをおこなう．レジスタ群は，高速な読み書きが可能な少数の記憶回路であり，計算式2＋5の2のような被演算パラメータを格納するアキュムレータ，その他のデータを格納する汎用レジスタ，主記憶装置上にあるプログラムのどの命令までを実行したかを保持しておくためのプログラムカウンタなどが含まれる．さらに，ALUで演算がおこなわれるたびに，桁あふれが発生したか，結果がゼロとなったか，結果の符号が正か負かなどを，それぞれ1ビットの情報で保持するためのフラグもあり，条件分岐や繰り返しの判定処理に用いられる．制御装置は，主記憶装置から命令を読み出すための命令レジスタ，その命令を実行するために必要な処理を解析する命令デコーダ，処理信号を内部回路に送り出す制御回路からなる．

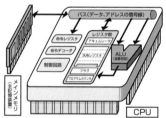

図2.46　CPUの基本的な内部構成

 パーソナルコンピュータのカタログに記載されている仕様表をみると，CPUの欄に「クロック周波数2.6GHz」のような記載がある．クロック周波数とは何かを説明してみよう．

解　答

CPU内の制御装置は，主記憶装置に保存されているプログラムから命令を

1つずつ取り出し，その内容に応じて各装置に指示を送るという動作を繰り返している．これを，命令実行サイクルとよぶ．CPUのクロックとは，命令実行サイクルを進めるために，一定の間隔で発生させているパルス信号（クロックパルス）のことである（図2.47）．クロックパルスの発生間隔（周期）が短いほど，CPUは速く動作することになる．クロック周波数は，1秒間に発生するパルス信号の数なので，これが大きいとCPUは速く動作することになる．

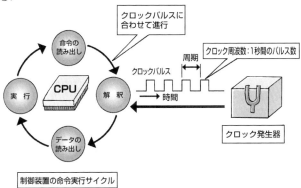

図2.47 クロックパルスと命令実行サイクル

　CPUの性能は，クロック周波数のほかに，一度に演算できるデータのビット数や一つのCPUのなかに組み込まれたCPU機能の数（コア数）でも評価できる．一度に演算できるデータのビット数に応じて32ビットCPUや64ビットCPUがあり，ビット数が多いほど処理能力は高い．また，最近では一つのCPUに複数のCPU機能（コア）を組み込んだCPUが使われており，コア数が多いほど同時並列的に実行できる処理が多くなる．しかし，一度に演算できるデータのビット数やコア数が多いほど構成する部品が多く，複雑な回路になり，高価となる．さらに，処理するデータのビット数が少なくてすむものが多かったり，同時並列的な実行に向かない処理の場合には，一度に演算できるデータのビット数やコア数が多くても，処理速度の向上は期待できないことがある．

◆練習問題2-14◆
　身近にあるパーソナルコンピュータのCPUのクロック周波数を調べ

よう．また，そのコンピュータでは4クロック(パルス)で1回の加算を実行できるとすると，1秒間に何回の加算が実行できるか計算しよう．

(3) 主記憶装置と補助記憶装置の特性

記憶装置は，目的の違いから主記憶装置と補助記憶装置に分けられる(図2.48)．主記憶装置は，実行中のプログラムと，プログラムが利用するデータの一時保存に用いられる．補助記憶装置は，主記憶装置の補助として，プログラムやデータを長期にわたり保存するために用いられる．主記憶が頭の中の記憶とすると，補助記憶はノートに記入した記憶に相当する．

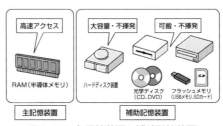

図2.48　主記憶装置と補助記憶装置

 主記憶装置および補助記憶装置がそなえるべき特性を考えてみよう．

解　答

主記憶装置に保存されたプログラムは，クロックに合わせて1命令ずつ取り出される．また，演算結果等のデータもクロックにあわせて書き込まれる．そのため，主記憶装置は，ある決まったクロック数内にデータの読み出しや書き込みが可能でなければならない．この条件を満たすために，主記憶装置には主として半導体メモリが用いられる．半導体メモリは機械部がないため，記憶場所にかかわらず，高速に一定時間内でデータの読み書きができる．

ただし，一般の半導体メモリ (RAM)には次の欠点がある．
・電源が切れると記憶内容が消えてしまう
・記憶容量が外部記憶装置に比べて少ない
・記憶媒体を取りはずしてもち運べない

補助記憶装置は，多くの場合このような欠点を補うために用いられる．補助記憶装置がそなえるべき特性は

・電源が切れても記憶内容が保存されていること（不揮発性）
・記憶容量が大きいこと（大容量）
・記録媒体を取りはずして，もち運べること（可搬性）
である．ただし，大容量であることと可搬性は，1つの装置で同時に満たす
必要はない．

◆練習問題2-15◆

身近なパーソナルコンピュータにそなえられている主記憶装置と補助
記憶装置の①不揮発性，②容量，③可搬性を調べてみよう．また，それ
らの主な用途を考えてみよう．

2.3.3 ソフトウェア

（1）ソフトウェアの分類

コンピュータになんらかの情報処理を実行させるには，各装置を動作
させる手順（プログラム）と処理対象のデータが必要である．プログラ
ムとデータは，あわせて**ソフトウェア**とよばれる．コンピュータはソフ
トウェアがなければ役に立たない．ここでは，主にパーソナルコンピュ
ータで使われるソフトウェアについて学ぶ．

ソフトウェアをその利用目的で大きく分類すると，**基本ソフトウェア**
と応用ソフトウェアに分けられる（図2.49）．

応用ソフトウェアは，ワードプロセッサ・表計算・ゲームなどの特定
の処理や作業を実施するためのプログラムである．すなわち，問題解決
のために必要な機能を提供するプログラムであり，**アプリケーションソ
フトウェア**とよばれることもある．

基本ソフトウェアは，**オペレーティングシステム(OS)**，プログラム
開発ソフトウェア，ファイル管理などのユーティリティソフトウェアと
いった，コンピュータの利用を支援するプログラムである．基本ソフト
ウェアがあることで，コンピュータを容易に利用でき，また，効率よく
作動させることができる．

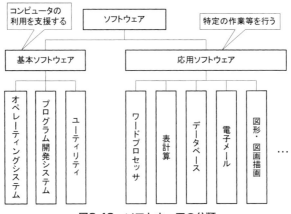

図2.49 ソフトウェアの分類

◆練習問題2-16◆

身近にあるパーソナルコンピュータにそなえられているソフトウェアを調査し，基本ソフトウェアと応用ソフトウェアに分類しよう．

(2) オペレーティングシステム

パーソナルコンピュータの電源を入れると，自動的に起動し基礎管理をおこなうソフトウェアがオペレーティングシステム(OS)である．

 OSは，人（利用者・管理者・プログラマ）が，コンピュータを効率よく使えるようにするソフトウェアである．そのためにOSはどのような仕事をおこなっているか考えよう．また，OSがないとどうなるだろうか．

解 答

OSの基本的な仕事は次の3点である．
①プログラムの実行管理
　OSは，利用者からどのプログラムを実行するかの指示を待ち，指定されたプログラムの起動から完了までを管理する（図2.50）．OSがなければプログラムを実行できない．
②ファイルの管理
　実行前のプログラムや処理するデータは，ファイルとして補助記憶装置に保存されている．OSは，多数のファイルを混乱なく管理し，ファイル

の操作(コピー・移動・削除など)を実現する.OSがなければファイルを操作できない.

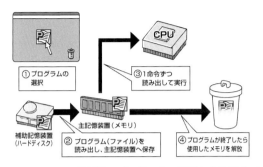

図2.50　OSの役割①：プログラムの実行から終了まで

③応用ソフトウェアへの周辺機器の機能の提供

　OSは,周辺機器(入出力機器と補助記憶装置)を管理し,それらの機能を応用ソフトウェアに提供している(図2.51).たとえば,「キーボードを使って文字を入力する」,「プリンタを使って印刷する」などの処理は多くの作業で使用される機能である.OSが,それらの機能を用意することにより,応用ソフトウェアのプログラマ(作成者)は,多種多様な周辺機器の制御プログラムを作成しなくてすむ.ただし,これにより作成されたプログラムは,特定のOS以外では動作できないことになる.OSがなければ応用ソフトウェアから周辺機器を利用できない.

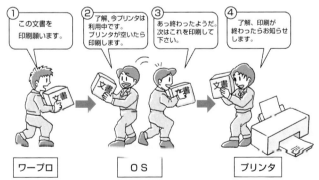

図2.51　OSの役割②：応用ソフトウェアへの周辺機器機能の提供

2.3　コンピュータのしくみ　143

OSはパーソナルコンピュータを使う上でなくてはならないソフトウェアである．図2.52に示すように，OSは，応用ソフトウェアなどのプログラムとハードウェアの間に位置づけられ，両者の仲立ちをするソフトウェアであるといえる．

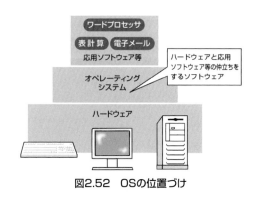

図2.52　OSの位置づけ

（3）プログラム言語とプログラムの可搬性

　コンピュータは，記憶装置内にたくわえられたプログラムを1命令ずつCPUの制御装置に読み込み，実行する．命令はCPUが直接実行できる2進数としてたくわえられている．この2進数で表現された命令は，CPUがもつ機能に番号をふったものであり，**機械語（マシン語）**とよばれる．一般に，CPUが違えば機械語は異なる．

　プログラムは，人間がつくらなくてはならないものである．しかし，人間が直接，機械語でプログラムを作成するのはむずかしいため，人間にわかりやすく，プログラムしやすい言語が開発されている．それらは**高水準言語**とよばれる（図2.53）．高水準言語は，そのままでは実行できないため，インタプリタやコンパイラなどの言語処理ソフトウェアを用いて機械語に翻訳する．高水準言語により書かれたプログラムをソースプログラム，機械語に変換され，すぐに実行できる形式のプログラムを実行形式プログラムとよぶ（2.4.2参照）．

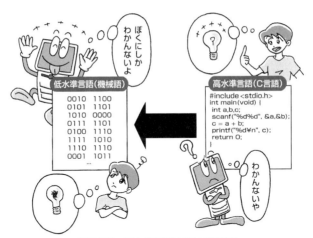

図2.53　低水準言語と高水準言語

 例題 2.25　特定のOSおよびCPUをそなえるコンピュータ用に作成されたプログラムは，他のOSおよび他のCPUをそなえるコンピュータで実行できるだろうか．実行形式プログラムの場合と，ソースプログラムを対象のシステムで実行形式に変換した場合について考えてみよう．

解　答

　図2.54に，OS1とCPU1用のプログラムが，ほかのOS（OS2）やCPU（CPU2）をそなえるコンピュータで実行可能かどうかを示す．

　機械語は命令に対応する番号であるため，一般的にCPUごとに異なる．したがって，実行形式プログラムは，特定のCPUをもつコンピュータ以外では実行できない．また，周辺機器からデータを入出力するためにOSの機能を利用する．そのため，実行形式プログラムは，同じCPUであってもOSが異なるコンピュータでは実行できない（これを可搬性がないという）．

　高水準言語は，OSやCPUに依存しない言語仕様となっている．そのため，ソースプログラムを，実行させようとするコンピュータにおいて機械語に変換できれば，どのOSおよびどのCPUでも実行可能である（可搬性がある）．ただしOS固有の方式で入出力機器を利用する場合や，OS固有の機能を利用している場合は，たとえ他のOSで動くソースプログラムであっても，実行不可能である．

2.3　コンピュータのしくみ　145

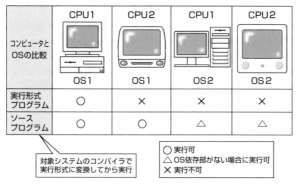

図2.54 プログラムの可搬性

◆**練習問題2-17**◆

応用ソフトウェアの包装箱などに，そのソフトウェアを実行するための「必要システム」の要件が記載されている．身近にある応用ソフトウェアの「必要システム」を調べてみよう．

□**演習問題**□

(1) 図2.44のコンピュータの基本構成図を利用して，2数の加算が実施される場合の指示係から各係への指示を考えてみよう．まず，記憶装置内のプログラムを考え，必要なレジスタを確保しよう．
(2) OSには，実行中のプログラム（プロセス）の一覧を表示するプログラムが用意されている．それを実行して，実行中のプログラムのようす（メモリ使用量やCPU利用率など）を観察しよう．
(3) OSには，そのコンピュータシステムを管理するためのプログラム（管理ツール）が用意されている．これを調べてみよう．

コラム　アルゴリズムの特徴

　コンピュータに与える手順をアルゴリズムとよび，プログラミングに限らずなんらかの処理をするとき，アルゴリズムにより正確さや効率が変わってくる．この特徴に次のようなものがある．

・手順の実行を開始する前に，0個以上の値を受け取る．これを入力とよぶ．通常，入力は指定された範囲のなかから選ばれる．たとえば，「正の整数のなかから選んだ2つの値」や，「任意の実数」というように指定される．

・入力と特定の関係にある値を1つ以上返す．この値を出力という．入力に対して何らかの操作を行い，結果として出力を返す．

・どのような入力に対しても正しい答えを返さなければならない．この性質を正当性という．たとえ，実行が不可能になるような入力の場合でも，何らかの正しい（意味のある）答えを返さなければならない．

・有限の繰り返しののちに，必ず手順が終了しなければならない．この性質を有限性という．しかも，アルゴリズムが有効であるためには，適当な時間の後に終了しなければならない．答えを得るのに100年も200年もかかるようでは，有効なアルゴリズムとはいえない．

・手順はだれがみても解釈のしかたが1通りしかできないように記述されていなければならない．この性質を確定性という．たとえば，料理の本には「塩が少々」とか，「表面がキツネ色になるまで焼く」などの記述があるが，「少々」とか「キツネ色」は人によって解釈の基準が異なるので，厳密な意味での確定性がないことになる．

・手順はだれにでも正確に実行できる基本的な操作でなければならない．この性質を実際性という．たとえば，紙と鉛筆を使えば，だれでもが結果をだせる程度に基本的な操作であることが重要である．

2.3　コンピュータのしくみ　147

2.4 プログラミング

> プログラミングを学ぶ目的は２つある．１つは，論理的思考力・創造性・問題解決能力などの資質・能力を育み，さらには情報や情報技術を問題の発見・解決に活用していく力（情報活用能力）を育むというものである．もう１つがコンピュータを動かすために，プログラミング言語を用いた記述方法を学ぶというものである．ここでは，プログラミングとは何かを改めて考えなおし，次の段階に進むためのプログラミングの基本概念を学ぶ．

2.4.1　プログラミングの役割

　プログラミングとは，『コンピュータに動作の手順を指示すること』である．では，なぜ初等教育（小学校）からこのようなプログラミングを学ぶことが必要なのであろうか．だれのための，そして何をするためのプログラミングなのであろうか．まず，プログラミングの役割について考えてみよう．

（１）なぜ「プログラミング」か

　変革の時代において，子供たちが自信を持って自分の人生を切り拓き，よりよい社会を創り出していくために最も必要となる資質・能力の１つが論理的思考力である．高度な人材というときの「高度」とは，専門知識やスキルに長けているだけでなく，論理的思考力が優れていることを意味している．

　小学校のプログラミング教育においても，コンピュータに意図した処理を行わせるために必要な論理的思考力，すなわちプログラミング的思考を醸成することを，その中核に据えている（「小学校プログラミング教育の手引き（第二版）」[*4]，文部科学省，平成30年11月）．

　論理的思考力は，プログラミングだけでなく他の教科や日常生活のなかでも養うことはできる．しかし，面白さ，楽しさ，達成感を味わいながら，しかも情報活用能力を養うことができるプログラミングが，論理的思考力（＝プログラミング的思考）の育成に適している．このように，初等教育という早い段階からプログラミング教育を導入することは，論

理的思考力を養うという点において，重要な取組みであるといえる．

一方，プログラミング教育のもう一つの側面である「プログラミング言語の記述方法を学ぶこと」については，小学校では「身近な生活でコンピュータが活用されていることや，問題の解決には必要な手順があることに気づくこと」とあるように，ほとんど取り上げられていない．すなわち，プログラミング言語を教えることが主ではない．中学校では「社会におけるコンピュータの役割や影響を理解するとともに，簡単なプログラムを作成できるようにすること」とあり，また高校では「コンピュータの働きを科学的に理解するとともに，実際の問題解決にコンピュータを活用できるようにすること」とあるように，年代が上がるとともにプログラム作成の重みが増えている（文部科学省同上[*4]）．

本書では，プログラミング言語の記述方法の詳細については他書にゆずり，論理的思考力を身につけるためのプログラミングについて，高校・高専・専門学校・大学などの生徒・学生を対象にして，その基本概念を説明する．

（2）プログラミングとは何か

プログラミングの『コンピュータに動作の手順を指示すること』をあらためて考えてみよう．

 例題 2.26　コンピュータへの指示の与え方を調べてみよう．

解 答

次のような方法がある．
① プログラミング言語を使ってプログラムを書く
　たとえば，BASIC，C言語，Visual Basic，Java，C++，C#，Swiftなど
② 一連のコマンドや関数を並べたスクリプトを書く
　たとえば，シェルスクリプト，MATLABのMファイル，Ruby，JavaScript，Perl，PHP，Pythonなど
③ ブロック型言語（ビジュアルプログラミング言語）でプログラムを書く
　たとえば，Scratch，レゴマインドストームNXT，Simulink，Choregraphe（コレグラフ）など

例題2.26のように，動作の手順をプログラムやスクリプトに記述することが一般的である．このようなプログラミング言語については，2.4.2以降で説明する．

一方，プログラムやコマンドなどの一つ一つの動作をコンピュータに指示する方法としては，マウスやタッチパネルなどのポインティングデバイスを使ってアイコンやメニューを選択する方法（GUI：Graphical User Interface）と，端末画面からキーボードを使ってコマンドをタイプする方法（CLI：Command Line Interface）がある．

この他にも，スマートフォン音声アプリやAIスピーカのように音声を用いて指示を与える方法，視線の動きや腕など体の動きで指示を与える方法，さらには脳波を用いる方法など，一部実用化され機能強化をめざして研究されている．

また，表計算ソフトExcelのマクロやVBA（Visual Basic for Applications）も，そのアプリケーションソフトウェアに対して動作の手順を指示する手段であるので，広い意味ではプログラミングといえる．

（3）だれのためのプログラミングか

プログラミングにかかわる度合いは，立場によって大きく異なる．アプリケーションソフトウェアを使うだけの人には，プログラミングは縁遠いものかも知れない．これに対して，アプリケーションソフトウェアやOSなどのシステムソフトウェア，あるいはコンピュータそのものを開発する人にとっては，プログラミングは必要不可欠な技術であり，プログラミング言語やその開発環境は，手放せないツールとなっている．

しかし，たとえアプリケーションソフトウェアを使うだけの人であっても，論理的思考力を養うことは，変革の時代を生き抜くためには必須である．プログラミングを通じてその資質・能力を高めることができるので，簡単なプログラミングに挑戦してみるのもよいであろう．また，機械学習や深層学習の分野では，クラウド上の環境を利用すれば，強力なツールやサービスを比較的容易に入手・利用できるようになっており，高機能な自分専用のアプリケーションを開発することができる．このようなツールやサービスを使って，身近な問題や課題の解決に挑戦する力

を身につけることが必要になっている．プログラミングを通じて論理的思考力（＝プログラミング的思考）を，自分自身のものにしたい．

コラム　目指すはF1ドライバー

『駕籠に乗る人担ぐ人そのまた草鞋を作る人』という言葉があるように，世の中はいろいろな職業・立場の人で成り立っている．コンピュータの世界もまた同じで，コンピュータのアプリケーションソフトウェアを使う人（駕籠に乗る人），アプリケーションソフトウェアを開発する人（担ぐ人），そしてコンピュータやOS・言語処理系を開発する人（草鞋を作る人）に大別できる．

駕籠や草鞋ではピンとこないという読者もいると思うので，上の三者を自動車にたとえてみると，バス・タクシーあるいは家族が運転する車に乗るだけの人，通勤・買い物や楽しみで車を運転する普通のドライバー，タクシーやトラックのように職業として車を運転する業務ドライバーに分けられる．

小学校においてプログラミング教育が必修化された後の，プログラミング教育はどうあるべきであろうか．これまでは大半の人は車に乗るだけだったが，これからはみんなが自分で車を運転できるようになろう，という時代になったように思える．すなわち，問題・課題を解決するために，コンピュータやIoT機器・AIを自ら操作できる能力が求められる時代になったのではないだろうか．

このような時代において，どのようなドライバーを育てればよいのであろうか．普通のドライバーなのか，バスやタクシーのドライバーなのか，あるいはF1ドライバーなのか．高度な情報化社会において，日本が世界の中で技術的な優位性を保つためには，国を挙げてF1ドライバーを育てることが重要であると思う．

そのための1つの方策は，小学生のときからプログラミング言語と開発環境の基礎をきちんと教え，問題・課題解決の過程を体験させることにより，高い目標と意欲を持たせることである．

プログラミングツールやサービス，プログラミング言語や開発環

2.4　プログラミング　151

境は，大工道具で言えばノコギリやカンナ・ノミのようなものである．小学生だから扱いが難しい，危険だということで，玩具の代替品を与えてもそのレベルまでしか育たない．

小学生が学ぶには難しいだろう，という大人の勝手な判断と論理的思考力（＝プログラミング的思考）の育成に重きを置くあまり，ビジュアルプログラミング言語を使って簡単なプログラムを作成させ，ロボットなどを動かすことで満足させていては，興味を持たせることはできたとしても高いレベルまでは育てられない．

すなわち，遊園地でメリーゴーランドのような遊具に乗せていても，F1ドライバーは育たないのではないだろうか．せめてゴーカートのような自ら運転できる乗り物に乗せ，自分で操り，ぶつかり，止まり，走りきるという経験と達成感を味わわせることが必要なのではないだろうか．

子供は未来からの預かりものであり国の宝である．情報分野で日本が世界をリードして行くためには，子供たちにこそきちんとした実践的なプログラミング教育を行うことが重要であると思う．

2.4.2　プログラミング環境

コンピュータに動作の手順を指示すること（プログラミング）に一般的に用いられる手段が，プログラミング言語である．プログラミング言語で記述された手順（プログラム）は，最終的に機械語に変換（翻訳）されてCPUで実行される（2.3.3(3)参照）．このようなプログラミング言語にどのようなものがあるのか，また，プログラムの開発形態と実行形態にどのようなものがあるのかを見てみよう．

(1) プログラミング言語

プログラミング言語には，表現方法・処理概念によっていくつかの種類がある．ここでは，ブロック型言語（ビジュアルプログラミング言語），手続き型言語，およびオブジェクト指向言語の3つについて，その特徴と違いを説明する．

152　2.情報の処理と技術

①ブロック型言語（ビジュアルプログラミング言語）

プログラムを文字（テキスト）で記述するのではなく，視覚的なブロック（ボックス）を用いて記述するものである．視覚的な表現が可能であり，平面上にブロックを配置することでプログラムを構成する．ブロックを順に並べることにより手順を表現するものや，ブロックを矢印や線でつないで表現するものがある．前者の例としては，Scratch（図2.55(a)）やレゴマインドストームNXT（図2.55(b)），後者の例としてはSimulink（図2.55(c)）やChoregraphe（図2.55(d)）がある．SimulinkではMATLABを用いてカスタムブロックを，ChoregrapheではPythonやC++を用いてカスタムボックスを作成することができる．

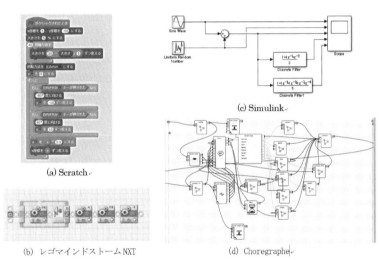

図2.55　ブロック型（ビジュアルプログラミング）言語

例題 2.27 ブロック型言語（ビジュアルプログラミング言語）の提供元と概要を調べてみよう．

解 答

① Scratch：米国マサチューセッツ工科大学（MIT）メディアラボで開発された子供向けのビジュアルプログラミング言語である．
② レゴマインドストームNXT：（株）アフレルが販売しているロボティクス製品で，レゴブロックで組み立てたロボットを自由に制御することができる．
③ Simulink：米国MathWorks社によって開発されたMATLABプロダクトファミリの一つで，制御系のブロック線図のようにプログラムを記述することができる．
④ Choregraphe：仏AldebaranRobotics社が開発した人型ロボットPepperやNao用のビジュアルプログラミング言語である．

② 手続き型言語

コンピュータが実行すべき命令（ステートメント，文）や手続きを順に記述していくことで，プログラムを構成するものである．プログラムは文字（テキスト）で記述される．命令は一つずつ並べることもできるが，多くの言語では複数の命令をひとまとまりの手続きにして，外部から一つの大きな命令のように呼び出すことのできる機構を備えている．この手続きは，言語により「サブルーチン」や「関数」，「プロシージャ」，「メソッド」などとよばれる．手続き型言語としては，BASIC，C言語，Visual Basic，MATLAB，シェルスクリプトなどがあげられる．手続き型言語の例として，BASICとC言語で記述したプログラムを2.4.3で説明する．

プログラムを構成するサブルーチンは，プログラム実行中の任意の時点で呼び出すことができ，しかも他のサブルーチンから呼び出すことも，自分自身から呼び出すこと（再帰呼び出し）も可能である．サブルーチンの入力は「引数」であり，出力は「リターン値」である．引数の渡し方には，値渡し（Call by value）とアドレス渡し（Call by reference）がある．

また，サブルーチン内の変数は，そのなかだけでアクセス（読み書き）することができ，他のサブルーチンからアクセスすることはできな

い，変数のアクセスできる範囲をスコープとよび，スコープを越えたアクセスには特別なルール（C言語では外部変数）が必要となる．

このように，サブルーチンは自己完結的で再利用可能なインタフェースであるため，サブルーチンを使って多数の人が書いたコードを組み合わせることが可能となり，サブルーチンを集めたライブラリが作成されるようになった．

手続き型言語のプログラミングでは，図2.56に示すように，プログラムはデータ構造を記述する部分と，サブルーチンの呼び出しを含めた命令を並べた処理の部分に分割される．これにより，あるデータを操作する処理がプログラム全体に分散してしまうことになるので，プログラムが大規模になると可読性が落ちるとともに，一部のデータの変更が広い範囲に影響を及ぼすことになり保守が難しくなる．

図2.56 手続き型言語プログラムの構成

③オブジェクト指向言語

手続き型言語に対して，データとそのデータの操作（メソッド）を1つにまとめたオブジェクトを定義し，オブジェクトの集合体としてプログラムを記述する．これにより，図2.57に示すように，一部のデータの変更はそのオブジェクトに収まるので，大規模なプログラム開発に適している．オブジェクト指向言語としては，Ruby，Java，JavaScript，C#，Swiftなどが挙げられる．オブジェクト指向言語の例として，Rubyで記述し

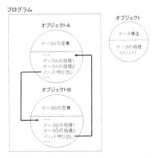

図2.57 オブジェクト指向言語プログラムの構成

たプログラムを2.4.4で説明する．

多くのオブジェクト指向言語では，クラスという仕組みがある．クラスには，オブジェクトを作るさいのデータやメソッドが定義されている．オブジェクトを作るときには，必ずクラス（型）を指定する必要がある．あるクラスのオブジェクトを作るとき，そのオブジェクトのことをインスタンス（実体）とよぶことがある．また，すでに定義されているクラスを拡張して新しいクラスを作ることを，継承（インヘリタンス）という．

オブジェクト間の相互作用はメッセージの送受信にたとえられ，あるオブジェクトのメソッドの呼び出し（送信）と，そのオブジェクトからの結果の返却（受信）に対応している．これはちょうど手続き型言語でのサブルーチンの呼び出しと，サブルーチンからの戻りに対応する動作となっている．

 オブジェクト指向プログラミングの重要な概念として，情報隠蔽（カプセル化）と多態性（ポリモーフィズム）がある．この意味を調べてみよう．

■解　答

情報隠蔽は，オブジェクト内部のデータを外部から直に操作できないようにして，変更したり参照したりするときには必ずメソッドを呼び出させるようにすることである．多態性は，オブジェクトへの操作が呼び出し側ではなく，受け手のオブジェクトによって定まる特性のことで，同じメッセージ（メソッド）を送っても，オブジェクトによって結果が異なることである．

(2) プログラムの開発・実行形態

作成したプログラムをどのコンピュータで動かすのか，また，そのプログラムをどのように動かすのか，それによってプログラムの作成方法と手段が異なる．ここでは，プログラムの開発形態と実行形態について説明する．

①プログラムの開発形態

プログラムの開発形態には，セルフ（ネイティブ）開発とクロス開発がある．

セルフ開発は，図2.58(a)に示すように，あるコンピュータで動作す

るプログラムを，そのコンピュータで作成する開発形態である．すなわち，プログラム開発環境とプログラム実行環境が同一の開発形態である．たとえば，MS-WindowsであればVisual Studioを使って，MacOSであればXcodeを使って，Linuxであれば Emacsやvimなどのエディタと Cコンパイラあるいは統合開発環境（IDE：Integrated Development Environment）を使って，そのコンピュータ用のアプリケーションを開発する形態である．

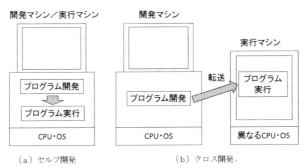

図2.58　プログラムの開発形態（セルフ開発とクロス開発）

一方，クロス開発は，図2.58(b)に示すように，あるコンピュータで動作するプログラムを，別のコンピュータで作成するという開発形態である．すなわち，プログラム開発環境とプログラム実行環境が異なる開発形態である．異なるプラットフォーム（CPUとOS）の別機器で動作するプログラムを開発する場合に用いられる．たとえば，スマートフォンやタブレットのアプリケーションをパソコン上で作成し，それをスマートフォンやタブレットに転送（ダウンロード）して実行する，あるいは，ArduinoやレゴマインドストームNTXのような機器のプログラムをMS-Windows上で作成し，実行機器に転送して実行する形態である．

 例題2.29　電化製品や産業機器・自動車などには多数のマイコンが搭載されている．このような機器の制御プログラムを作成するマイコン組込み開発においては，クロス開発が主流となっている．その理由を調べてみよう．

解　答

組込み機器では，さまざまなCPU（マイコン）やOSが使用されること，

2.4　プログラミング　157

また，CPUパワーやメモリ容量といったリソースが限られているのでセルフ開発が難しい，ということがあげられる．

　マイコン組込み開発においては，開発コンピュータ（ホストコンピュータ）上で実行コンピュータ（ターゲットコンピュータ，実機）のプログラムを作成するために，クロスコンパイラ／アセンブラ／リンカ／ライブラリ／デバッガなどのソフトウエア開発ツールが用意されている．とくに，誤り（バグ）を見つけ直す作業（デバッグ）においては，実機上でCPUの代わりに装着し，CPUの機能を代替してプログラムの動作検証が行えるインサーキットエミュレータ（ICE：In-Circuit Emulator）が利用される．このようにマイコン組込み開発では，多くのリソースやツールを備えたホストコンピュータを利用することにより，効率的にクロス開発を行うことができるようになっている．

②プログラムの実行形態

　プログラムの実行形態には，一括変換（コンパイル）方式と逐次変換（インタプリタ）方式がある．

　一括変換（コンパイル）方式は，図2.59(a)に示すように，あるプログラミング言語（高水準言語）で書かれたソースコード（プログラム）を機械語プログラム（実行形式ファイル）へ一括変換し，変換後の機械語プログラムを実行するという形態である．機械語プログラムへの変換に時間を要しても，実行時には高速に処理できる．一括変換方式では，プログラムを異なるプラットフォーム（CPUとOS）で動かす場合，ソースコードをプラットフォームに合わせて変更し，そのプラットフォームのコンパイラで再度コンパイルし直す，いわゆる「移植」作業が必要となる．上述のセルフ開発およびクロス開発で作成されるプログラムは，この一括変換方式で実行される．プログラミング言語としては，C言語，C#，Swiftなどが用いられる．

　一方，逐次変換（インタプリタ）方式は，図2.59(b)に示すように，プログラミング言語で書かれたソースコードを1行ずつ読み込んで，それを機械語に変換しながら実行するという形態である．プログラム実行時に機械語に変換するというところが，一括変換方式と大きく異なる点

である．逐次変換方式では，一括変換方式のような変換時間は不要であるものの，実行時にその都度変換するので実行には時間を要する．さらに，実行時に変換するための仕組みが必要になる．この仕組みにより，プラットフォームの違いを吸収することが可能となるので，プラットフォームに依存しないプログラムの開発が可能となる．このことは，逐次変換方式の大きな特長である．逐次変換方式のプログラムはスクリプトともよばれ，プログラミング言語としてBASIC，JavaScript，Perl，PHP，Ruby，MATLAB，シェルスクリプトなどが用いられる．

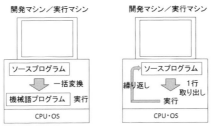

図2.59 プログラムの実行形態（一括変換方式と逐次変換方式）

 例題 2.30　実行速度が遅いという短所をもつ逐次変換方式が，インターネット上のアプリケーションでは広く使われている．その理由を調べてみよう．

解　答

　まず，ハードウェア性能（CPU速度，メモリ容量）の向上により，実行速度の遅さが解消されてきた．さらに，インターネットとWebシステムの進展に伴い，広く利用されるようになってきたWebプログラミング（サーバサイド，クライアントサイド）では，プラットフォームに依存しないという特長が重要視される．このことから，JavaScript，Perl，PHP，Rubyなどのスクリプト言語が広く使われている．

2.4.3　手続き型言語

　プログラミング言語のうち，手続き型言語の概要と特徴については2.4.2（1）で説明した．ここでは，手続き型言語の具体的な例として，BASICとC言語のプログラムをみてみよう．

2.4　プログラミング　159

(1) BASIC

BASIC（IchigoJam BASIC）で記述したプログラムを図2.60に，その実行例を図2.61に示す．図2.60はIchigoJam（p.161コラム参照）の「かわくだりゲーム」のプログラムである．筏（＃）を左右の矢印キーで操りながら，ランダムな位置で迫って来る障害物（＊）を避ける（図2.61(a)）．筏が障害物にぶつかるとゲームオーバーとなる（図2.61(b)）．

図2.60に示すように，BASICでは，行単位に行番号（この例では10〜40）をつけ，その番号順に処理が実行されていく．IchigoJamの画面は，横32文字（列），縦24行の大きさである．

```
1  10 CLS:X=16
2  20 LC X,5:?"#"
3  30 LC RND(32),23:?"*"
4  35 WAIT 20
5  36 X=X-BTN(28)+BTN(29)
6  37 IF SCR(X,5) END
7  40 GOTO 20
```

(a) ゲーム途中　　(b) ゲームオーバー．

図2.60　BASICのプログラム　　図2.61　「かわくだりゲーム」の画面（BASIC）

図2.60のプログラムで，どのような処理をおこなっているか考えてみよう．

例題 2.31

解　答

行番号10（1行目）で画面をクリアし，行番号20（2行目）で5行16列目に＃（筏）を表示し，行番号30（3行目）で23行の任意の列（一様乱数で決定）に＊（障害物）を表示する．行番号35（4行目）で20/60＝0.33秒待ち，行番号36（5行目）で左右矢印キーにより筏の列位置を変更し，行番号37（6行目）で筏と障害物の衝突判定をおこなう．衝突していたらプログラム終了．衝突していなかったら，行番号40（7行目）で行番号20に飛んで，行番号20から行番号37までを繰り返す，というプログラムである．

このように，BASICは1つ1つの命令が高機能であるので，「かわくだりゲーム」をたかだか7行のプログラムで，シンプルに記述することができる．しかも，逐次変換（インタプリタ）方式であるので，コンパイルする必要がなく，プログラムを入力し終えたらRUNとタイプしてエンターキーを押すか，あるいはF5キーを押すだけでプログラムを実行することができる．

> **コラム　IchigoJam**
>
> 　2014年4月1日に福野泰介氏（当時，株式会社jig.jp代表取締役）が開発・公開したシングルボードコンピュータである．多くのシングルボードコンピュータは，パソコンなどから別途開発を行う必要があったなかで，IchigoJamは電源を入れるだけでBASICが起動し，すぐにプログラミングが可能なことが特徴である．入出力ポートも備えているので，プログラムに限らず，電子工作の制御が容易に行える．「こどもパソコン」として，子供向けのプログラミング教育向けに展開している．

（2）C言語

　C言語で記述したプログラムを図2.62に，その実行例を図2.63に示す．このプログラムは，前述の「かわくだりゲーム」をLinuxの端末画面で実現したものである．端末画面のサイズは，横80文字（列），縦24行で，筏と障害物が衝突したら，赤色のGを表示して終了するようにした．

```c
 1 #include <stdio.h>
 2 #include <termios.h>
 3 #include <unistd.h>
 4 #include <fcntl.h>
 5 #include <stdlib.h>
 6
 7 #define COLUMN      80          /* 画面の横のサイズ（列）*/
 8 #define LINE        24          /* 画面の縦のサイズ（行）*/
 9 #define IKADA_X     32          /* 筏の横方向の初期位置 */
10 #define IKADA_Y     5           /* 筏の縦方向の初期位置 */
11 #define TIME_INTERVAL 0.3*1000000 /* 時間間隔［μ秒］*/
12 #define CTRL_D      0x04        /* CTRL-Dキー */
13 #define ESC         0x1b        /* ESCキー */
14 #define LEFT_ARROW  0x44        /* 左矢印キー ESC［D */
15 #define RIGHT_ARROW 0x43        /* 右矢印キー ESC［C */
16 #define cls         printf("¥x1b[2J")       /* 画面消去 */
17 #define locate(x, y) printf("¥x1b[%d;%dH", y, x) /* カーソルを (x, y) へ移動 */
18 #define scroll_up   printf("¥x1b[1S")       /* スクロールアップ */
19 #define color_red   printf("¥x1b[31m")      /* 文字を赤にする */
20 #define color_black printf("¥x1b[30m")      /* 文字を黒にする */
21
22 struct termios old_settings;
23 struct termios new_settings;
24 int old_fctrl;
25
26 int main(void)
27 {
28     int x;                  /* 筏の横方向の位置 */
29     int s;                  /* 障害物の横方向の位置 */
30     int kawa[LINE] = {};    /* 障害物の横方向の位置の系列 */
31     char key;               /* キー入力 */
32     int i;
33
34     if(set_term() != 0)     /* 端末の設定 */
35         return(1);
36     srand(time(NULL));      /* 擬似乱数の発生系列の設定 */
37     cls;                    /* 画面消去 */
38     x = IKADA_X;
39     while(1) {
40         locate(x, IKADA_Y);
41         printf("■¥n");      /* 筏の表示 */
42         s = rand() % COLUMN + 1;
43         kawa[0] = s;
44         locate(s, LINE);
45         printf("■¥n");      /* 障害物の表示 */
46         for(i = IKADA_Y; i < LINE - 1; i++)
47             kawa[i] = kawa[i+1];  /* 障害物の位置の保存 */
48         kawa[LINE - 1] = s;
49         scroll_up;          /* 1行スクロールアップ */
50
51         usleep(TIME_INTERVAL);  /* 設定時間だけ止める. 短くすれば難易度が上がる */
52
53         key = getchar();    /* キー入力. なければゼロが返る */
54         if(key == CTRL_D)
55             break;          /* CNTL-Dキーならば終了 */
56         if(key == ESC) {
57             key = getchar();
58             key = getchar();
59             if(key == LEFT_ARROW)   /* 左矢印キーならば筏を1つだけ左方向へ */
60                 x -= 1;
61             if(key == RIGHT_ARROW)  /* 右矢印キーならば筏を1つだけ右方向へ */
62                 x += 1;
63         }
64         if(x == kawa[IKADA_Y]) {    /* 筏と障害物が衝突したら */
65             locate(x, IKADA_Y);     /* その位置に赤色のGを表示して終了 */
66             color_red;
67             printf("G¥n");
68             break;
69         }
70     }
71     reset_term();           /* 端末設定の復元 */
72     color_black;            /* 文字の色を黒にする */
73     return(0);              /* 正常終了 */
74 }
75
76 int set_term(void)          /* 端末の設定 */
77 {
78     if(tcgetattr(fileno(stdin), &old_settings) == -1) {
79         perror("tcgetattr");
80         return(1);
81     }
82     new_settings = old_settings;
83     new_settings.c_lflag &= ~ (ICANON | ECHO); /* バッファリングなし, エコーなし */
84     if(tcsetattr(fileno(stdin), TCSANOW, &new_settings) == -1) {
85         perror("tcsetattr");
86         return(1);
87     }
88     old_fctrl = fcntl(fileno(stdin), F_GETFL, 0);
89     if(fcntl(fileno(stdin), F_SETFL, old_fctrl | O_NONBLOCK)) { /* ブロッキングなし */
90         perror("fcntl");
91         return(1);
92     }
93 }
94
95 int reset_term(void)        /* 端末設定の復元 */
96 {
97     if(tcsetattr(fileno(stdin), TCSANOW, &old_settings) == -1) {
98         perror("tcsetattr");
99         return(1);
100     }
101     if(fcntl(fileno(stdin), F_SETFL, old_fctrl) == -1) {
102         perror("fcntl");
103         return(1);
104     }
105 }
```

図2.62　C言語のプログラム

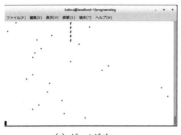
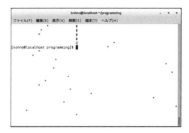

(a) ゲーム途中   (b) ゲームオーバー。

図2.63 「かわくだりゲーム」の画面（C言語）

 図2.62のプログラムで，どのような処理をおこなっているか考えてみよう．

解 答

　Linuxの端末画面で「かわくだりゲーム」を動作させるためには，画面制御と端末制御の処理が必要となる．画面制御は，端末画面の任意の位置にカーソルを移動させる機能や表示する文字に色をつける機能などで，16行目から20行目でマクロ定義をしている．端末制御は，キー入力のさいのバッファリング（エンターキーを待つ），エコーバック（画面表示），ブロッキング（キー入力待ち）を解除する機能で，関数 set_term() で解除を，関数 reset_term() で復元するようにしてある．加えて，画面制御では端末画面上の指定した位置に書かれた文字コード（*）を返す機能がないので，配列 kawa[ ] を用意して障害物（*）の位置を保存し，これを用いて筏との衝突検出を実現した．

　このプログラムでは，端末制御で用いるデータ構造（termio 構造体と fctrl 情報）を外部変数として定義し（22行目〜24行目），関数 set_term() と関数 reset_term() で共通に利用できるようにした．

　図2.62の外部変数として含まれているように，2.4.2(1) で述べたデータ構造を記述する部分とそれを処理する部分が分割される．このため，データを操作する処理がプログラム全体に分散してしまい，データの変更が広い範囲に影響を及ぼすことになる．これが手続き型言語の保守が難しくなるという問題点になっている．

2.4.4 オブジェクト指向言語

プログラミング言語のうちオブジェクト指向言語の概要と特徴については2.4.2(1)で説明した．ここでは，オブジェクト指向言語の具体的な例としてRubyを取り上げ，「かわくだりゲーム」プログラムを作成する．

Rubyで記述したプログラムを図2.64に示す．このプログラムも，図2.62と同様の「かわくだりゲーム」をLinuxの端末画面上に実現したものであり，実行結果はC言語の場合（図2.63）と同じになる．端末画面のサイズは，C言語の場合と同様，横80文字（列），縦24行であり，筏と障害物が衝突したら赤色のGを表示して終了するようにした．

図2.64　Rubyのプログラム

例題 2.33　図2.64のプログラムで，どのような処理をおこなっているか，端末処理を中心に考えてみよう．

解　答

画面制御および「かわくだりゲーム」の本体処理については，図2.62のC言語プログラムをRubyに置き換えている．一方，端末制御については，クラスとオブジェクトの概念を導入した．図2.64に示すように，端末制御を行う処理のクラスTerminalを定義し（9行目から31行目），その中でキー入力のバッファリング，エコーバック，ブロッキングを解除するメソッドset_termと，復元するメソッドreset_termを定義した（15行目〜24行

目と26行目〜30行目）．その上で，このクラスのオブジェクト（インスタンス）kを生成し（33行目），オブジェクトのメソッドset_termとメソッドreset_termを呼び出している（34行目と82行目）．

　例題2.33のように，端末制御で用いるデータ構造（termioの@old_settingとfcntlの@old_fctrl）とその処理をオブジェクト内にまとめているので，データの変更はそのオブジェクト内に収まる．また，オブジェクト内部のデータを外部から変更したり参照したりするためには，専用のメソッドを定義してそれを呼び出す必要があり，じかにデータを操作できないようになっている（情報隠蔽）．2.4.2(1)で述べたように，これらの機能は手続き型言語にはないオブジェクト指向言語の大きな特長である．

□演習問題□

(1) プログラミングの必要性と現状について，自分自身の経験と照らし合わせて検討してみよう．

(2) 本文で示した図2.60（BASIC）・図2.62（C言語）・図2.64（Ruby）の各プログラムには，筏（#）の位置とキーの組合わせで障害物（＊）にぶつからないという抜け道がある．この条件を探し，これを防ぐにはどのようにプログラムを変更すればよいか考えてみよう．

(3) 【コラム：構造化プログラミング】で一部示したフローチャートを詳しく調べ，図2.60（BASIC）と図2.62（C言語）をフローチャートで表現してみよう．

(4) 「かわくだりゲーム」を，本文で使った3種類以外の各自の使えるプログラミング言語で記述しなおしてみよう．

(5) プログラミングに関して，①アルゴリズム，②計算量，③Webプログラミングについて調べてみよう．

コラム　構造化プログラミング

　手続き型言語とオブジェクト指向言語のいずれにおいても，論理構造が明確で，分かりやすいプログラムを作成することは重要である．そのための一つの手法が，構造化プログラミング（Structured Programming）である．

　構造化プログラミングは，1960年代後半，オランダの計算機科学者エドガー・ダイクストラが提唱したプログラム書法であり，プログラムを誤り少なく書くための手法である．トップダウン的（上から下へ，全体から部分へ）手法をとり，図にあるようにGOTO文を用いないので，プログラムをモジュール（サブルーチン）化したとき，それをさすラベルは各モジュール単位となる．

　プログラムは，図（フローチャート（flowchart），流れ図という）に示すように，順次実行していく連接（concatenation），if-else文による分岐（selection），for文やwhile文による反復（repetition）の3種の基本形の組合せで構成する．このようにすることによって，プログラムの構造が標準化され，読みやすく，理解しやすく，修正しやすくなり，結果としてエラーを少なくすることにつながる．

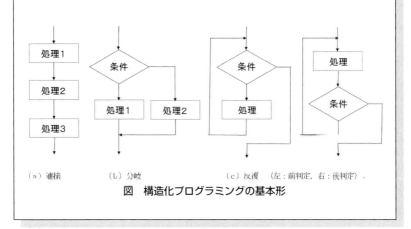

図　構造化プログラミングの基本形

2.5 情報通信ネットワーク

現代のコンピュータをはじめとする情報機器の多くは，他のコンピュータや機器類と接続され，それらと情報交換をしながら機能している．ここでは，情報交換のための情報通信のしくみから，現実の情報通信ネットワークとしてのインターネットの構造までを説明する．

2.5.1 情報通信ネットワークのしくみ

大昔の狼煙（のろし）や松明（たいまつ）から，現在のスマートフォンやコンピュータネットワークまで，非常に多くの情報通信手段が開発され，実際に使われている．一見，これらはまったく異なる手段にみえていても，基本的な概念には多くの共通部分がある．この基本的な概念について考えてみよう．

> **例題 2.34** インターネット上のWebサーバに保存されている情報が，ブラウザに表示される過程を調べてみよう．

解 答

インターネット（詳しくは2.5.3参照）上のWebサービスは，基本的に，情報提供者がもつ情報をインターネット上で転送し，利用者側で表示するシステムである．当然このシステムでは，提供者から利用者への通信が行われる．そのようすを図2.65に示す．

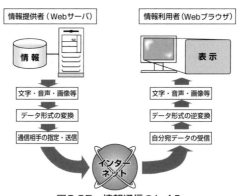

図2.65 情報通信のしくみ

166 2.情報の処理と技術

図2.65をみるとわかるように，提供者側では，利用者に送るべき情報をインターネットでの伝送に適した形式に変換し，変換された情報は，通信相手である利用者を指定して，実際の物理的な伝送媒体に送り出される．利用者側では，伝送媒体から受け取った情報が人間の利用できる形式に逆変換されて，画面上に表示されることになる．

　実は，このような変換のしくみはどのような通信手段でもほぼ同じであり，情報通信の基本的な概念となっている．たとえば狼煙であれば，相手に送りたい情報に合わせて煙の出し方を調節し，相手にみえる場所から実際に煙を出すことになる．そして，その煙のようすは空間を光として伝わり，遠方の受信者がそれを眺めて，煙の出し方に応じた意味を読み取ることで情報通信を実現している．

　このように，伝送媒体に合わせて適切な形式に変換して情報を送受信することは，異なる特徴をもった伝送媒体を用いるときにも有用である．つまり，伝送媒体に適した形式に相互変換する中継場所を設けることで，それぞれの特徴をいかした通信が可能となる．その典型的な例が，電話網である．

　現在の電話網は，加入電話のような有線のものや，携帯電話のような無線を使ったものがある．電話局の間では光ファイバも利用され，最近ではIP電話などのような新しい技術も登場している．図2.66はそのようすを示したものである．加入電話の利用者からの音声信号は，電気信号として電話線を伝わる．中継場所となる携帯電話基地局では，加入電話からの電気信号を電波信号に変換して，目的の携帯電話の端末へ伝える．端末では，受信した電波を音声信号に戻して利用者に渡す．これにより，加入電話と携帯電話間の通信が可能となる．

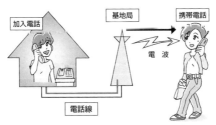

図2.66　加入電話と携帯電話の通信

2.5　情報通信ネットワーク　167

このような情報形式の変換のしくみは，多様な通信機器を含んだ情報通信ネットワークでは，さらに重要になってくる．広い意味での情報通信ネットワークは，ここで述べた電話網や後述するインターネットなどのコンピュータネットワークを含んでいる．そして，一般の電話機やコンピュータだけでなく，スマートフォンやタブレットなどが情報通信ネットワークでの重要な通信機器となってきている．また，情報通信ネットワークの利用もさまざまな用途にわたり，たとえばインターネットだけをみても，非常にたくさんの使われ方がある（1.1.3参照）．

多様な機器類からなり，さまざまな使われ方をされる情報通信ネットワークでは，その利用方法ごとにどのような情報の変換方式を用いるかが重要になる．たとえば，送信側と受信側で異なる情報の変換方式を用いると，正常な情報通信は不可能となる．つまり，送信側と受信側で同じ変換方式を用いることが必須条件である．このような考え方については次項で述べることにする．

◆練習問題2-18◆
狼煙・郵便・電話について，それぞれの通信で用いられる信号の形式・通信相手の指定方法・伝送媒体を示そう．

2.5.2　通信システムの階層構造

通信を行う機器類の間では，同種の情報の変換方式を用いることが重要である．ここでは，通信に必要となる変換方式とその考え方などについて，少し詳しく紹介する．

多くの情報通信システムは，それらの機能を整理すると，図2.67のような階層構造と考えることができる．各階層の機能は通信規約としてまとめられており，一般に通信プロトコル（または単にプロトコル）とよばれている．このように階層化すること

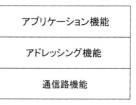

図2.67　通信機能の階層構造

で，上下の階層とのインタフェース部分だけを規格化しておけば，他の階層の内部構造や詳細処理は気にする必要がなくなり，一定の機能を提

供する構造体として仮想化できる．これにより，通信システムの開発を分担できて，効率的に高度な機能を実現できるようになる．

図2.67に示されるように，通信システムは，情報通信を用いたサービスを実現するアプリケーション機能，通信相手を指定するアドレッシング機能，情報信号を物理的な伝送媒体を用いて送受信する通信路機能の3つに大別される．実際の通信システムでは，これらの機能を細分化あるいは再構成して実装している．また，ISO（国際標準化機構）による開放型システム相互間接続（OSI）の参照モデルなどのような標準化モデルも存在する．しかし，図2.67のような単純化された階層構造は，情報通信システムのしくみを理解するうえでは重要な助けとなる．ここでは，図2.67の各機能について，どのような方式が用いられているか紹介する．

(1) アプリケーション機能

アプリケーション機能は，実際にさまざまな情報通信サービスを提供する部分である．サービスの実現には，**クライアント・サーバ形式**を採用しているものが多くみられる．例題2.34のWebサービスも，クライアント・サーバ形式を用いたサービスの一種である．クライアント・サーバ形式による

図2.68　クライアント・サーバ形式

サービスでは，図2.68のように情報通信ネットワーク上に，サーバとよばれる機器とクライアントとよばれる機器が存在する．サーバはサービスを提供する側の機器であり，一方，クライアントはその名の通り，サービスに対する顧客的な立場の機器である．一般的なクライアント・サーバ形式では，クライアント側からサーバに対して，サービスを利用したいという内容の要求が出される．その要求を受け取ったサーバが，要求に対する応答としてサービスを提供する．

(2) アドレッシング機能

アドレッシング機能では，通信相手を指定するためのしくみと，通信相手までの情報伝送を可能にする通信経路を設定するためのしくみを主に提供する．アドレッシング機能を実現した代表的な例としては，電話番号があげられるだろう．現在，日本では，

OXX-YYY-ZZZZ
市外識別番号 市外局番 市内局番 加入者番号

図2.69　電話番号の構成

いわゆる市外局番までを含めて10桁もしくは11桁の電話番号が利用されている．当然ながら電話番号を指定することで，日本国内の唯一の電話機が特定される．また，電話番号は図2.69のような構成をしており，市外局番と市内局番により，経由する電話局を指定するためにも用いられる．

(3) 通信路機能

通信路機能では，物理的な伝送媒体を用いて，実際の信号を相手に伝える役割をはたす．伝送媒体として用いられるものとしては，銅を用いた銅線や空間を伝わる電波，そして光ファイバケーブルなど，多種多様なものがある．情報通信ネットワークでは，それぞれの特徴をいかして，さまざまな形態の通信路が構築されている．しかし，伝送媒体が異なっても，多くの情報通信ネットワークでは，情報の伝送に用いられる通信方式は，回線交換方式とパケット交換方式の2種類に大別される．

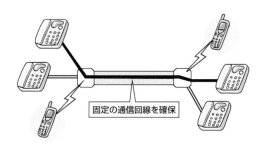

図2.70　回線交換方式の概念

回線交換方式は，図2.70のように，通信の開始時に通信相手まで固定の通信回線が確保され，その通信回線を通信の終了まで連続かつ独占し

て使用することを可能にする方式である．

　もう1つの通信方式であるパケット交換方式では，図2.71のように比較的高速な通信回線を多くの通信機器で共有する．送信側の機器では，送信すべき情報をパケットとよばれるブロックに区切り，パケットごとに宛先やサービスの種類などを含む，ヘッダとよばれる情報を付加して通信回線上へと送りだす．そして通信回線上では，ヘッダ情報をもとに中継しながら配送し，受信側で通信回線上を伝送されるパケットのうち，自分宛のパケットを取り出すことで，情報の伝送を可能とする．パケット交換方式では回線交換方式と異なり，通信の開始から終了まで専用の回線が確保されるわけではなく，必要時にのみ実際の通信が行われる．

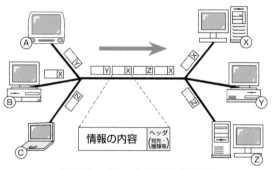

図2.71　パケット交換方式の概念

　回線交換方式とパケット交換方式は，それぞれ異なった特徴をもっている．回線交換方式では，通信の開始時に通信回線が確保されるため，電話のような音声通信などのように，時間的な遅れ（遅延）が問題になる通信に向いているとされている．しかし，確保される通信速度が固定的であることや，通信回線の確保や開放の手続きが必要になるなどの理由から，データ通信などのような，要求される通信速度が時間的に変化する通信には向いていない．一方，パケット交換方式は，どちらかといえばデータ通信向きの方式である．情報の伝送はパケット単位で行われるため，大量のデータを伝送したいときには，多数のパケットを送出し，データ通信をあまり必要としないときには，パケットを送出しなければよい．しかし，通信回線をほかの機器と共用しているため，通信が相互

に影響し,遅延にきびしい通信に適しているとはいえない.

以上のような特徴をもつため,回線交換方式を採用した情報通信システムでは,確保する回線の距離や利用する時間にもとづいて課金される場合が多く,パケット交換方式を採用したシステムでは,伝送した情報量やパケット数に応じて課金されることが多い.

◆練習問題2-19◆
ISOのOSI参照モデルに含まれる各階層を調べてみよう.

2.5.3 インターネットの構造
インターネットは,情報通信ネットワークの一種であり,世界最大のコンピュータネットワークといわれている.それでは,インターネットでは,どのように情報の通信が行われているのだろうか.それを理解するために,インターネットのしくみを,実際の動作例とともに紹介する.

(1) インターネットの階層構造

例題 2.35　インターネットについて,その階層構造と各階層の機能について調べてみよう.

解 答

インターネットも,いろいろな通信プロトコルを含む階層構造をもっている.インターネットの階層構造を図2.72に示す.

最下層で物理的な信号伝送を担当するのが,ネットワークインタフェース層である.物理的な伝送媒体と伝送媒体への接続インタフェース,そしてそれらを使ってディジタルデータを伝送するためのしくみなどを提供する.ネットワークインタフェース層で用いられる通信プロトコルとしては,PPP(Point-to-Point Protocol)やEthernetが有名である.PPPは電話回線や専用線のように,2点間の機器類を接続するために用いられ,Ethernetは,主に企業や学校などの比較的近距離のLANで用いられることが多い.また,ADSLや家庭用の光ファイバの回線では,EthernetとPPPを組み合わせたPPPoEが用いられることもある.

図2.72　インターネットの階層構造

インターネット層は，世界中に広がるインターネット上で，通信機器（インターネットではホストとよばれる）を指定するためのしくみと，複数のネットワークにまたがる通信を可能にするためのしくみを提供する．この層の代表的な通信プロトコルはIP(Internet Protocol) である．IPではIPアドレスという数値を用いてホストを指定する．IPアドレスには，ホストがどこのネットワークに所属しているかの情報も含まれており，IPによって，インターネット上の任意のホストとの通信が実現される．このIPアドレスはIPのバージョンによってビット数が異なっており，これまで使われてきたIPv4(IPバージョン４)で32ビットであったものが，最新のIPv6(IPバージョン6)では128ビットに拡張されている．また，IPアドレスには，ホストがどこのネットワークに所属しているのかの情報も含まれており，IPによって，インターネット上の任意のホストとの通信が実現される．

ネットワークインタフェース層とインターネット層で提供されるインターネット上のホスト間の通信は，実は信頼性が保証されない．そのため，トランスポート層で，この信頼性に関する通信プロトコルが用意されている．トランスポート層の代表的な通信プロトコルとしては，TCP(Transmission Control Protocol) とUDP(User Datagram Protocol) の２つがある．TCPは，仮想的な通信路を設定し誤り制御などをおこなうことで，ホスト間に信頼性の高い通信を提供する．一方UDPは，接続確認をおこなわないので信頼性は低いものの，処理が簡単で遅延の少ない高速な通信を提供する．これらは，アプリケーション層の通信プロトコルによって，適当なものが選択される．

インターネットの最上位層となるアプリケーション層は，ホスト上で動作するアプリケーションプログラムどうしが通信するための機能を提供する．アプリケーション層には，サービスごとに非常にたくさんの通信プロトコルが用意され，有名なものとしてはDNS，HTTP，SMTPやPOPがあげられる．これらはいずれもさきに述べたクライアント・サーバ形式を採用したサービス用の通信プロトコルである．

つづいて，アプリケーション層の代表的なプロトコルの動作例として，DNSサービス，Webページを閲覧するHTTP，SNSの動作について取り上げる．

◆練習問題2-20◆

インターネットの安定的な運用には，ホスト名やIPアドレスの管理が欠かせない．これをおこなっている運営団体や機関について調べてみ

よう．

(2) DNS

 インターネット上のDNSサービスについて，その役割について調べてみよう．

解　答

　DNS(Domain Name System)は，インターネットの重要なサービス用の通信プロトコルである．前述のようにインターネット層では，IPアドレスを用いることで，ホスト間の通信を可能にしている．しかし，IPアドレスは単なる数値であり，IPv4の場合でさえ32ビット（8ビットごとに区切り10進数で表記した場合202．232.146.151のような表記）の数値を扱わなければならず，人間にとって誤りなく扱うことは容易ではない．さらにIPv6の128ビットでは，もはや人間が直接扱うことは現実的ではない．また，さまざまな都合によりIPアドレスが変更されることもある．そこで，一般の利用においては，論理的な名前であるホスト名を用いてホストを指定する．その際に，ホスト名とIPアドレスの対応づけを行うのがDNSである．たとえば，www.kantei.go.jpのような論理的なホスト名をもつホストは，インターネット層では202．232.146.151のようなIPアドレスでアクセスされなければならない．そこでアクセスもとのホストは，図2.73のように，

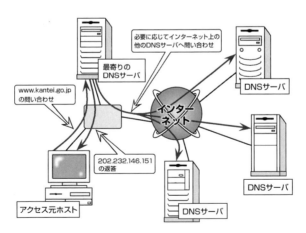

図2.73　DNSのしくみ

最寄りのDNSサーバに問い合わせることで,ホスト名をIPアドレスに変換する.

(3) HTTP

 インターネット上で,Webサービスがどのように実現されているか調べてみよう.

解　答

　WWWでは,ブラウザとよばれるWebクライアントが,インターネット上のWebサーバへアクセスし,サーバからページ形式の情報を得る.また,WWW上のサービスにおいては,インターネット上の情報などを指定する場合に,http://www.kantei.go.jp/index.htmlのような形式で指定するのが一般的である.これはURL(Uniform Resource Locator)とよばれ,図2.74のような形式で,この場合はアプリケーション層のプロトコルに**HTTP(Hypertext Transfer Protocol)**を使い,www.kantei.go.jpというホストにあるindex.htmlというファイルにアクセスするという意味となる.

図2.74　URLの例

　図2.74のURLを用いたWebサービスの利用について,図2.75に例を

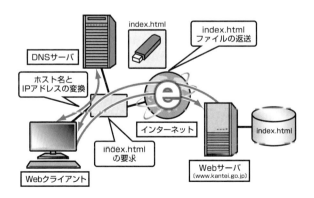

図2.75　Webサービスのアクセス例

示す．クライアントは，まず前述のDNSにより，ホスト名からIPアドレスを得る．クライアントは得られたIPアドレスのホストに対して，インターネットを通じてHTTPの通信プロトコルによりWebサーバに接続し，index.htmlというファイルを要求する．その要求を受け取ったWebサーバは，自分の記憶装置のなかからindex.htmlを読み出し，クライアントへ返送する．クライアントは返送されたindex.htmlをディスプレイ上に表示する．

(4) SNS

例題2.38 インターネット上で広く利用されているTwitterやFacebookなどのソーシャルネットワークサービス（SNS：Social Networking Service）（1.1.4参照）が，どのように作られているか調べてみよう．

［解 答］

SNSでは，ユーザのつながりを重視し，タイムライン機能やメッセージ交換機能，コミュニティ機能などが提供されている．SNSの多くは，Webアプリケーションとよばれる技術を利用して実現されている．Webアプリケーションでは，図2.76のようにWebブラウザや専用アプリケーションから，前述のHTTP（または暗号化に対応したHTTPS）の通信プロトコルにより，Webアプリケーションサーバにアクセスする．Webアプリケーションサーバには，一般にユーザからの要求を処理するアプリケーションソフトウェア

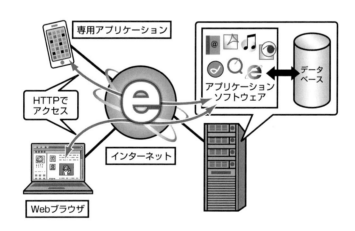

図2.76 SNSなどのWebアプリケーションの仕組み

とデータを効率よく管理するデータベースが実装されており，SNSなどのサービスを提供している．

◆**練習問題2-21**◆

インターネット上のコミュニケーション手段として古くから利用されている電子メール（1.1.3参照）では，SMTP(Simple Mail Transfer Protocol)，POP(Post Office Protocol)，IMAP4(Internet Message Access Protocol Version 4)というプロトコルが使われている．これらを調べてみよう．

2.5.4 ネットワークの構成

インターネットのような大規模な情報通信ネットワークは，多様な接続方法や技術により情報機器を接続することで実現されている．ここでは，ネットワークを構成する機器や接続形態についてみてみよう．

(1) 伝送媒体

情報通信ネットワークで情報を伝える伝送媒体に，どのようなものがあるか調べてみよう．

解　答

ネットワークでデータを送受信するためには，「伝えるもの」が必要で，これを伝送媒体とよぶ．代表的な伝送媒体として，有線の銅線や光ファイバ，無線の電波がある．

①銅線（メタルケーブル）

銅線は，銅を樹脂などの絶縁体で覆ったケーブルで，金属を使っているためメタルケーブルともよばれる．メタルケーブルは，1組2本のケーブルを基本にして，電気信号でデータを伝える．近距離の有線LAN(Local Area Network)

(a) UTPケーブル　　(b) RJ45コネクタ
図2.77　UTPケーブルとRJ45コネクタ

で使われるのは，UTP(Unshielded Twisted Pair)ケーブルが主流である．図2.77(a)のように，1組2本の撚り対線を4組束ねて（合計8本），図

2.5　情報通信ネットワーク　177

2.77(b)のようなRJ45とよばれるコネクタを取り付けて接続する．Etnernetでは，UTPケーブルで10Mbps～40Gbps程度のデータ伝送が可能である．

②光ファイバ

メタルケーブルは，安価で扱いやすく手軽にデータ伝送を行うことができるものの，周囲の電気的・磁気的な影響を受けることや，ケーブル自身のもつ電気抵抗などの影響による減衰などにより，電気信号を長距離に正確に伝えることが困難である．これに対して光

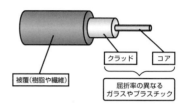

図2.78　光ファイバの構造

ファイバでは，電気的・磁気的な影響を受けず，信号の減衰も少ない光信号でデータ伝送するため，長距離で高速かつ大容量のネットワークを実現できる．

光ファイバは，その名の通り繊維（ファイバ）のように細いガラスやプラスティックで作られている．そのままでは切れたり折れたりしやすいため，樹脂や繊維などで覆い図2.78のようにケーブル状に形成されている．光ファイバでは，全反射や屈折などの光の特性を利用して，数十kmの長距離でも100Gbpsを超えるデータ伝送が可能である．

③電波

電波は電磁波なので空間を伝送媒体として伝わり，これにデータを乗せれば伝送に利用できる．ケーブルによる接続が不要になるため，電波が届く範囲であれば，移動しながら利用することも可能になる．スマートフォンのような通信事業者が提供するネットワークから，個人が設置することもできるWi-Fiなどの無線LANまで，多様な無線ネットワークがある．ネットワークのデータ通信に利用できる電波は，周波数ごとに国際的な機関や政府などにより決められている．たとえばWi-Fiでは，一般に2.4GHz帯と5GHz帯の電波を使っている．電波の届く範囲を厳密に制御することは困難で，だれでも受信可能なため，正規の受信者が安全に利用できるよう，変調や認証・暗号化などの技術との併用が必要となる．

(2) 信号の取り扱い：符号化，誤り検出／訂正

ネットワークでデータを伝送したり交換したりする場合，目的に応じてデータ変換をおこなうことがあり，符号化またはエンコードとよばれ

る．とくにディジタルデータをネットワークで伝送する場合には，1と0で構成された2進数の形式に符号化されなければならない．たとえば，文字は2.2.2で述べた文字コードで表現されるので，伝送するさいには文字コードに対応する2進数で符号化される．

符号化されたデータを伝送媒体を通じて伝送する場合には，伝送誤りも考慮する必要がある．伝送誤りは，伝送媒体やネットワーク機器の不具合，端末装置の周辺環境や接続状況などで発生する可能性がある．伝送誤りが発生して，たとえば1ビットのデータが受信側で間違って認識された場合，図2.79のように送信側とは異なるデータとして認識される可能性がある．

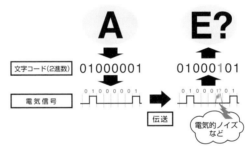

図2.79 伝送誤りの例

伝送誤りに対応するには，まず受信側で伝送誤りが発生しているかどうか判断できる必要がある．伝送誤りの発生の有無を判断する仕組みは，誤り検出とよばれる．一般に誤り検出には，送信側で誤り検出用の符号を付加して伝送し，受信側で送信側から送られた誤り検出用符号と比較することで，伝送誤りの発生の有無を判断する．伝送誤りが検出された場合は，再送や誤り訂正などにより正しいデータ伝送を実現する

◆練習問題2-22◆

誤り検出の代表的なものに，巡回冗長検査（CRC: Cyclic Redundancy Check）がある．CRCで誤りをどのように検出するか調べてみよう．

2.5 情報通信ネットワーク 179

> **コラム** 移動通信システムの進化と5G
>
> スマートフォンのような携帯情報端末を接続する移動通信システムは，1979年に登場した自動車電話（アナログ方式）の第一世代から，ほぼ10年ごとに大きな進化をとげてきた．2020年頃に実用化される第五世代(5G)は，これまで行われてきた高速大容量化（10Gbit/s以上）だけでなく，超多数端末接続（100万台／km²）や超高信頼・低遅延通信（1ms以下の遅延）の実現を目指している．5Gにより，多くの人が集まる場所でも高画質画像を同時に受信できたり，自動車を無線通信でリアルタイム制御できたり，高画質画像を見ながら遅延なく遠隔手術を行ったりと，IoTに必要な移動通信システムといえる．

(3) ネットワーク機器

例題2.39の伝送媒体を用いてネットワークを構成するネットワーク機器としては，代表的なものにメディアコンバータやルータ，スイッチ，ハブ，無線LANアクセスポイントがある．メディアコンバータは，光ファイバと銅線の通信を変換する機能を持つものが多い．また，ルータは，異なるネットワークを相互に接続するために用いられる．スイッチやハブは，複数の情報機器を相互に接続する装置である．無線LANアクセスポイントは，電波によって情報機器をネットワークに接続する．これらの装置は一体化して，ブロードバンドルータやスイッチングハブなどのように1つの機器に実装されることも多い．

図2.80 伝送媒体とネットワーク機器の接続例

伝送媒体とネットワーク機器を用いたネットワークの接続の例を図2.80に示す．

(4) ネットワークトポロジー

例題2.40 ネットワークを構成するときのネットワーク機器や情報機器の接続形態を整理しよう．

解 答

ネットワークの接続形態は**ネットワークトポロジー**ともよばれ，いくつかの形態が考えられている．代表的なネットワークトポロジーには，図2.81のようなバス型やリング型，スター型，メッシュ型などがある．また，これらを複合的に組み合わせてネットワークを構成することも多い．

さらにネットワークトポロジーは，ネットワーク機器や情報機器を接続したときの外見的な構造を表す物理トポロジーと，データの論理的な流れを表す論理トポロジーにも分類することができる．たとえば，初期のEthernetはバス型の物理トポロジーである．一方，最近のスイッチやハブを用いたEthernetは，物理的にはスター型のトポロジーとなっていても，論理的にはバス型である．また，P2P（p.184コラム参照）を採用するようなサービスでは，物理トポロジーにとらわれることなく，部分的なメッシュ型の論理トポロジーを構成することが多い．

図2.81 代表的なネットワークトポロジー

2.5.5 クラウドサービスと仮想化技術

インターネットにおけるサービスの提供には，サーバとなるコンピュータが必要である．従来はサーバの構築には物理的なコンピュータを用意し，OSや必要となるソフトウェアをインストールして適切な設定を行う必要があった．しかし近年では，ハードウェアからアプリケーション利用まで，インターネット上のサービスとして提供されるようになっている．これらは，クラウドサービスなどとよばれている．ここでは，クラウドサービスの概要と，基盤技術のひとつである仮想化技術を紹介しよう．

(1) クラウドサービスとは

クラウド (cloud) は雲を表す言葉である．クラウドサービスは，インターネットを雲に見立てて，サービスの提供場所を意識させることなく利用者に各種機能を提供するものである．利用者は，クラウドにあるソフトウェアやデータ，さらにハードウェア資源をインターネット経由で使うことになる．

 クラウドサービスの例を調べてみよう．

解 答

代表的なクラウドサービスにWebメールがあり，GmailやYahoo!メールなどが有名である．もともとのメールサービスは，組織やプロバイダごとにメールサーバを用意し，パソコンなどのクライアントにインストールされたメール用ソフトウェアから利用する．これに対してクラウドサービスとしてのWebメールでは，自身でメールサーバを用意する必要はなく，Webブラウザさえあれば「どこかわからないところ（＝クラウド）」に用意されたメールサーバとメールのソフトウェアでメールサービスを利用できる．

(2) 物理的なコンピュータとクラウド

クラウドサービスとはいえ，物理的なコンピュータは「どこか」に必要である．クラウドサービスを提供する事業者などは，物理的なコンピュータの機能や資源をインターネット経由で利用者に提供する．その提供方法は，図2.82のように大きく3つに分類できる．

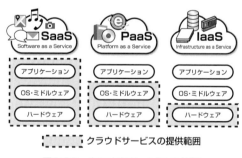

図2.82 クラウドサービスの分類

SaaS(Software as a Service)は，コンピュータのハードウェアからソフトウェアまでの全体を，一体化して提供する形態である．提供されているソフトウェア機能をそのまま利用する．WebメールはSaaSの代表例である．
　PaaS(Platform as a Service)は，アプリケーションソフトウェアを動作させるためのコンピュータのハードウェア資源やOSなど，プラットフォームを提供する形態である．利用者は，プラットフォーム上で動作させるアプリケーションソフトウェアを用意し，自由度の高いサービスを利用することが可能になる．
　IaaS(Infrastructure as a Service)は，コンピュータのハードウェア機能を仮想マシンとして提供する形態である．CPUやメモリ，HDDやSSD，ネットワークなどのコンピュータを動かすためのスペックを選定すれば，その上で動作するOSからアプリケーションソフトウェアまで，利用者が自由に選ぶことができる．

(3) クラウドサービスを実現する仮想化技術

　クラウドサービスを提供する事業者などは，地理的に離れた複数の巨大なデータセンターを運用していることが多く，クラウドサービスを実現するために常時たくさんのコンピュータが稼働している．しかし，クラウドサービスで提供されるさまざまな規模のサービスと，その提供に必要なスペックの物理的な専用コンピュータが用意されているわけではない．そこで必要となるのが，利用者の望むスペックを提供しているように見せる仮想化技術である．
　一般的にコンピュータの仮想化では，CPU・メモリ・ストレージなどのコンピュータ資源を用いて，図2.83のように仮想的なコンピュータを構築する．データセンターにある大量のコンピュータ資源から，物理的なハードウェアにとらわれずに，必要なCPU能力・メモリ容量・ストレージ容量などのスペ

図2.83　仮想化技術の概念

ックを設定することで，クラウド管理システムが求める仮想コンピュータとしてサービスを提供する．

クラウドの利用では，安全な通信路の確保が必要である．このために，図2.84のようにインターネットなどの公開ネットワーク上に，暗号化された専用通信を可能とする仮想専用線（VPN：Virtual Private Network）をもうける．これにより流れるデータを見ても内容がわからず，安全なサービス利用ができる．VPNはネットワークの仮想化技術である．

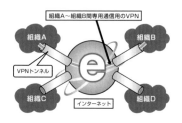

図2.84　インターネット上のVPN

コラム　P2P

サーバやクライアントのように役割を固定するのではなく，コンピュータ同士でメッセージやファイルを直接交換するP2P（Peer to Peer）とよばれるサービス形態も登場している．P2Pでは，図のように各コンピュータはピア（Peer）とよばれ，サーバなどを介することなくピアどうしでデータのやり取りをおこなう．P2Pは特別な機能を持ったコンピュータが不要で，拡張性が高く故障に強いネットワークを安価に構築できる．しかし，どんなコンピュータがつながっているか把握しづらく，匿名性が高いので，不正なデータの流通による問題が起きやすい．

図　P2Pによる情報共有

□**演習問題**□

(1) 身のまわりの情報通信手段で，図2.65のようなしくみを用いる
ものを探してみよう．

(2) 異なる言語を話す人たちのコミュニケーションにおける通訳の役
割と，図2.66における基地局の役割を対応づけて考えてみよう．

(3) 身近なコミュニケーションである，2人の間の会話について，階
層構造に分類し，階層構造ごとに，通信プロトコルに相当するも
のがあるか検討しよう．

(4) 一般的なWebブラウザで，URLのアプリケーション層の通信プ
ロトコル部分に，http以外で使えるものを調べてみよう．

(5) 自分の使っているコンピュータ類のホスト名とIPアドレスを調べ
てみよう．

(6) 身近で利用しているサービスのなかで，クラウドを利用している
ものを調べてみよう．

| コラム | **セキュリティホールがきっかけで損害を受けました．だれの責任？** |

答えは，損害を受けた本人の責任である．

あなたは，ソフトウェアに必ず付属するライセンスについての同
意説明書を読んだことがあるだろうか．このなかに免責事項として，
ユーザがソフトウェアを利用して被った損害に対して，製造元はい
っさい責任を負わない，という内容の文言がある．これが答えの根
拠である．この条項は，物理的な製品にかせられたＰＬ法の内容と
比べて極端に製造元に有利である．

製造元は新しいバージョンのソフトウェアを次々に出していかな
ければシェアを維持できないためか，セキュリティホールやバグが
あるソフトウェアであっても，市場で販売することが商習慣として
成り立っている．

ソフトウェアが社会基盤になりつつある現在，いつまでも，この
ままの状態でよいのだろうか．

2.6 セキュリティを守る技術

情報システムを安全かつ適切に運用し，安心して利用できるようにするには，情報セキュリティを確保して，常に正常な状態に保つ必要がある．ここでは，それらに関するセキュリティ技術について説明する．

2.6.1 情報セキュリティの3要素

 銀行口座に求められるセキュリティとして，どのような要素があるか，考えてみよう．

解 答

①他人が預金を引き出したり，送金したりすることを防ぐ
②預貯金額が変動するようなアクシデントを防ぐ
③預貯金や送金の操作を受けつけなくなるようなアクシデントを防ぐ

情報システムを安全かつ快適に運用し，利用者がいつも安心して使えるようにするには，次の3つの要素を確保して正常な状態に保つ必要がある．

①**機密性（Confidentiality）**：利用者ごとに，どの情報資源にアクセスできるか，どんな操作を許すかを定め，情報漏えいや不正アクセスを防止すること
②**完全性（Integrity）**：情報資源およびそれを処理するプログラムが正確かつ完全であり，誤りや矛盾，改ざんが起こらないようにすること
③**可用性（Availability）**：利用者が確実かつ快適に利用できるようにシステムを安定稼働させ，サービス停止や遅延などの障害を防ぐこと

これらの3要素の頭文字をとって，情報セキュリティのCIAとよぶことも多い．CAIの①から③は，例題2.42のおなじ番号に対応する．これから，機密性を保つための認証や暗号化，完全性を保つための電子署名，可用性を保つためのアクセス制御などの技術を学ぼう．

2.6.2 認証とパスワード

掲示板を考えてみよう．掲示する文章は，名前も含めて全文をワープ

ロで書いていたとする．あるとき，自分の名前をかたった文章が掲示され，その結果自分はいわれのない非難を受けてしまった（図2.85）．

図2.85　詐称された掲示

　このような問題をさけるためには，著者が署名者本人であることを確認する処理が必要になる．この，本人であることを確認することは認証とよばれる．

　インターネットでは，世界中の人たちが文章だけでコミュニケーションをとる場合が非常に多い．そのため，例に示した掲示板の問題と同じことが簡単に起こりうる．さらに，ショッピングやインターネットバンキングなど金銭を扱うサービスもあるため，認証は非常に重要である．

　また，複数のユーザで共用するコンピュータでも認証が必要とされる．もし認証を行わないなら，コンピュータはだれが使用しているのか区別できないので，だれでも他人のつくったファイルを読み書きできてしまうからである．

（1）ログイン

例題2.43　学校で，ふだん鍵がかけられている特別教室などを借りる場合の手順をまとめてみよう．

解答
①鍵を管理している事務所に借用を申し出る
②学生証などの身分証明書を提示する
③鍵使用者の記録帳に名前を記入する

2.6　セキュリティを守る技術　187

④鍵を受け取る
⑤特別教室を利用する

　許可を得て何かを行う場合，大抵，例題2.43のような手順をふむだろう．コンピュータやインターネット上のサービスを利用する場合でも，同じことを行っている．この一連の処理のことを，ログイン（login）もしくはログオン（logon）という．ログインやログオンの由来は，上記手順3のような記録をつけるという意味のlog inやlog onからきている．
　反対に，コンピュータなどの利用を終わらせることをログアウト（logout）もしくはログオフ（logoff）という．

図2.86　認証ダイアログボックス

　コンピュータやインターネットのサービスを開始するときに，図2.86のようなダイアログボックスで，ユーザ名とパスワードの入力を求められる．このダイアログボックスで行う処理は，例題2.43の手順①と②に相当している．なお，パスワードについては後述する．

(2) パスワードによる認証

　例題2.43の手順②では，身分証明書を提示することで認証を行っている．コンピュータやインターネット上のサービスを利用する場合，大多数のシステムでは，本人であるかどうかの確認に合い言葉を用いている．この合い言葉のことをパスワードとよぶ．
　利用者はログイン時にユーザ名とパスワードを入力する．コンピュータなどは，入力されたユーザ名とパスワードを利用者一覧の名簿に照らしあわせ，パスワードが名簿にのっているパスワードと一致したときに

認証が成功したとする.

パスワードは文字列で表現できるのでキーボードから入力できる. 入力には特別な入力装置を必要としないので, 簡単に行うことができる.

パスワードの問題点は, パスワードが他人に知られたり推測されたりしてしまうと, その他人に使われてしまう可能性があることである (注意事項については1.5.1参照).

(3) パスワード以外の認証方法

パスワードのもつ問題点を考えると, 機密性の高い情報を守るには, より安全性が高い認証方法が望ましいことがわかる. パスワードは本人だけが知っている情報に基づく認証 (①) であり, ほかにICカードのように本人だけが所持しているものを利用する認証 (②) や, 本人の身体的特徴 (バイオメトリクス) を利用する認証 (③) がある. 認証に利用されるバイオメトリクスには, 指紋や虹彩などがある.

セキュリティの重要性が高まるにつれ, 本人認証の確実なバイオメトリクスに関する研究と実用化が進んでいる. 指紋については, 図2.87のような小型で安価な指紋読み取り装置が入手できるようになったため, 出退勤管理に利用されるなど普及が進んでいる. しかし, 指紋は偽造されやすいという欠点があり, 偽証されにくい虹彩 (目の瞳孔を取り巻く筒状の部分) や静脈, 顔を使った認証技術が開発されている. カメラの前に立つだけで認証が終わり, 認証されているという心理的な抵抗感なしに利用できるなど, 導入しやすい. 認識率の向上と拒否率の低下に向けて, 活発な検討が進んでいる.

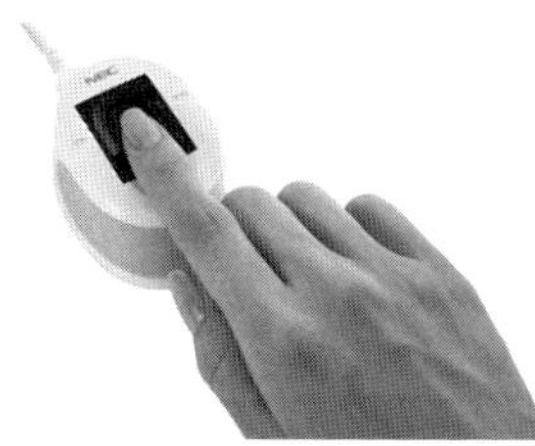

図2.87　指紋読み取りユニット[*5]

安全性をさらに高めるため, ①~③のうちの2つ以上を組み合わせる2要素 (多要素) 認証を導入するサービスもある. また, パスワード破りを試みるマルウェアへの対策として, ユーザ名の入力とパスワードの入力を別の画面に分けるような2段階 (多段階) 認証を導入するサービスもある.

2.6　セキュリティを守る技術　189

2.6.3 暗号化のしくみと応用

インターネットでは，通信内容が第三者に盗聴される可能性が常にある．通信が盗聴されても問題のない内容だけならばよい．しかし，実際には第三者に知られずに送りたい内容もあるので，盗聴に対抗するしくみが必要である．ここでは，このしくみについて述べる．

第三者に盗聴されて困る情報には，たとえばオンラインショッピングのさいに店に送るクレジットカード番号や，ネットワークごしの認証のさいに送るパスワードなどがある．このほかにも個人的プライバシーにかかわる内容や業務上の秘密など，内容を秘密にしなければならない通信は数多くある．

(1) 暗号

盗聴に対抗するには，盗聴行為そのものを無意味にしてしまえばよい．つまり，第三者には通信内容が理解できなくて，受信者だけに内容を読み取れるようなしくみをつくるのである．このしくみが暗号である（図2.88）．

暗号により通信文を変換することを暗号化といい，逆変換してもとの通信文に戻すことを復号（復号化）という．暗号化された通信文を暗号文とよび，これに対してもとの通信文のことを平文とよぶ．

図2.88　暗号による安全な通信

(2) 共通鍵（秘密鍵）暗号

例として簡単な暗号化方式を一つ示そう．この暗号化方式はシーザー暗号とよばれている．

> 次の手段（シーザー暗号）を用いて，平文 Can you keep a secret? を暗号化しよう．ただし，n＝3とし，暗号文は大文字で書くこと．また，空白文字はそのまま残し，疑問符は取り除くこと．
>
> 1. 鍵の準備：送信者と受信者の間である数nを定めておく．
> 2. 暗号化：平文の各アルファベットをn個先のアルファベットでおきかえる．
> 3. 復号：暗号文の各アルファベットをn個手前のアルファベットでおきかえる．

解 答

暗号文は，FDQ BRX NHHS D VHFUHW となる．

例題2.44でnが異なると，同じシーザー暗号を使っても，異なる暗号文を得ることができる．このように，暗号文を変化させるパラメータのことを鍵とよぶ．鍵を知らずに暗号文を復号することを，解読あるいは解くという．

シーザー暗号では，暗号化と復号に用いる鍵は同じだった．この鍵は第三者に知られてしまうと通信内容を知られてしまうので，送信者と受信者の間だけで秘密にしておかなければならない．このような鍵のことを共通鍵あるいは秘密鍵とよぶ．そしてこのような暗号のことを，共通鍵暗号あるいは秘密鍵暗号とよぶ．現在，共通鍵暗号としてAES暗号が，ICカードや無線LAN（Wi-Fi）などで利用されている（p.192コラム参照）．

なお，ここで示したシーザー暗号は簡単に解くことができるので，実用で使うべきではないし，使われてもいない．

コラム　標準化暗号

　アメリカでは1977年に，データや通信の安全性を保つための暗号化手法として，標準規格DES（Data Encryption Standard）が定められた．DESは，データを64ビット単位のブロックに区切り，56ビットの共通鍵で暗号化する方式で，高速処理が可能という特長がある．その後，コンピュータの性能向上に伴い，DESの安全性（暗号強度）が相対的に低下したため，1997年に後継となるAES（Advanced Encryption Standard）が標準化された．AESでは，データを128ビット単位のブロックに区切って暗号化するが，共通鍵の長さは128，192，256ビットから選択できる．AESにおいても計算量に配慮したアルゴリズムが採用されており，最近のCPUでは専用の命令セットを備えるものもある．公開鍵暗号に比べて処理が高速であることから，SSL/TLS通信では最初にAESの共通鍵に関する情報を公開鍵暗号を用いて受け渡し，以後はAES暗号を用いて通信を行うハイブリッド暗号化が用いられている．なお，暗号技術は国の安全保障に関わるとして，日本を含む多くの国で輸出規制されている．

（3）公開鍵暗号

 盗聴される可能性のある回線しか使えない状況で，送信者Aは秘密鍵暗号を用いて通信文を秘密にしたまま受信者Bへ送ることができるか考えてみよう．ただし，Bは秘密鍵をもっておらず，ほかの暗号化法も利用できないとする．

解答

　通信文を秘密にしたまま送ることはできない．Bへ秘密鍵を送らなければならないのに，この鍵を秘密にしたままBへ送る方法がないからである．盗聴者は鍵を盗聴することで，以後の暗号文を復号することができる．

　例題2.45の問題を解決するのが**公開鍵暗号**である．公開鍵暗号では，暗号化鍵および復号鍵が異なる．暗号化鍵および復号鍵はそれぞれ**公開鍵**および**秘密鍵**とよぶ．

図2.89により公開鍵暗号の働き方を説明しよう．

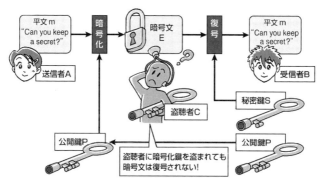

図2.89　公開鍵暗号による安全な通信

まず，受信者B側で公開鍵暗号の秘密鍵Sと公開鍵Pをつくり，Pを送信者Aへ送る．Aは，Pを使って平文mを暗号化した暗号文Eをつくり，Bへ送る．BはSを使ってEを復号し，平文mを得る．この通信で，盗聴者Cは盗聴により公開鍵Pと暗号文Eを得ることができる．しかし，Cは復号鍵Sをもたないので，Eを復号することができない．

上で説明した公開鍵暗号方式のしくみは，WWWではSSL/TLSで利用されている（コラム「p.192標準化暗号」参照）．クレジット番号・住所などの個人情報を送るとき，SSL/TLSでは暗号化されるので安全性が高まる．しかし，通信路の途中に悪意ある中継局が含まれる場合には，受信者Bになりすまして偽の公開鍵を送信者Aに渡すなどして暗号化した情報を読み取ったり，内容を改ざんした暗号文をAに渡したりする危険性がある．これを中間者（マン・イン・ザ・ミドル）攻撃とよぶ．その対策として，信頼のおける第三者認証機関（認証局）が公開鍵を保管し，要求のあった利用者に提供するしくみができあがっている．このしくみを，公開鍵認証基盤（PKI・Public Key Infrastructure）とよぶ．SSL/TLSに対応したWebブラウザには，認証機関の発行した公開鍵（電子証明書）が組み込まれているので，これを使うことで正規のサーバとだけデータを受け渡すことができるようになり，データの正当性が保証される．

2.6　セキュリティを守る技術　193

|コラム| **暗号の安全性と量子コンピュータ**

　公開鍵暗号は，1976年にデフィとヘルマンにより概念が公表され，1977年にリベスト（Rivest），シャミア（Shamir），エーデルマン（Adleman）により実現方法が発明された．暗号化のアルゴリズムと，鍵の一部を公開しても，十分な安全性が保証されるという考えは，専門家にも大きな驚きをもって迎えられ，発明者3人の頭文字を並べてRSA暗号と名づけられた．

　RSA暗号は，二つの大きな素数の積を計算することにくらべて，それを因数分解して元の素数を割りだすことが，著しく難しい性質を利用している．このように，一方への計算は簡単でも，逆の計算は難しい性質をもつ関数を落とし戸関数（一方向関数，ハッシュ関数）といい，公開鍵暗号方式の安全性は，落とし戸関数の逆算がどれだけ難しいかによって決定される．

　もし誰かが，効率よく素因数分解を行うアルゴリズムを考案するか，素因数分解を高速に行うコンピュータを開発すると，RSA暗号を破ることが容易になるため，情報通信ネットワークに依存する我々の経済活動や知的活動が大きな危険にさらされることになる．実際に，原子や電子などの，ごく微小な世界の物理法則をあらわす量子力学を応用した量子コンピュータが実現されると，きわめて短時間で素因数分解を実行できることが，1994年にショアによって示された．2001年には実験的な量子コンピュータで，整数15の素因数分解に成功したことが発表された．

　現在，実用的な量子コンピュータの研究開発が進められる一方で，量子コンピュータでも逆算が難しい落とし戸関数や，量子力学を応用した量子暗号など，より安全な暗号化に関する研究開発も進められている．

（4）電子署名

　公開鍵暗号の技術を応用して，送られてきたメッセージが本当に本人から送られてきたのか，途中で改ざんされていないかを確認するための

技術が電子署名である．

　送信者A側で平文から作成したダイジェスト（メッセージの要約）を送信者の秘密鍵で暗号化する．この暗号文を電子署名とよぶ．次に平文に電子署名を添付して送信する．受信者Bは届いた平文から，Aと同じ方法でダイジェストを作成する．次に受信した電子署名をAの公開鍵で復号して，得られたダイジェストと照合する．これにより，送信者が本人であるかどうかを確認することができる．また，電子署名は送信した平文から作られているので，途中で改ざんされていないかどうかも確認できる．

　ダイジェストの作成には，ハッシュ関数が利用される．ハッシュ関数は，任意の長さの入力データ（元のメッセージ）を，固定長のデータであるダイジェストに変換する．このとき，ダイジェストから元のメッセージを逆算することはできない不可逆性（一方向性）があり，さらに元のメッセージがわずかでも変化するとダイジェストも変化する．この性質のため，改ざんを検出したりデータの真正性を保証するのに使われている．

(5) 電子すかし

　画像や音声をインターネットで公開するさい，その画像などについて著作権を主張できるようにしたい場合がある．しかし，電子化されている画像などはコピーが容易なため，無許可コピーされることをふせげない．

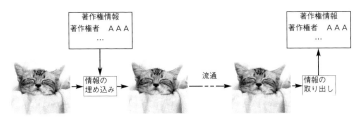

図2.90　電子すかしの働き

　この問題を解決するのが電子すかしである．電子すかしを用いて画像や音声に著作権情報を埋め込むことで，コピーされたものについても著

作権を主張できるようにする（図2.90）．

　画像などに情報を埋め込む方法は多数あるが，どの方法でも共通しているのは，画像などの微小な変化が人間にとって知覚されにくいことを利用している．

2.6.4　アクセス制御とファイアウォール

　次に不正侵入を防ぐ方法を考える．この代表的なものがファイアウォールである．

　ファイアウォールはよく玄関にたとえられる．このとき，インターネットは公道，ローカルネットは家のなかとなる．このたとえの主旨は，何が通るかわからない公道を自宅中に通すような愚かなことをしてはいけないということである．

　インターネットには，通常のアクセス以外に**不正アクセス**をおこなおうとするアクセスも存在する．このため，上のたとえでインターネット＝公道としているわけである．実際，今日ではインターネットに接続をおこなうと，その日のうちに不正アクセスの試みを受ける恐れもある．

　そこで，屋内と公道の境界にある玄関のように，インターネットとローカルネットの境界に通信を制御する装置をおき，安全な通信だけを通過させ，それ以外の通信を禁止してローカルネット内のサーバやパソコンを一括して防衛する．このようにインターネットとの通信を制御することをアクセス制御とよぶ．そして防衛を行う装置をファイアウォールとよぶ．ここではこのファイアウォールの働きについて述べる．

（1）アクセス制御とファイアウォールの動作例

例題 2.46　守衛所における警備員の役割を述べよう．

解　答

　①不審者の侵入を防止する
　②許可された人だけ敷地内に入ることを許可する
　③敷地内の許可された場所へ入ることを許可する
　④不審者の侵入を抑止する　　　　　　　　　　　　など

例題2.46の答えは，不審者を不正アクセスに，敷地をローカルネットに，入ることをアクセスにおきかえれば，まさにファイアウォールの役割である（図2.91）．ところが，実際のファイアウォールでは，①の不審者の侵入防止を行うことが困難である．経験を積んだ警備員なら可能であっても，コンピュータは不審という抽象概念を理解できないからである．そのため，実際のファイアウォールは②③についてだけアクセス制御を行っている．

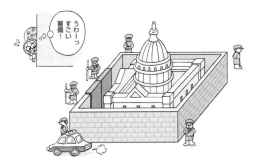

図2.91　危険なアクセスを阻止するファイアウォール

さきに，ファイアウォールを玄関にたとえたが，より正確には守衛所の警備員にたとえた方がよいだろう．玄関が判断するとは考えにくいからである．

具体的な例でファイアウォールのアクセス制御を説明しよう．図2.92は，小規模なローカルネットにおけるファイアウォールの例である．

まず，図2.92のローカルネットには，サーバが2台（メールサーバとWebサーバ）ある．メールサーバはインターネットを介したメールの

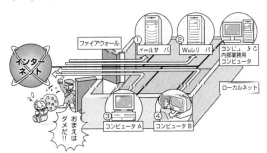

図2.92　小規模なローカルネットにおけるファイアウォールの例

2.6　セキュリティを守る技術　197

やり取りを，Ｗｅｂサーバはインターネットのユーザへ情報提供をおこなっている．これらのサーバは外部からの通信を受けつけられなければ役に立たない．そこで図2.92の①と②のように，ファイアウォールは，これらのサーバ宛の通信を通す．

　また，インターネット閲覧用のコンピュータＡとＢからインターネットへ向けての通信は許可する（条件③，④）．最後に，条件①〜④以外の通信は不許可とする（条件⑤）．

　さて，インターネットからコンピュータＣへの攻撃があった場合，ファイアウォールはどのようにアクセス制限をおこなうかみてみよう．まず，インターネットの攻撃者は，攻撃のための通信をＣへ送り出す．この通信はローカルネットに入るためにファイアウォールを通過しようとする．そのとき，ファイアウォールは問題の通信の宛先をみて，その宛先が通過条件に合致しているか調べる．調査の結果，問題の通信は通過の条件①〜④に合致せず，通信不許可の条件⑤に合致していることが判明する．そこで，ファイアウォールは問題の通信を遮断する．こうしてコンピュータＣは，インターネットからの攻撃から守られるのである．

（2）パケットフィルタリング型ファイアウォール

　ファイアウォールを実装する方法はいくつかある．ここではそのなかで最も基本的であるパケットフィルタリング型ファイアウォールについて説明しよう．この型のファイアウォールは，現在のＯＳに基本的な機能として組み込まれている．

　さきのファイアウォールの説明では，ファイアウォールが通信の宛先をみてアクセス制御を行うことを示した．この通信と宛先をどのように扱うかは，ファイアウォールの種類によって異なる．パケットフィルタ型ファイアウォールはＩＰのレベルでアクセス制御を行っている（ＩＰについては2.5.3参照）．

　ＩＰによる通信では，通信内容はパケットに分割されて送られている．このパケットには，図2.93のように送り主と宛先のＩＰアドレスが書き込まれている．パケットフィルタリング型ファイアウォールは，このＩＰアドレスで示された宛先や送り主などをみてアクセス制御をおこなう．

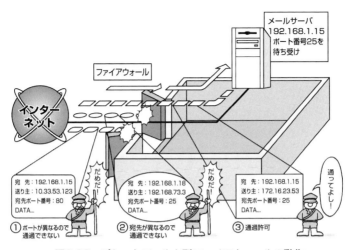

図2.93 パケットフィルタ型ファイアウォールの動作

　図2.93にあるポート番号とは，通信パケットを受けつける窓口番号のようなものである．サーバはサービスごとの固有のポート番号でサービスを待ち受けている．たとえばメール転送のサービスは25番，WWWサービスは80番で通信を受けつけている．

　図2.93のファイアウォールでは，メールサーバ宛の通信がメール転送だけに限られている．そのため，③のパケットだけがファイアウォールを通過している．

(3) アプリケーションゲートウェイ型ファイアウォール

　パケットフィルタリング型がネットワーク層でのファイアウォールの実装方法であるのに対して，アプリケーションゲートウェイ型は，アプリケーション層での実装方法である．それぞれのアプリケーションのプロトコルレベルで外部との通信を制御する（アプリケーションプロトコルについては2.5.3参照）．そのため，Webやメールなど利用ごとに，よりきめ細かなセキュリティチェックやアクセス制御が可能となる．

(4) パーソナルファイアウォール

　ファイアウォールは，インターネットとローカルネットの境界にお

2.6　セキュリティを守る技術　199

かれ，ローカルネット内のパソコンを不正アクセスから守るものであった．しかし，このファイアウォールでは，ローカルネット内での不正アクセスに対応することができない．最近は，ワーム（2.6.5(1)参照）に感染したノートパソコンがローカルネットにもち込まれ，これがほかのパソコンを攻撃することが起こっている．この攻撃に対抗するために，パーソナルファイアウォールが用いられるようになった．

　パーソナルファイアウォールは，パソコンのOS上で働くファイアウォールで，パソコン自身を防衛することを目的としている．従来のファイアウォールとの大きな違いは，アクセス制御のルールを，ユーザに問い合わせながら半自動的に作成できるようになっていることである．あるサービスプログラムがネットワークにアクセスするとき，そのことをユーザに知らせて許可を求める．許可された場合は，そのサービスがネットワークに接続できるルールを作成し記録する．これはパソコンユーザがネットワークのしくみに精通していなくても，ファイアウォールの設定を行えるようにするくふうである．

2.6.5　セキュリティホールとセキュリティソフト

　自転車の施錠装置が壊れていたり，簡単に分解できる構造であったら，盗難の危険性があることは明らかである．また，どんなに堅牢な構造であっても，鍵をかけ忘れてしまったら，やはり盗難の危険性が高まる．盗難のように所有者が発生を望まない事態を脅威とよび，それが実際に発生してしまうことをインシデントとよぶ．脅威を高める要因のことを脆弱性とよぶ．セキュリティを考える場合には，脆弱性を洗い出し，それを狙った攻撃を防ぐ対策を的確に行うことが重要である．コンピュータや情報システムにおいて，ソフトウェアのバグなどの技術的な要因に関する脆弱性のことをセキュリティホールとよぶ．

（1）セキュリティホールへの攻撃

　攻撃者は，コンピュータ内に保存された個人情報を盗み取ることや，CPUの計算能力やネットワーク接続機能を不正利用することなど，さまざまな目的を持っている．そしてまず有効なIPアドレスの検出，ア

クセス可能なポートの探索（ポートスキャン）などの調査を行い，攻撃対象を絞り込む．次にセキュリティホールを狙った攻撃を行う．これから，代表的な攻撃をいくつか説明する．

　比較的単純だが危険性の高い攻撃として，ユーザの認証情報をうばい，不正アクセスを行うパスワードクラックがある．辞書に登録された単語を使ったり，可能性のある文字の組み合わせを総当たり方式で生成して，パスワードを推測してログインを試みる．SNSなどで同じIDとパスワードを使いまわすユーザが多いことから，流出したユーザ情報のリストを使う攻撃（パスワードリスト攻撃）も多い．一度ログインに成功すると，そのユーザの個人情報ばかりか，他の利用者のIDも読み取られてしまう．さらにOSやアプリケーションにセキュリティホールがあれば，そこから管理者権限（システムを自由にコントロールする権限）がうばわれる危険性もある．

　ユーザとの対話処理を行うような動的なWebサイトに対しては，極端に長い文字列を送り込んで，そのアプリケーションに割り当てられたメモリ領域外へのアクセスを試みるバッファオーバーフローや，データベースを操作する命令を送り込んで不正に情報を引き出すSQLインジェクションなどの攻撃がある．また，Webアプリケーションに不正な処理を行うスクリプトを送り込むことで，他のユーザを偽のWebページに誘導して情報を盗み取るクロスサイトスクリプティングや，ユーザが意図しない操作を行わせるクロスサイトリクエストフォージェリ（CSRF：Cross-Site Request Forgeries）などの攻撃があり，犯罪予告を書き込ませるなどのえん罪を生んだこともある．

　これらの攻撃を行うためのソフトウェアを総称してマルウェアとよぶ．その一つに自動的にシステムへの侵入を試みて，成功すると自身を複製してさらに他のシステムへの侵入を続け，爆発的に自己増殖するワームがある．また，(3)で詳しく説明するコンピュータウィルスがある．

（2）セキュリティホール対策
　インターネットにつながるコンピュータは，必ず不正アクセスをうけ

ると考えるべきで，かならずセキュリティホール対策を施さなければならない．

対策方法として，以下の3つを順に説明しよう．

①OSやアプリケーションソフトの更新

②セキュリティソフトの利用

③利用しているソフトウェアのセキュリティホール情報の収集

OSやアプリケーションソフトの開発メーカ（および団体）は，随時OSなどのセキュリティホールの情報を公開し，対策のための修正プログラムを配布しているので，この修正プログラムを適用する．これが一つ目の対策である．この修正プログラムは，パッチとよばれる．衣料品の虫食い穴を当て布（パッチ）でふさぐことからきている．

2つめのセキュリティソフトは，マルウェアを検出して，その攻撃からコンピュータを守るソフトウェアである．くわしくは(4)で説明する．

セキュリティホールは日々新しいものが報告される．そのため新しいセキュリティ情報を収集する必要がある．これが3つ目の対策である．情報の収集先はさまざまなものがある．影響の大きいセキュリティホールは，コンピュータ関連のニュースを扱うサイトに掲載されるので，ニュースサイトのヘッドラインを日常的に調べておくとよい．

（3）コンピュータウィルス

セキュリティホールを利用してほかのソフトウェアに感染し，自己増殖やOSなどに障害を与えるプログラムがある．自己増殖することと，感染した宿主に悪影響を与える点が，生物学的ウィルスに似ていることから，この種のプログラムをコンピュータウィルス，あるいは単にウィルスとよぶ．

ウィルスによる妨害には，ジョークを表示する軽微なものからOSを破壊する悪質なものまでさまざまである．ウィルスの活動の概要を図2.94に示す．主な感染経路は図中のプログラム，およびワープロソフトの文書ファイル，電子メールの添付ファイルである．

このほか，P2P（p.184コラム参照）によるファイル共有によって感染が広がるウィルスや，マルウェアつきファイルを埋め込んだWebサイトにアクセスして感染することもある．

最近はP2Pプログラムを介したウィルスのほか，①ランサムウェアとよばれるウィルス，②標的型ウィルスの感染，③ウィルス感染を介したコンピュータの遠隔操作が，問題となっている（被害の現状については3.4.4参照）．

図2.94 ウィルスの活動

① ランサムウェア

HDDやSSD内のファイルを暗号化して，誘拐事件の人質のように扱い，金品を要求するランサムウェアとよばれるウィルス感染が広がっている．金銭目的に実利的な攻撃がふえているなかで，対策が必要なウィルスである．

② 標的型ウィルス

特定の企業や組織に所属するユーザだけを狙って，メールなどで送りつけられるウィルスである．そのユーザが普段受け取るメッセージによく似せられているうえ，インターネット全体からみるとわずかな数しか発信されないため，ウィルス対策ソフトのパターン照合では発見されにくく，被害の広がりが懸念されている．

③ 遠隔操作

ウィルス感染で遠隔操作できるようにした多数のコンピュータをネットワーク化し（ボットネットとよぶ），踏み台として悪用する事例がある．遠隔操作でいっせいに迷惑メールを送信したり，特定のネットワークへのアクセスを集中させてサービス不能な状態に陥らせるDoS（Denial of Service）攻撃に使われている．この場合，被害にあうことで他のシステムへの攻撃に加担させられ加害者にさせられるという危険性もある．

2.6 セキュリティを守る技術

(4) セキュリティソフト

マルウェアの存在を検出し，活動前に削除するなどして無力化するソフトウェアを，セキュリティソフトとよぶ．もともとはコンピュータウィルスを防ぐ目的で開発されたことから，ウィルス対策ソフトやアンチウィルスソフト，ワクチンソフトなどとよばれることも多い．マルウェアの検出は，パターンデータとよばれるそれぞれのマルウェアに固有の特徴にもとづいておこなう．

セキュリティソフトは，以下の基本機能を持っている(図2.95)．
①ディスク全体の定期スキャンによるマルウェア検出と削除
②リアルタイムでのファイルからのマルウェア検出と削除
③パターンデータの自動更新

上記の②と③がとくに重要である．メールやWebページ，ネットワークファイルを共有した状態では，開こうとするファイルにマルウェア

図2.95 ウィルス対策の基本機能

が存在するかどうかわからないので，そのファイルにマルウェアが感染しているかどうかの確認は，ファイルを開くときにおこなわなければならないからである．また，マルウェアは日々新しいものが出現するので，ウィルスパターンデータは定期的に更新する必要があり，③が重要になる．

2.6.6 スマートフォンのセキュリティ対策

例題 2.47 スマートフォンとパーソナルコンピュータ（パソコン）を比較してみよう．

解 答

一般的なスマートフォンのハードウェア構成を図2.96に示す．薄型のコンパクトな本体のなかに，プログラム内蔵型コンピュータ機能のすべてが搭

載されていることがわかる．パソコンとの違いとして，複数の指で入力操作を行うためのマルチタッチディスプレイを備え，本体の姿勢に合わせて表示内容を回転させるためのセンサ類を搭載していること，長時間のバッテリ駆動を可能にするため，低消費電力型のCPUおよび記憶装置を搭載していることが特徴である．なお，ディスプレイが大きいものをタブレットとよび，そのなかには通信事業者経由の通信機能を省いた機種もあるが，以下ではまとめてスマートフォンとよぶことにする．

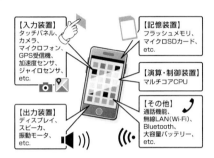

図2.96　スマートフォンのハードウェア構成

　スマートフォンには，iOSまたはAndroidとよばれる操作性を重視したGUI OSが搭載されている．ユーザは目的に応じて，Webブラウザやメーラなどのアプリケーション（アプリ）を起動する．ストアとよばれるアプリ配布サイトから，有償あるいは無償のアプリを追加することもできる．パソコンで開発環境を構築すれば，ユーザが自分で新たにアプリを作成することもできる．このようにスマートフォンは，コンピュータの一種であり，パソコンを管理する場合と同様に，OSやアプリの更新をおこたらず，セキュリティソフトを導入して最新の状態に保つことが求められる．

　スマートフォンのカメラは解像度が高く，小さく写っているように見える物体からでも，拡大すれば十分な情報を読み出すことができる．撮影した画像にはGPSの測位情報も含まれるため，適切な加工を施さずにSNSなどに掲載すると，家や自動車の鍵の複製に使われたり，自宅の住所が特定されたりする危険性がある．

　スマートフォンには，撮りためた画像，音楽や動画の再生履歴，SNSのアカウント情報，家族や友人の氏名・連絡先など，多くの個人情報が蓄積される．スマートフォンの紛失や盗難に備えて，操作画面のロック機能や位置情報の確認機能を有効にしておくとよい．また，アプリのなかには，スマートフォンに蓄積された情報を活用して便利なサービスを提供するものがある一方で，本来の動作には不必要な情報まで取得して外部へ送信するものや，ユ

2.6　セキュリティを守る技術　205

ーザに気づかれないようにスマートフォンを不正操作して盗撮や盗聴を行うことを目的とするものまである．公式ストアに登録されるアプリは，事前に一定のチェックを受けることになっているものの，必ずしも万全とはいえない．アプリをインストールする前に，それがどのような情報にアクセスするか確認するなど，信頼性を自分自身でチェックするべきである．

近年，フリーWi-Fiスポットとよばれる，手軽に無線LAN接続を行うことができる設備が，公共施設や商業施設などに導入されている．しかし，なかには暗号化設定が十分でないものや，情報を盗み出すことを目的として偽装されたものが含まれる．また，通信事業者が提供するフィルタリングを契約していても，無線LAN接続の場合は利用できないことにも注意が必要である．

□演習問題□

（1）指紋と虹彩以外にどのようなバイオメトリクス認証があるか，調べてみよう．

（2）自分が利用しているOSにパケットフィルタ型ファイアウォールの機能があるか調べてみよう．

（3）自分のコンピュータをインターネットに接続する際，セキュリティ対策上設定しなければならない事項を調べてみよう．

（4）日常で利用しているスマートフォンについて，どのようなセキュリティ対策を施しているか，お互いに検討してみよう．

第3章 情報と社会生活

3.1 情報伝達の多様化と社会の変化 … 208
3.2 情報社会の進展 … 220
3.3 情報社会のもたらす影響と課題 … 239
3.4 情報社会における個人の役割と責任 … 252

　本章では，インターネットの普及に見られるように，身近になってき
た情報社会に私たちはどのように関わっていくべきかについて学ぶ．

　3.1では，私たちが日常どのような方法で情報を伝えたり，受け取っ
たりしているかを振り返り，情報社会の進展にともないその手段や方法
がどう多様化してきたかを学び，その使い分けを考える．

　3.2では，このような情報社会の変化のさまを具体的な例を通して学ぶ．

　3.3では，情報社会が，社会活動の利便性を向上させる一方，弊害と
いわれるような負の側面もあることを学ぶ．

　最後に3.4では，健全な情報社会を維持し，発展させていくために，
私たち個々人が果たさなければならない責務があることを学ぶ．

3.1 情報伝達の多様化と社会の変化

> 私たちは遠くにいる人に伝えたいことがあるとき，電話，SNS，電子メール，手紙など，さまざまな伝達手段を臨機応変に使い分けている．ここでは，情報の伝達の歴史とそれぞれの特徴について述べる．また，インターネット社会における情報手段の多様化と特徴について述べる．

3.1.1 コミュニケーションの変遷

(1) コミュニケーションのはじまり

　まだ人類に文字すら存在していなかった時代，私たちは，身振り手振りや声を発することによって，相手とコミュニケーションをとっていた．自分の家の場所や食料のある場所などの情報は，人の頭のなかだけに存在していたので，その情報を遠くにいる人に伝えるためには，情報をもつ人がその場所まで行く必要があった．そしてその人が死ぬことは，その情報が消滅することを意味した．したがって，人々は記憶している情報を，伝承により次の世代に引き継ぎ，後世に残す努力を払ってきた．

(2) 文字の発明

　人類が生みだした最初の文字は，紀元前32世紀頃，メソポタミアでつくられたシュメール絵文字といわれている．文字の発明によってそれまで頭のなかだけに蓄積されていた情報は文字で表現され，半永久的に

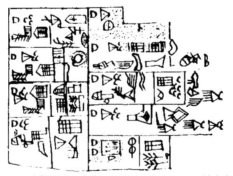

図3.1　人類最古の文字といわれるシュメール絵文字[*1]

保存することが可能となった．また，紀元前の古代中国では，火を燃やしたり煙を上げることによって，シルクロードに点在していた烽火台に敵の襲来を知らせていた．狼煙（のろし）とよばれるこの行為は，ヨーロッパでも存在し，日本でも弥生時代の高地性集落に狼煙の施設があったといわれている*2．

（3）印刷技術の発明

　印刷技術の誕生は情報伝達の発展に大きく寄与した．それまで手で1つずつ書き写すしかなかった文字情報が，印刷技術によって大量に複製され，多くの人々の手に渡ることになったのである．これにより出版がさかんになり，情報や知識は本という形で大量に蓄積され，現在の情報社会の基礎が築き上げられていった．現代の印刷術は，ドイツのヨハネス・グーテンベルク（1397-1468）による活版印刷術（1455年頃）が基礎になっている．印刷の歴史では，中国が発祥の地といわれている．日本で現存する最古の印刷物は「百万塔陀羅尼」であり，770年頃に100万部印刷されたといわれている*3．

（4）電気通信の時代へ

　電気通信の分野では，1831年頃にサミュエル・モールス（1791-1872）が，モールス通信によって遠隔地との通信に成功した．これは文字をON・OFF信号を組み合わせたモールス信号に変換し，通信を行うシステムである．そして1876年にグラハム・ベル（1847-1922）が，音声の空気振動を電流に変換して通信を行う電話機を発明した．この技術により遠くにいる相手とのリアルタイムのコミュニケーションが可能となり，電気通信は大きな進化をとげることになる．

（5）無線通信の誕生

　電話機の発明により電気通信がさかんになり，その結果，至るところに電線がはりめぐらされることとなった．この電線を使わずに通信を行う方法が無線通信である．1888年にドイツの物理学者ハインリヒ・ヘルツ（1857-1894）は，電波発信装置から受信機へむけて電波をとばし，

3.1　情報伝達の多様化と社会の変化　209

電波を発見する．そして1895年にイタリアのグリエルモ・マルコーニ
(1874-1937）が，自作の通信機で約2キロはなれた受信機に電波をとば
し，無線通信の実験に成功した．この実験の成功が，のちのラジオやテ
レビの放送へとつながり，さらに携帯電話などの移動体通信へと発展し
ていった．

(6) コンピュータの発明

　印刷技術や電気通信技術の発展により情報が大量に蓄積され，やがて
増え続ける情報に対処できる機能をもつコンピュータが出現した．コン
ピュータは，さまざまな情報を蓄積し，並べかえたり訂正したりしなが
ら，必要なときに必要な情報だけを取り出すことができる．世界最初の
コンピュータは，1946年に完成した，ENIAC（エニアック）である．
このコンピュータは，18,800本もの真空管を使い，床面積 100m²，重量
30トン，消費電力は 150kW と非常に巨大なものだった．プログラム
の変更も現在のようにキーボードを用いるのではなく，配線の変更によ
って行うもので，非常に不便であった．ついで，1949年に完成した
EDSAC（エドサック）は，フォン・ノイマン（1903-1957）の提唱し
たプログラム内蔵方式と2進法演算を採用しており，現在のコンピュー
タの原型となっている．

(7) インターネットの登場

　電話通信が全盛の1969年，アメリカ国防省高等研究計画局（ARPA）
は複数のコンピュータどうしをつないで，インターネットの原点となる
ARPANETの実験に成功した．その後，これと同様のネットワークが
世界各地に出現し，ついにそれらがつながってインターネットの基礎が
できた．1993年にインターネット上に存在する文字や画像の情報を取
得できるWWW ブラウザMosaicが開発された．これによりインターネ
ットは急速に普及した．その後Webを利用したさまざまなサービスが
生まれ，なかでもSNSは著しく発展し現在に至っている．
　身振り手振りからはじまった人間同士のコミュニケーションも，数万
年にわたる人類の歴史のなかで大きな変革をとげた．印刷技術の発明に

210　3.情報と社会生活

表3.1 コミュニケーションの歴史年表

紀元前 中国 光通信の基礎	狼煙(のろし): 発煙・発火による軍事的緊急通信手段. のろし台を一定の距離ごとに設置し, 次々とのろしを上げて情報を中継してい く.	
770年 日本 印刷術の発明	百万塔陀羅尼: 中国で生まれたといわれる印刷術によ る,現存する世界最古の書物.100万基 の三重小塔のなかに巻物が入れられ, 100万部印刷された.	
鎌倉時代 　～江戸時代 日本	飛脚: 江戸時代に登場した民間経営による江戸 と大坂間の定期便.現代の郵便に相当す る.[4]	
1831年頃 アメリカ	モールス通信: 文字を符号化したモールス符号により電 気通信の時代に突入.	
1876年 アメリカ	電話: グラハム・ベルによって電話機が発明さ れた.	
1877年 アメリカ	フォノグラフ(蓄音機): エジソンが録音再生装置"フォノグラ フ"を発明.のちのレコードやテープレ コーダーの基礎となる.[5]	
1920年 アメリカ	ラジオ: ウエスチングハウス社が世界初のラジオ を発売.同年にラジオ放送がスタートす る.	
1933年 アメリカ	テレビ: RCAが世界最初のテレビ試験放送に成 功.1935年からドイツでテレビ定時放 送が開始される.	
1946年 アメリカ	コンピュータ: ペンシルバニア大学のムーア校でエッカ ートとモークリーにより世界最初のコン ピュータENIACが完成される.	

3.1　情報伝達の多様化と社会の変化　211

より一般大衆に大量の情報が伝達され，電気通信のはじまりとともに相手に伝達する時間が一気に短縮され，遠くにいる相手に対しても簡単に情報を送ることが可能となった．さらに，現在では，スマートフォンやタブレットなどの携帯情報端末によるリアルタイムな情報コンテンツの伝送が可能となった．今後もコミュニケーションの手段はますます進化・多様化し，私たちの社会生活は急速にかわっていくだろう．

3.1.2　情報伝達の多様化
(1) コミュニケーションの種類
　さきに，コミュニケーション手段が時代とともに変化し，多様化してきたことを述べた．私たちは，これらさまざまな情報伝達手段を臨機応変に使い分けている．また，どのような伝達手段を選択して情報を伝えるかによって，相手に伝わる情報の質が変わってくる．ここでは，私たちがなにげなく使っているさまざまなコミュニケーションの形態が，どのように分類されるか考えてみる．

①1対1・単一方向コミュニケーション
　　1人の人間が別の1人の人間に対して一方的に情報を伝達するものである．受信者側は，相手が発信した情報を一方的に受け取ることになる．この種類の代表的なものに，手紙がある．主に文字情報によるコミュニケーションがはかられる．

②1対1・双方向コミュニケーション
　　個人と個人の情報伝達であって，情報伝達の方向は単一方向ではなく，双方向のやり取りがある．人間が昔から行ってきた人と人とが直接会って話をするのも，この1つといえる．この情報表現では，自分の伝えたいことが，情報伝達の途中で相手によってさえぎられることもある．しかし，誤解を与えたり，正しく情報が伝わらない場合には，これをただちに訂正できる利点がある．

③1対多・単一方向コミュニケーション
　　個人が多くの人間に対して1方向の情報伝達を行う方法である．この手法は個人（一団体）が大衆に向けて情報を発信することが多く，一般的にマスメディアとよばれている．マスメディアの情報発信者は，

212　3.情報と社会生活

大きな影響力をもつことになる．

この1対多の代表的なコミュニケーション手法がテレビ放送である．近年では，地上波放送はディジタル化され，衛星ディジタル放送では4K，8Kといった超高精細品質のサービスも始まっている．ディジタル放送は，高画質・多チャンネルという特徴を有しているだけでなく，これまで単一方向であった情報伝達が双方向性を有するようになったことも大きな特徴である．

④多対多・双方向コミュニケーション

多くの人と多くの人が双方向のやりとりをする方式で，討論会や会議などはこれに当てはまる．文字情報であれば，インターネットのチャットや掲示板があげられる．音声＋動画像であれば，テレビ会議システムやインターネット上のテレビ会議システムなどがある．

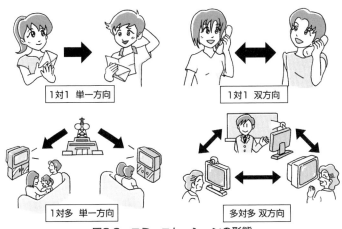

図3.2　コミュニケーションの形態

⑤集合知蓄積コミュニケーション

ウィキ（Wiki）に代表されるような，インターネットの普及・発展に伴って誕生した多対多の双方向コミュニケーション手段である．Wikiは，Webブラウザを利用してWebサーバ上のハイパーテキスト文書を書き換えるシステムである．ネットワーク上のどこからでも，いつでも，誰でも，文書の書き換えができるようになっているので，共同作業で文書を作成することができる．このように多くの人の手で蓄積され

た知識を**集合知**とよぶ．Wikiを使った代表的な文書群として，フリー百科事典のウィキペディア（Wikipedia）がある．Wikiは基本的にはWebページによる情報伝達手段であるので，発信・受信にはWebページの場合と同様の注意が必要である．

◆練習問題3-1◆

以下にあげる各種メディアは，コミュニケーション方法①〜⑤のどれに当てはまるか，分類しよう．

電話，雑誌，電子メール，新聞，書籍，電報，インターホン，会議，講演，テレビ，ラジオ，テレビ電話，ビデオレター，映画，FAX，電子掲示板，メーリングリスト，メールマガジン，テレビ会議，Webページ，ブログ，ツイッター，Wiki

（2）通信手段の特徴

これまでに述べてきたように，人類の歴史とともにさまざまな情報の伝達手段が生まれ，私たちは，それらを使い分けてコミュニケーションをはかっている．しかし，LINEや電子メールのような新たな情報通信の技術が開発されたからといって，これまで使われていた通常の手紙がなくなるわけではない．図3.3に郵便と通信回線（固定電話，移動通信，移動系超高速ブロードバンド）およびインターネットの利用の推移を示

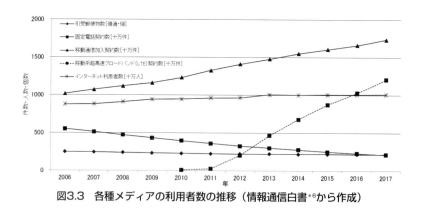

図3.3　各種メディアの利用者数の推移（情報通信白書[*6]から作成）

す．1998年（平成10年）前後からインターネットの利用者数が急増していても，郵便の利用数はそれほど変化していない．また，通常の電話が携帯電話やIP電話に移行していくことはあっても，電話という通信手段がなくなることはない．

次に，電話・手紙・電子メール・SNSという代表的な4つの通信手段の特徴と，それらの使い分けについて考えてみよう．

①手紙

手紙は上記の4つのメディアのなかでは最も古くからある通信手段で，文字が発明されたのとほぼ同時期から使われていたといわれている．日本で現在の郵便制度ができたのは，明治時代に入ってからで，郵便切手が販売され，街中に郵便ポストがおかれ，郵便局員が手紙を宛先まで届けるというものである．

手紙は，差出人の書いた文字がそのまま届けられるという点から，第三者にみられる可能性が少なく，秘密保持性が高いという特徴がある．公文書のような正式文書や，印鑑を押した証明書・契約書などはこの利点をいかしている．さらに，書留や配達証明を使うことで秘密保持性をより高めることができる．

手紙の欠点としては，即時性がなく電子メールよりも相手に届くのに時間がかかる点があげられる．

②電話

電話は19世紀に発明された．日本で使われるようになったのは，明治時代に入ってからである．電話は相手と直接会話することができるために，込みいった話や，すぐに返事が欲しいときなどに利用される．また，遠くはなれていてなかなか会うことのできない相手の肉声が聞けるという大きな利点がある．秘密保持性は基本的に高い．しかし，盗聴される危険性がないとはいえない．

欠点としては，相手が電話にでてくれないとコミュニケーションがとれないという時間的な制約がある．

③電子メール（E-mail）

電子メールは1960年代に開発され，1990年代に入ってから急速に普及し，現在，広く利用されている通信手段になっている．

3.1　情報伝達の多様化と社会の変化　215

電子メールの利点は，ほぼ瞬時に相手に届くということ，同時に複数の相手に同じ内容のメールを送ることができることなどがある．しかし，手紙や電話と異なり，肉筆や肉声が伝達されるわけではなく，電子化された情報が通信路を通して伝わり，文字などに復元されるため，差出人を偽ることが容易であること，電子メールの内容を第三者にみられてしまう危険性があること，ネットワークシステムや情報端末の不具合などにより，電子メールが相手まで送信されないようなことも起こりうる．電子メール利用時のモラルやマナーについては1.5.3を参照すること．

④SNS

SNSは2000年代以降，同じ趣向や社会的境遇のユーザがお互いに情報共有したりメッセージをやりとりするサービスとして普及しはじめ，現在では世界中で非常に多くの人たちが利用するインターネット上の代表的な情報メディアとなっている（1.1.4参照）．気軽に，また迅速に情報を伝達できる特長がある一方で，以下のようなさまざまな問題も発生している．我々はこのような問題に十分気をつけながら利用していく必要がある．

- ・不適切な情報の投稿によるいわゆる炎上が起きる．
- ・(特に若者の間で) SNS依存症（SNS中毒）に陥りやすい．
- ・いじめの温床となりやすい．
- ・アカウント乗っ取りによるなりすましや個人情報の流出が起きる．
- ・偽の情報（フェイクニュース）が拡散され社会を混乱させることがある．

表3.2にまとめてあるように，コミュニケーション手段にはいろいろな利点や欠点がある。私たちは，相手に伝えたいことがあるとき，どのような手段を使うかをよく考える必要がある．とくに，SNSや電子メールのように相手がみえない伝達手段ばかりに頼っていると，相手の口調や表情などがみえないため，相手と向かいあっての人間らしい会話ができなくなり，他者との関係が希薄になる危険性もある．

表3.2　通信手段の種類とその特徴

メディア	手紙	電話	電子メール	LINE
即時性・同時性	低い．速達などを使うことではやく届く．	高い．しかし，相手につながらない問題がある．留守番電話もいつ聞かれるかわからない．	高い．しかし，相手がメールをいつみるかわからない．相手がすでに読んだかどうかわからない．	高い．「既読」マークで相手が読んだかどうかが原則的にわかる．
記録性	高い．ただし発信記録をとる必要がある．	低い．意図的に録音することで高くなる．	高い．検索性に優れ情報共有もしやすい．	高い．電子メールと同様，検索性にも優れている．
同報性	低い．コピーなどをとれば高くなる．	低い．複数で話せるサービスもある．	高い．CcやBccといった細かい使い分けもできる．	高い．グループトークと呼ばれる機能により多数のユーザとやりとりが可能．
秘密保持性	高い．書留や配達証明を用いるとさらに高まる．	基本的に高い．盗聴の可能性もある．	低い．暗号化することで高まる．	基本的に高い．なりすましなどを防ぐしくみも実装されつつある．
証拠能力	高い．	低い．録音することもできる．	現状では低い．	現状では低い．

3.1.3　情報の受信・発信

（1）情報の受信

　情報伝達の手段は，紙媒体の新聞・雑誌・書籍・手紙から，有線通信の電話・ＦＡＸ，無線通信のテレビ・ラジオへと進展し，さらに，インターネットを使ったWebページ・電子メール・SNSへと変化するとともに多様化してきた．

　インターネットには大量の情報が蓄積され，情報の宝庫といわれている．むずかしい専門用語でも**検索エンジン**で検索すれば，たちどころに関連サイト一覧を表示してくれる．しかし情報量が多くなればなるほど，あふれる情報のなかで自分が本当に必要な情報を探しだすことはむずかしくなる．しかも，これらインターネット上の情報は，日々刻々と追加されたり，削除されたりしている．さらに，これらの情報のすべてが必ずしも正しいわけではない．ときとして，デマの情報が正しい情報のように流れていることもある．私たちは，インターネット上の情報が正しいかまちがいかを，常に意識して取り扱う必要がある．

新聞・雑誌・テレビ・ラジオなどのマスメディアは，不特定多数の受信者に対して情報を発信している．これらのマスメディアの情報は，本来，公平性のあるべきものである．しかし，情報を発信する担い手は人間であるので，取材の制約や過度の取材により，正確な情報を得られないこともあり，結果的には，事実と異なる情報を発信するようなことも起こりうる．

インターネットが普及し，だれもが手軽に個人のWebページを公開できるようになった．SNS・掲示板・チャットなどでは，さらに手軽に情報を発信することができる．ところが，それにともなって発信した情報の信ぴょう性が重要な問題になっている．情報受信者は，この情報が正しいものかまちがったものかを判断する必要が出てきている．

（2）情報の発信

これまで情報の発信は，権力者やマスコミ，その道の専門家など一部の人に限られてきた．これが，インターネットの登場により，個人がマスコミ的な情報を簡単に発信できるようになった．

しかし，だれもが簡単にWebページやSNSのコンテンツをみることができるという手軽さを裏返せば，世界中のまったく縁もゆかりもない，みず知らずの人たちがみているという側面をもっている．個人のSNSに掲載していた自分の住所・電話番号・顔写真といった個人情報が思わぬところで悪用され，トラブルに巻き込まれる可能性があるので，注意を要する．

自分がなにげなく公開した不確実な情報が，うわさとなっていろいろなところに広まり，最終的にそれがデマとなって広まり続ける例がある．さらに世の中には善意をもった人だけがいるわけではなく，悪意をもった人が情報を改ざんして大勢の人に配布したり，SNSや掲示板にわざとその情報を書き込むことも考えられる．うわさ話や非難・中傷などは，発信者の予想をはるかにうわまわる範囲で広がることがあり，その情報の種類によっては大きなトラブルにつながる可能性もある．

企業のWebページなどから顧客情報（個人の電話番号やプライベートな情報など）が流出する事件も頻繁に起きている．企業のサーバへの

外部からの不正アクセスによって，顧客情報が盗まれる事例もある．これは，サーバ管理者の情報倫理意識や責任感の欠如，あるいは技術の未熟さからくることが多い．情報を発信する際の注意事項については，1.3.3および1.4.2を参照すること．

（3）情報の蓄積

コンピュータの性能の向上とインターネットの普及により，大量の情報を蓄積し，それを活用することが容易になってきた．ディジタルアーカイブ (digital archive) は，博物館・美術館・公文書館や図書館の収蔵品をはじめ，有形・無形の文化資源を，ディジタル化して保存するもので，ディジタル化することによって，文化資源の修復・公開やインターネットを通じた利用を容易にするものである．また，Webページ，ブログ，ツイッターなどの情報も保存され，再利用されたり，後世への記録として残されたりしている．前節で述べたウィキ（Wiki）では，多数のユーザが文書を追加・更新することで情報が蓄積されていく．このように，インターネット上での情報の蓄積が進めば進むほど，必要な情報を高速かつ的確に探し出す検索エンジンがその重要さを増している．

□演習問題□

(1) 送り手が情報を発信すると同時に受信者に届くものを，同期（リアルタイム）のコミュニケーションという．一方、情報の発信後にいったん相手とのリンクが切れ，一時的に情報がある場所にたくわえられるものを非同期のコミュニケーションという．練習問題3-1 (p.214) であげた各種メディアは，同期／非同期のどちらに属するか考えてみよう．

(2) だれでも書き込める掲示板をインターネット上で運用するとき，プロバイダと管理者が注意すべきことと，行わなければならないこととを調べてみよう．

(3) スマートフォンが関係するトラブルや社会問題を調べてみよう．

(4) 各種メディアの利用者の推移（p.214図3.3）について，最新情報を調べてみよう．

3.1 情報伝達の多様化と社会の変化　219

3.2 情報社会の進展

　前節でみたように，情報を伝達する手段はいちじるしく発展してきた．今では情報が物質やエネルギーと同様に，社会生活に重要な役割をはたすものと認識されている．ここでは，情報社会とよばれるほどになった私たちの社会生活の変化についてみていくことにする．

3.2.1　情報システムの普及

　「情報システム」は大量の情報を収集・伝送・処理するシステムである．現在，情報システムは金融，証券取引，生産・販売・在庫管理など，さまざまな分野で広く利用され，私たちの生活を便利にしている．これを支える電気通信技術や半導体技術は日々進歩しており，近未来の情報システムがどのようにかわっていくかを考えてみよう．

(1) ネットワークの高速化

　高速通信が可能な光ファイバを各家庭まで敷設するFTTH（Fiber To The Home）の整備が進み，現在では国内のほとんどがFTTH利用可能世帯となっている．また，携帯電話網の高速化も進んでおり，広い地域で第4世代移動通信システム（4G）によるスマートフォンなど携帯情報端末での最大100Mbpsクラスの高速通信が可能となっている．さらに，最大10Gbpsといった超高速で低遅延の第5世代移動通信システム（5G）の整備も進んでいる（p.180コラム参照）．これにより，IoTによって増大する通信トラフィックを安定して収容することや，8Kなど超高精細映像のワイヤレス伝送などが可能となる．

(2) モバイルコンピューティングの普及

　ノートパソコンに加え，スマートフォンやタブレットの高性能化が著しく，その普及もいっそう進んでいる．(1)のネットワークの高速化で述べたインフラ整備により，高速通信によるマルチメディアコンテンツの利用や，必要な情報がどこでも利用できるクラウドコンピューティングが可能となっている．

(3) 情報家電の普及

　ネットワークに接続できる情報家電の普及が進んでいる．たとえば，

外出先から操作して部屋の温度調整ができるエアコンや，スマートフォンから中身を確認できる冷蔵庫などである．また，AIスピーカを介して音声で家庭内のさまざまな機能を操作できるスマートホームの実現も注目されている．利便性の反面，乗っ取りによる不正操作や個人情報流出などに対するセキュリティ対策がより求められる．

(4) 情報機器の家電化

高齢者にも使いやすいように，機能を限定した情報機器の開発・普及が進められている．たとえば，通話やカメラなどに機能限定されたかんたん機能スマートフォンなどは，従来は機能や操作が複雑になりがちだった情報機器から，家電製品のような使いやすさをめざしたものといえる．

(5) 放送のディジタル化

2011年に地上波アナログテレビ放送が終了し，地上波のテレビ放送が完全にディジタル化された．ディジタル放送では，高画質の映像と高音質の音楽だけでなく，字幕放送や解説放送，天気や交通情報などを受信することができる．また，受信機をインターネット回線につなぐことにより，テレビ局と双方向に情報のやりとりができるようになる．これにより，これまで単一方向であった情報伝達が双方向性を有するようになり，この機能を使ってVOD（Video On Demand）といった映画や番組のディジタル配信システムの普及が進んでいる．

また，地上波ディジタル放送の携帯・移動体向けのサービス（通称：ワンセグ）により，携帯電話のほか，車載テレビ，パソコンなどで映像が受信できるため，外出先でも地上ディジタルテレビ放送が楽しめる．

(6) サービスの多様化

複数の情報システムを組み合わせて多様なサービスを提供することが試みられている．たとえば，GPS（Global Positioning System）とインターネットを組み合わせることで宅配便の荷物の集配状況を知らせるサービスや，最寄りの交通機関・店舗などのタウン情報を提供するサービスが実用化されている．

また，コンピュータの利用形態も，インターネットや各種技術の進

歩により大きく変化している．従来は，利用者がコンピュータを自分自身で保有・管理していたのに対し，インターネット上に存在するサーバが提供するサービスを，それらのサーバ群を意識することなしに利用する，というクラウドコンピューティングが進展している（2.5.5参照）．

上で述べたような，私たちの生活全般を情報システムによって便利にするため，人に意識させない形でさまざまなモノをネットワークでつないで人の活動を支援するIoT（Internet of Things：モノのインターネット）技術の開発と普及が進んでいる．今後IoTがますます身近になり，われわれの活動を支援する不可欠な存在になっていくと考えられる．

図3.4　モバイルコンピューティングと情報家電

 例題 3.1　情報システムはいつ頃から実現されたか調べてみよう．

解　答

　情報システムには①情報を収集・伝送する能力と，②情報を処理する能力が不可欠である．19世紀後半に発展した電気通信技術により①が，20世紀中期に開発されたコンピュータにより②が実現可能となった．
　初期の情報システムとしては，次のようなものがあげられる．
・アメリカの軍事用防空システムSAGE（1958年）
・アメリカの航空会社の座席予約システムSABRE（1964年）
・日本の旧国鉄の座席予約システムMARS-101（1964年）

インターネットの普及により，国境・地域・組織を越えて情報が行き
かう情報通信ネットワークが発展している．これにともない，社会構造
も大きくかわりつつある．これまでの物質やエネルギーを中心とする社
会に対し，情報を中心とする社会を情報通信ネットワーク社会とよぶ．

　情報通信ネットワーク社会では，時間・空間を超えて「情報」を共有
できるので，人々の活動は，時間的や地理的な制約をほとんど受けない．

　情報通信ネットワークの特長を以下に示す．

①地球上のあらゆる地域の人々と短時間で情報を交換できる．
②文字・音声・画像・データなどを組み合わせた情報コンテンツを扱う
　ことができる．
③パーソナルメディアとしても，マスメディアとしても利用できる．
④人対人だけでなく，人対機械，機械対機械の通信ができる．
⑤1対1だけでなく，1対多，多対多の通信ができる．
⑥大量の情報を正確に記録・複写・検索できる．
⑦実名による情報発信も，匿名による情報発信もできる．

　3.2.2以降では，情報通信ネットワーク社会の進展により，私たちの
生活がどのようにかわるのか，学習・社会生活などの具体的な事例をあ
げながらみていくことにする．

3.2.2　学習方法の多様化

　コンピュータやインターネットが普及するまでは，学習に利用される
メディアは，教科書・プリント・書物などの印刷物や新聞・ラジオ・テ
レビ・ビデオなどのマスメディアであった．コンピュータをはじめとす
る情報機器および情報通信ネットワークの発達は，学習方法にも大きな
影響を与えた．とりわけ，インターネットは，文字・画像・音声・映像
を利用できるメディアであり，現在では，重要な教育メディアのひとつ
になっている．インターネット上の教育メディアとして利用できるもの
には，WWW・SNS・電子メール・テレビ会議システム・電子掲示板・
チャットなどがある．主な利用方法は，次のようなものである．

3.2　情報社会の進展　223

①WWW
　・調べ学習などの情報源に利用する．
　・学習成果の公表の場として利用する．
　・電子教材の提示や授業内容の公開，課題の提出に利用する．
②電子メール
　・授業の質問に利用する．
　・学校間の交流の手段として利用する．
③テレビ会議システム
　・遠隔地間での授業などに利用する．
　・遠隔共同学習，国際交流学習に利用する．

　インターネット接続は，年々，高速化がはかられており，初等・中等教育におけるWWWを利用した調べ学習，テレビ会議システムを利用した遠隔地をむすぶ共同学習や通信教育も，これまで以上に行いやすい環境になってきている．

◆練習問題3-2◆

　電子掲示板やSNSの教育的な利用として，どのようなものが考えられるか，例をあげてみよう．

　大学などの高等教育においても，従来からの印刷物・OHP・スライドなどのメディアから，プロジェクタによるプレゼンテーションや，インターネット・通信衛星・テレビ会議を活用した教育が増えてきている．このようにコンピュータネットワークや情報機器を利用して教育を行うことを，eラーニング（e-Learning）とよんでいる．eラーニングでは，

学習教材や学習履歴をネットワーク上のサーバに保存し管理できるので，学習者は，ネットワークに接続することにより，自分の自由な時間にそれぞれの進捗に合わせて最新の教材を学習することができる．

インターネットなどの情報通信ネットワークの普及は，教育制度にも影響を与えている．遠隔教育制度として，郵便を利用した通信教育から，ラジオ・テレビを利用した放送大学が発達し，そして，インターネットなどを利用したバーチャルユニバーシティ（仮想大学）が出現した．

すなわち，コンピュータ端末の前にいながら，大学の講義を受けられる遠隔授業が実施されるようになった．テレビ放送や衛星通信を利用した遠隔授業は，いわば，先生から学生への一方向的な授業であった．それに対して，インターネットを利用することによって，双方向の授業が容易となり，教室でのやりとりと同じような授業が可能となる．また，リアルタイムに授業を受けるだけでなく，授業を録画してビデオサーバにVOD教材として格納して，必要なときにみることも可能である．

このように，大学などでは遠隔教育の試みが行われているなかで，文部科学省は，インターネットなどを介した遠隔授業に対する単位認定の緩和を，2001年度の告示で行った．これにより，遠隔教育だけで卒業できる大学院も出現した．まさに，自宅にいながらにして卒業証書を手にいれることが可能となったのである．

しかしながら，遠隔授業が対面授業と同じ教育的な効果を生みだすためには，自然な映像や音声によるやりとりを実現するための高速な情報通信ネットワークが必要であり，さらには，教室の臨場感を伝えるくふうなども必要である．

コラム　eラーニングの実際

　コンピュータを用いた初期の教育方法は，CAI（Computer Aided Instruction：コンピュータによる支援教育）とよばれ，学習者の理解度に応じた学習の内容を状況に合わせて提示するシステムであった．このアイデアをもとに，CBT（Computer Based Training：コンピュータによる教育研修）とよばれる，主にCD-ROMを教材とした学習形態が開始された．その後のインターネットの発展および企業内のネットワークの広がりとともに，さらに発展したものがWBT（Web Based Training：インターネットなどのWeb利用による教育研修）である．このようなオンラインでの教育は，総称してeラーニングとよばれ，教育のスタイルに大きな変化をもたらしている．

　eラーニングシステムは，「学習管理システム」（LMS, learning management system）と「学習教材（コンテンツ）」から構成される．学習管理システムとしてはブラウザで利用可能なWWW技術を用いたものが多く，学習管理システムによっては，コンテンツをユーザが独自に制作できるもの，無償コンテンツを利用できるもの，有償のコンテンツを提供しているものがある[7]．

3.2.3　労働形態の多様化

　「高度情報通信社会」ともよばれる現代社会では，時間と空間の制約を超えて情報が動く社会が出現し，これにともなって産業構造や労働形態がかわりつつある．情報通信ネットワークを利用して情報の収集・共有・分析・伝達が行えるので，各種のなかぬき現象が起こっている．たとえば，企業の意志決定を中間管理職なしで迅速に行えるようになったり，問屋・代理店といった仲介業・代理業が衰退している．こうした組織のフラット化やスリム化が進むと，企業のコア部分が特化・強化される一方で，他の部分がアウトソーシング（外注）として外部化されていく．外部化された部分と企業とは，情報通信ネットワークによる情報共

有によって緊密につながることになる．

　情報通信ネットワークによって，労働をオフィスといわれる特定の固定された場所から切り離すことが可能となった．テレワーク（在宅勤務）により，オフィスへの通勤という空間的な制約や勤務時間という時間的な制約が軽減できるようになった．通勤にかかるエネルギーのむだづかいがなくなり，渋滞や満員電車などの緩和，さらには時短勤務などへの貢献も期待できる．

　さらに，被雇用者が企業に所属する意味もうすれてくる．被雇用者個人が独立して，インターネットを活用し，独立契約者・企業者としてビジネスができるようになる．営業・受発注などの活動がオンライン化でき，オフィスの立地条件が自由となる．情報通信ネットワークを前提としたサテライトオフィスがまず成立した．また，企業のアウトソーシング化とインターネットの発展がむすびつき，その企業から独立した社員や外部からきた優秀な人材や小規模な個人企業が，当初は企業内のオフィスに，しだいに自宅やアパート・マンションに小規模なオフィスをかまえてビジネスを展開することができるようになった．これらの小規模のオフィスをSOHO（Small Office Home Office）とよぶ．

◆練習問題3-3◆
　企業の採用活動に，インターネットがどのように利用されているか調べてみよう．

3.2　情報社会の進展　227

3.2.4 社会生活の多様化

社会の情報化は，情報を風にたとえて説明することができる．情報は風のように分けへだてなく，社会の隅々に伝わり，ときにはそよ風のように人々を心地よくし，あるときは暴風のように人々に鋭い影響を及ぼす．

情報の往き来の障害となっていた地域（国や県・市町村）・組織・部署・分野・民族・世代などの壁を，情報が簡単に越えられる社会が出現した．情報が電子化・ディジタル化されてきたことにより，情報の配布・流通のしかたがかわってきた．社会生活においても，モバイル化や公共サービスの電子化，**遠隔医療の発達**，および弱者に優しいコミュニケーション手段の発達などの福祉における多様化がみられる．

(1) 個人生活

インターネットの普及はめざましく，ありとあらゆる分野の情報がダイナミックに発信されており，パソコンのみならず携帯情報端末からの情報源へのアクセスも，きわめて容易で日常的となっている．情報の宝庫から欲しい情報を，手軽に情報コンテンツとして入手できる．また，遠くの同好の友とのコミュニケーションなど交流の幅が広がってきている．マスメディアに頼っていた情報の収集と活用のしかたがかわり，ショッピング・旅行・趣味などの知的活動が大きく変化してきている．

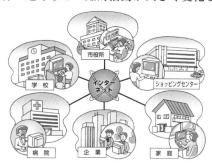

| コラム | ユニバーサルデザインと情報技術 |

ユニバーサルデザインは，「できるだけ多くの人が利用可能であるようなデザインにすること」を基本コンセプトとしたバリアフリー概念の発展形である．コンピュータならば，

- パソコンの操作を，キーボードやマウスだけでなく，他の入力手段に対応させる
- パソコンの画面表示をみやすく工夫する
- 音声での出力に配慮した画面表示，構成にする

などがユニバーサルデザインの例としてあげられる．

Webページを使って情報を発信する際には，1.4.2で述べたように，ブラウザやOSなど，環境によるみえ方の違いについて配慮しなければならないが，意外に忘れられているのが，それをみる人の違いである．インターネットで情報を得ているのは若い人達や健常者だけではない．視覚・聴覚・肢体に障がいを持つ人や高齢者・日本語を母国語としない人もいる．より多くの人にみてもらうために，可能な限り人の違いに配慮したアクセシブルなWebページづくりを心がけなければならない．

官公庁や自治体，企業の情報発信がインターネットを通じて行われる時代において，その情報コンテンツが障がい者や高齢者にとってアクセスできないということは，望ましくないことであるし，さまざまな媒体を準備することのコストや仕事量は決して小さくない．『情報のユニバーサルデザイン』化を進めるためにも，Webページのデザインガイドが望まれている．

（2）医療制度・介護制度

近年，情報通信ネットワークを利用した遠隔医療や介護サービスが行われるようになってきている．

医療設備や専門医の数などは，都市部と離島・過疎地域との間での格差が大きい．インターネットを介した医療機関の情報の共有により，こ

> **コラム**　**農業とIT**
>
> 　農業においても，インターネットの活用により，生産者と販売者と消費者のむすびつきを密接にしている．農産物の流通をみると，法人化された生産農家と大規模な市場（B to B），あるいは消費者（B to C）などの形が生まれている．
>
> 　高品質の農産物を生産するための栽培支援情報システムや，その農産物を高鮮度で安定的・効率的に配送するための物流システム（サプライチェーンマネジメント），生産情報や販売情報を共有するための「生産履歴の表示（トレーサビリティ）」とそのデータベース化も行われている．
>
> 　このように，産地主導販売形態の出現のように，新しい農業ビジネスモデルの変革が起こっている．

うした地域による医療格差が解消する．患者は過疎地域でも専門の医師の診察と高度な治療を受けることができる．

　専門分野の細分化は，医療の分野においては大問題である．その解決に，インターネットを活用した協調作業による治療や手術のように，最新医学の知識の共有化が役に立っている．高精細医療診断画像が専門医に送付可能となれば，的確な医療が可能になる．

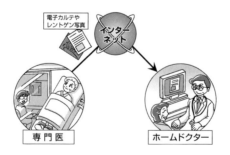

　通院が困難な患者や寝たきり患者などの増加により，在宅でも医療を受けることができる．在宅医療に対する要求が高まってきている．医療

相談や診断情報の送信によって，医師の時間的制約を解消し，よりきめこまかい診療を行うことができる．また，電子カルテ（個人の医療情報の電子化）により，正確な診断や医療の効率化が可能となった．さらにAIの医療への応用研究が進んでいる．医師が，心電図やCT画像などの診断を速く正確に行ったり，効果的な治療方法を選択できるようになることなどが期待されている．

(3) 公共サービス

地域に根ざした情報通信ネットワークの普及により，公共施設の有効利用，きめこまかい公共サービス，健全なまちづくり，町や村の活性化が進んでいる．また，情報機器の改善により，これらの活動は，健常な人のみならず，寝たきりの老人，身体障がい者などの社会的弱者へのきめこまかいサービスを可能にしている．社会的弱者の情報表現・伝達活動の拡大は，社会参加をもうながすことになる．また，住民本位のきめこまかい行政サービスも徐々に実現しつつある．

電子行政のイメージは図3.5のようなものである．

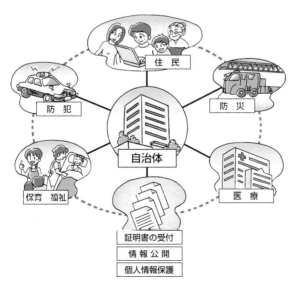

図3.5 電子行政のイメージ

例題 3.2 電子行政とはどのようなものか，また，どのようなサービスが行われようとしているか調べてみよう．

解 答

　さまざまな行政に関する情報の公開や**電子申請**を行うことができるようなサービスが実現しつつある．行政機関への申請・届出などの手続きを，ネットワークによって1か所で，あるいは一度にさまざまな行政サービスを受けることができる（**ワンストップサービス**）．申請・届出などの手続にかかる時間やコストを軽減し，利便性の飛躍的向上に加えて事務処理の簡素化・効率化をはかっている．そのほかにも選挙における投票や集計の電子化，**電子納税**，官公庁における**電子調達**（インターネットを活用した入札システム）などさまざまなサービスの運用が進んでいる．

　政府は，日本経済の成長と国際社会への貢献にはICTの活用が不可欠と位置づけており，ICT成長戦略IIを2013年にとりまとめた．このなかで策定されたスマート・ジャパンICT戦略では，インフラなど共通基盤をさらに強化し世界最先端のICT環境を実現することにより，上記で述べたさまざまな分野において新たなイノベーションを起こすことをめざしている．

(4) 災害への対応

　2011年に発生した東日本大震災をきっかけに，総務省のIT戦略本部内にIT防災ライフライン推進協議会が2012年に設置された．ICT技術を活用した災害に強い国土の構築をめざして，通信ルートの二重化や通信手段の多様化，防災行政無線の充実など通信インフラの強靭化を中心とするものであった．その後も頻発した大地震や水害など，異常気象による災害経験などをふまえ，携帯電話やスマートフォンへのエリア通知や河川氾濫危険度の可視化，詳細な災害情報をいち早く知らせるためのスマートフォンアプリの開発・普及なども進んでいる．これらは，さまざまなセンサを利用したIoT技術，ソフトウェアやクラウドネットワークなどのICT技術を幅広く活用して実現されるものである．

3.2.5 電子商取引と電子貨幣

電子商取引とはEコマース (EC) ともいい，インターネット上でのすべての商取引を意味し，法的にも定義されている[*8]．身近な例としては，一般の消費者が，インターネットを利用して家庭にいながらにして，買い物をするインターネットショッピングやネットオークションなどがある．

インターネットショッピングでは，消費者がインターネット上のバーチャルショップ（仮想店舗）をみて，買いたいものを電子メールで注文し，商品と引きかえに代金を振込みやクレジットカードで支払う．このような物の売買を電子的に行うしくみが，急速に拡大しつつあり，その経済活動は，全世界規模で行われている．

商業に限らず，農業・漁業・畜産業・工業においても，物流とお金の流れが電子商取引を介したものになり，従来の商慣行がくずれて，多様な取引形態がでてきている．

 電子商取引において，だれとだれが取り引きするかによってどのような種類に分けられるか，調べてみよう．

解 答

電子商取引は，だれとだれが取り引きするかによって，企業対企業の取引はB to B (Business to Business)，企業対個人の取引はB to C (Business to Consumer)，個人対個人の取引はC to C (Consumer to Consumer) と分類できる．

B to B：企業間の原材料調達・製品販売や受注などをインターネットの活用により行う．企業のメリットは，調達や販売の範囲や数量が拡大でき，時間の短縮も期待でき，取引にかかわる費用を節約することである．現時点では，もっとも利用されている電子商取引である．

B to C：インターネットショッピングに代表される，企業と個人がインターネットを介した取引である．個々の買い手は，いながらにして世界中の大量の商品情報を同時に手に入れて，その良し悪しを比較することができる．売り手も顧客情報を利用し，個人個人（ワンツーワン）に対応した商業活動を行っている．企業と個人が固定的に取り引きする1対1ショッピングが行われるようになっている．

C to C：インターネットの大きな特徴の1つに，個人の情報発信能力の拡

大がある．個々の人がWebページを利用して，遠隔地の見知らぬ個人どうしが，売り手と買い手になり，商談を進めて，短時間に商品や情報を直接売買する．なかでもフリマアプリ＆ネットオークションが人気を得て発展してきている．

　経済活動を仲介するお金も，電子的に流通するようになってきた．経済的な指標が紙による「貨幣」から電子的なものにかわり，キャッシュレスの電子的な価値が，時間と空間を超えて世界をかけめぐる時代となりつつある．

　なお，通常の紙幣や硬貨は，国家主体の中央銀行などによって発行され，個人が口座などで所有する．この「お金」の出し入れを電子的に行うのが電子マネーである．これに対して，ブロックチェーン技術を利用した仮想通貨（暗号資産）では，価値を保証する機関や実在するお金が存在しない．たとえば，代表的な仮想通貨であるビットコインでは，最初に仮想通貨取引のトランザクション処理に成功したマイナー（採掘者）に一定のビットコインが報酬として与えられるなど，通常の「お金」とは大きく概念が異なっている．今後仮想通貨がどのように利用・普及していくかが注目されている．

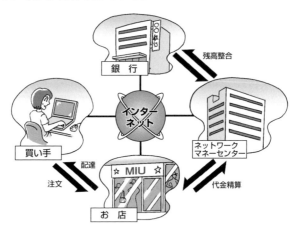

 例題3.4　身近な生活のなかで，私たちが電子マネーと認識するものにどのようなものがあるか調べてみよう．

解　答

　今までは，物を購入するときの支払いや賃金をもらうとき，現金がその仲立ちとなっていた．しかし，ネットワーク社会の今日，私たちは電気やガス・水道などの公共料金の支払いや，通信販売・為替市場・証券市場の種々の取引に，預金口座からの引き落としを利用し，現金を使うことはない．授業料や商品・乗車券などの購入も，口座引き落としやカードによる支払いなどがあたりまえになってきた．また，あらかじめ店頭端末やクレジットカードから入金（チャージ）した額だけを利用できるプリペイド式の電子マネーも普及してきた．当初はICカードとして提供されたが，スマートフォンに電子マネー機能を組み込んで利用できるものが登場したことでユーザーが急増している．さらに，交通機関を主な用途とするSuicaやPASMOなどの電子マネーやQRコードを用いた電子決済も普及している．このように，貨幣の役割をはたすさまざまな電子マネーが出現したわけである．

例題 3.5　一般的に通貨は，a）支払い手段，b）価値の尺度，c）価値の貯蔵手段の機能をもつ．現金通貨の長所短所をあげ，電子マネーが流通するためにはどのような問題があるか考えてみよう．

解　答

　現金通貨には，つぎのような長所と短所がある．
○現金通貨の長所
①すべての取引の支払いに利用できる（汎用性）
②支払いを行った時点で取引が完了する（支払い完了性）
③だれがいつ，どこで，何のために利用したかわからない（匿名性）
○現金通貨の短所
①大量の現金を数えたり，整理したり，運ぶのに時間やコストがかかる
②現金の物理的な摩耗や破損，焼失のリスクがある
③持ち運びの途中の紛失，盗難の危険性がある
　電子マネーは通貨の機能を持ち，さらに電子化されることによって，ネットワーク上を瞬時に駆けめぐるようになった．これはつまり，時間や空間のギャップという現金通貨の短所が解消されたことを意味し，利用者の利便性向上や経済の拡大などに，大きく貢献している．
　しかし，紙幣や硬貨と違い，「もの」として存在しないため，公の場でその存在が信頼され，認められることが重要となる．紙幣や貨幣がもつ長所を実現した電子マネーが流通するために，信頼できる安全なシステムの開発，ルールや制度の見直し，サービス策定の取り組みなどが試行されている．それらの代表的な例として，決済手段の電子化がある．

コラム　貨幣の役割

日常使われている貨幣[*9]には，
- 「あるものは何円に値する」というように，ものの価値を表現する機能
- ものを買う購買機能，すなわち交換可能な価値としての機能
- 債権債務関係の清算，いいかえると貸し借りの関係を清算する決済の機能
- 経済的価値の保持，いいかえると現金をもっていることで経済的価値を貯蔵しているということを客観的に証明できる機能

などがある．これらの貨幣の機能も，情報社会の進展とともに，情報通信ネットワーク上で流通するようになり，よりはやく，より大量に，より遠くまで広がりつつある．

　ものの価値を表現する機能，「あるものは何円に値する」という価値表現自体は，貨幣が目の前になくとも行うことができる．この機能自体が抽象的なものでメディアを選ばず，紙の上でもネット上でも表現できる．こうした価格情報は，インターネット上では，正確に，あっというまに世界をかけめぐるので，経済活動の客観的な指標としての役割をはたすことができる．この貨幣の価値としての購買機能と決済の機能を，情報通信ネットワーク上で実現したものが電子マネーである．電子マネーは貨幣の価値（交換できる力）を電子情報化するタイプと貨幣の決済機能を情報通信ネットワーク上で実現するタイプの2つに分けられる．

| コラム | ブロックチェーン技術 |

インターネット上に大量のデータが存在していても，そのデータが正しいものなのか，だれがいつ作ってどう変わってきたのかといった情報を，安全に正確に管理するのは簡単ではない．データベースサーバによる集中管理では，データの自由な流通には制約が多い．データ自身で正しさや履歴が保証・管理できれば，データ管理に新しい利便性を持ち込むことになる．これを実現しようとするのが，ブロックチェーン（Blockchain）技術である．

ブロックチェーンは，ブロックというデータ構造を，時系列の鎖（チェーン）でつないでデータを保管する．データ自身に連続した関係性を持たせた分散データベースであり，分散型台帳技術とも呼ばれる．データをつなぐときタイムスタンプが記録されるとともに，データ固有のハッシュ値も計算されるので，データに真正性を持たせた状態で，自由に流通可能である．あるブロックを改ざんしても，それ以降のブロックを改ざんに合わせて修正しなければならず，データが分散しているので改ざんが事実上不可能である．データの転送や保存に特殊なシステムは必要なく，一部のノードやデータが壊れてもチェーン全体は正しく動く．ただ，新たなブロックをつなぐときに必要なハッシュ値の生成には相当量の計算能力が必要となる．

ブロックチェーン自体は基盤技術であり，第三者を介さない高信頼データの流通という仕組みの上に，社会的に価値のある応用を構築して初めて実際に利用できる．ブロックチェーンの利用例として最初に広く知られたのは，特定国家の価値保証のない仮想通貨であろう．最初の仮想通貨であるビットコインは，ブロックチェーン技術による信頼性を基盤に，発行数の制限による希少性と，取引記録の追記処理に必要な計算（マイニング）に成功するとビットコイン新規発行の報酬を与えることで，通貨としての価値が認められている．

仮想通貨に限らず，ブロックチェーンの高信頼データを何らかの価値と結びつければ，いろいろな応用が可能となる．たとえば，変更履歴を正確に記録・管理できるので，工業製品・不動産・農産

3.2 情報社会の進展 237

物・芸術作品などと結びつけると，流通過程のすべてを管理者や仲介者なしで追跡可能となる．さらに，貨幣と非貨幣を混在させたままで価値を共通化した取引形態，価格を途中の評価を反映させて変更しながらの流通システム，売り手と買い手が相互に価格を変更できる売買システム，コミュニティや個人の柔軟な与信付与など，価値の生成と管理に関して，これまでの仲介者（国・銀行・取引所・市場など）を必要としない仕組みを実現できる可能性を持っている．

ただ，実現する価値が社会として認知・共有されなければならず，だれでも利用可能なパブリック型の仕組みを実用化するには，制度や法律などの根本的な変革が必要である．これに対して，高価値物品のトレーサビリティの実現，異なる組織・業界を横断したサービス交換，自動車・住宅などを多くの人と共有・利用するときの管理など，記録生成と承認を限定したプライベート型であれば，仲介者なしの分散管理の利便性を生かせる．新しい技術の本質を理解して，社会に受け入れられる仕組みの実現が望まれる．

□**演習問題**□
(1) インターネットを利用した教育機関について，Web検索サイトでキーワードに「バーチャルユニバーシティ」を入力して調べてみよう．
(2) インターネットを活用することにより，企業の組織や経営のしかたがどのように変化してきたか調べてみよう．
(3) 電子行政で実現できる新しい行政サービスを考え，話し合ってみよう．また，自分が住んでいる自治体などの電子行政の例を調べてみよう．
(4) 自分の居住している地域で，遠隔医療がなされているか調べて，そのしくみについてまとめてみよう．
(5) 自分はどのようなときに電子マネーを使っているか，書きだしてみよう．その際，留意すべきことがらはなにか検討しよう．

238　3.情報と社会生活

3.3 情報社会のもたらす影響と課題

社会の情報化は近年いちじるしく発展し，社会活動の利便性を大きく向上させてきている．しかし一方では，その弊害といわれるような問題点もあらわれてきている．ここでは，そのような情報社会のもたらす影響と課題についてみていく．

3.3.1 情報格差

情報をもつものともたないものとの格差のことを，情報格差またはディジタルデバイドとよぶ．情報格差には，地域間・年代間などいろいろな原因によるものがある．

たとえば，ブロードバンドサービスの整備において，日本でもかつては地域間格差がみられた．都市部のブロードバンド普及率が高い一方，山間部や過疎地域では普及率が低いといったものである．しかし2010年以降，総務省の次世代ブロードバンド戦略による整備で格差は徐々に解消され，現在ではほとんどの地域でブロードバンドが利用できる状態になった．

ただし，年代間のインターネット利用率には，現在も格差が生じている．図3.6は，2017年における国内の年代別インターネット利用率を表したものである．13歳から59歳までの各年齢別階層ではインターネット利用率は90パーセントを超えているのに対し，65歳以上では著しく低くなっていることがわかる．

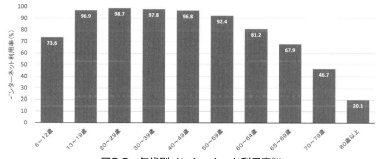

図3.6　年代別インターネット利用率[10]

図3.7は，2018年における世界の地域別人口と，2000年・2018年におけるインターネット利用人口を示している．2000年には，アジアやアフリカ地域の世界総人口に対する割合は多い一方で，インターネット利用人口はそれに比べて少ない．一方，北米やヨーロッパは総人口が少ないにもかかわらず，インターネット利用人口は多かった．しかし，2018年では若干同じ傾向はみられるものの，格差は解消されてきていることがわかる．

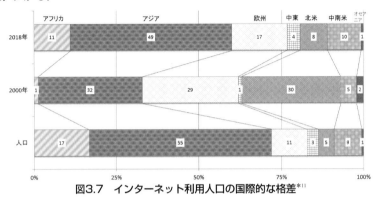

図3.7 インターネット利用人口の国際的な格差[11]

情報格差は，経済的な格差（所得格差）や社会的な地位の格差を生じさせる要因となっている．情報通信ネットワークへアクセスできる人たちは，社会的競争力においてますます優位になっていくが，情報通信ネットワークへアクセスできない人たちはこれについて無関心で，格差が拡大してもネットワークへの接続は必要がないと考えている．このように情報通信ネットワークへの関心は2極化する傾向にあり，情報格差をますます拡大させていくという悪循環におちいる恐れがある．

 情報格差には地域や年代によるもの以外にも，いろいろな種類によるものがある．どのようなものがあるか調べてみよう．

解 答

地域によるもの以外に，たとえば以下のようなものもある．
①身体的格差
　　身体に障がいをもつ人の情報通信ネットワーク利用者数は，一般に健常

者に比べて低い.

②所得による格差

「世帯の年収別パソコン, インターネット利用」によれば, 年収が高い世帯はそれが低い世帯に比べて利用率が高くなっている.

③年代別格差

年代（世代）によってインターネットの利用率は異なる. 一般に若い世代に比べて高齢者では利用率は低い. しかし年々その格差は縮小している.

◆練習問題3-4◆

例題3.6で調べた情報格差を解消するには, どのような方策が考えられるか調べてみよう.

情報通信環境が整備され, 社会における利便性がますます向上していくなかで, 情報格差による情報の貧富の差が生まれることは好ましくない. だれもが豊富な情報資源を活用し, 情報通信技術の恩恵を最大限に享受できるよう情報格差を是正していくことが重要である.

3.3.2 有害情報

（1）有害情報とは

近年の情報通信ネットワーク（とくにインターネット）社会の大きな特徴として, だれもが自由に情報を発信できることがあげられる. また同様にだれでもインターネットにアクセスできる環境であれば, 簡単にそれらの情報を入手することもできる. さらに「インターネットを利用すれば得られない情報はない」といわれる一方で, さまざまな**違法情報**や**有害情報**も存在すると指摘されている.

インターネット上の違法情報・有害情報とは, 旧郵政省が1997年に出した「インターネット上の情報流通ルールについて（報告書）」において「法令の規定に違反し又は他人の権利を侵害する情報を＜違法な情報＞, それ以外の社会通念上好ましくないと思われる情報を＜有害な情報＞と呼ぶ」とそれぞれ定義した（図3.8）. とりわけ有害情報については, 社会問題として近年大きくとりあげられている. 自殺をテーマにしたサイトで出会って集団自殺したり, 高校生や大学生が出会い系サイトに

3.3 情報社会のもたらす影響と課題　241

よって犯罪に巻き込まれるなどといった事件は，社会に大きな衝撃を与えている．また，違法行為の勧誘を目的とした，いわゆる「闇サイト」とよばれるウェブサイトは，特定のブラウザでのみアクセスが可能なダークウェブ上に存在することも多く，このような場合は対応が難しくなっている．

図3.8　インターネット上の違法情報と有害情報の例

 例題 3.7　アクセスしたページが有害情報を含むページであった場合，どのように対処したらよいか考えてみよう．

解　答

　自分自身がそのような有害情報の影響を受けないようすることはもちろんである．さらに，各都道府県の警察でもインターネット上の違法情報や有害情報に関する情報提供をよびかけている[*12]．そのような情報が社会に影響を与えることを防ぐためにも，近くの警察に相談するのも適切な対処法の一つである．

242　3.情報と社会生活

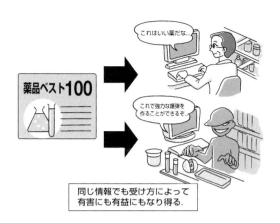

同じ情報でも受け方によって有害にも有益にもなり得る．

(2) 有害情報の対策

インターネットが普及する以前から，社会にはさまざまなメディア上で有害情報が存在していたと思われる．しかし，書籍や放送などにおいては，情報を発信・受信する過程において，何人かの人やシステムによるチェックが入ることから，ある程度のフィルタリングが行われていたと考えられる．しかし，インターネットではだれの目にもふれず，瞬時のうちに世界中に情報を発信することができ，また同時に世界中で受信することが可能であるため，有害情報が広まりやすい環境であるといえる．さらに，有害情報と社会で認知されて一定期間後に削除されたとしても，多くの人にその情報がすでに伝わっており，またそのコピーの容易さから，かなりの確率でその情報がどこかに残され，再度発信されるという可能性もある．

さらに，どのような情報が有害かを具体的に判断するのは難しい問題である．同じ情報でも，発信者と受信者でその意図するところが異なったり，受信者における情報の受け止め方が異なれば，有益な情報となったり有害情報となったりすることもあり得るからである．このように，有害かそうでないかの判断の難しさが，有害情報対策の議論を困難にしている．

このような違法・有害情報の増大が犯罪や人権侵害等の社会問題の発生を助長しているとし，政府は内閣官房に「IT安心会議」，「違法・有害情報対策官民実務家ラウンドテーブル」などといった違法・有害情報な

どに対する枠組みを設定してきた．とくに出会い系サイトにからむ犯罪などに積極的に注意のよびかけを行うなど，対策方法を検討している．

ところで，これら有害情報への対策として考えられることは，有害情報の発信規制，法律の整備あるいは有害情報を受信しないようにするためのコンテンツ・フィルタリング（フィルタリングソフト）を導入することがあげられる．コンテンツ・フィルタリングとは，表示する内容に有害情報など問題がある場合は，その接続を遮断して表示を制御する技術（ソフトウェア）のことをいう．現在では通信機能の一部として実装されているほか，インターネットサービスプロバイダや携帯電話会社でサービスとして提供しているもの，専用のソフトウェアを利用するものなどがある．2009年には「青少年ネット規制法（青少年が安全に安心して利用できる環境の整備などに関する法律)」が施行され，特別な事情がない限り，未成年者が携帯電話を新規契約する場合は，フィルタリングサービスの適用が原則義務づけられるようになっている．

また，都道府県警察では，インターネット上においてサイバーパトロールを実施し，違法情報がある場合は，プロバイダやコンテンツの管理者に対して削除依頼を行うなど被害防止対策を実施している．

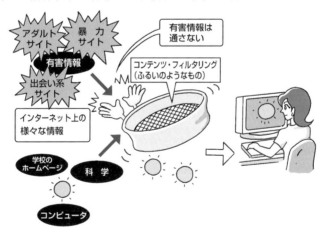

◆練習問題3-5◆

コンテンツ・フィルタリングには技術的にいくつかの種類がある．ど

のようなものがあるか調べてみよう．

 コンテンツ・フィルタリングの効果は有効だろうか．問題点はないか考えてみよう．

解　答

　有害情報かどうかを判断するのは難しい問題であることはすでに述べた．つまり受信者には有害ではない情報も，コンテンツ・フィルタリングでは有害と判断されてブロックされる可能性がある．また，その逆の場合も考えられる．さらに受信者が受信する情報を制限するという行為には，受信者がこのことに合意をしていることがのぞましい．このように完全に受信者に有害な情報をフィルタリングするというのは難しい．

　日本国憲法第21条では「集会，結社及び言論，出版その他一切の表現の自由はこれを認める」「検閲は，これをしてはならない」としており，情報の規制などで情報の流通にかかわる国民の諸活動が，公権力によって妨げられることはない．つまり情報発信に規制を設けることは「公共の福祉」に反する場合に限られており，必要最小限以外ではほぼ不可能である．

　このように規制・制限が有害情報対策として十分に有効でないことに留意し，私たち自身が高い倫理感をもって情報を発信し受信する姿勢をもつことが必要である．

　ネットワーク上では有害情報が多く存在することを改めて認識し，そのような情報に影響されないこと，また，インターネットでの情報発信が社会に与える影響の大きさを念頭におき，個人も組織も有害情報を発信しないように十分気をつけなければならない．

3.3.3　健康への影響

　社会および個人生活の情報化が大きく進展し，コンピュータのない仕事や生活はもはや考えられなくなっている．その一方で，健康に関する弊害もあらわれはじめている．情報社会におけるコンピュータ従事者に多くみられる健康への影響には，主にテクノストレスとVDT障害がある．

(1) テクノストレス

テクノストレスとは，1984年アメリカの心理学者である**クレイグ・ブロード**が命名した，コンピュータ作業に従事する人々の間に多かれ少なかれみられる病理である．現代のテクノロジーによって身体的・精神的にストレスを発生させることから，このようによばれる．ブロードは，シリコンバレーでアルコール依存症や薬物依存・うつ病・自律神経失調症などが多発した理由を研究し，その背景にテクノストレスが存在することを示した．そして，テクノストレスには**テクノ不安症**と**テクノ依存症**があるとしている．

テクノ不安症とは，パソコンを使うのが得意でない人が，仕事などの業務のために使用することを強制され，無理に使いこなそうとしているうちに，身体的に自律神経失調症状（肩こり・どうき・めまい・息切れなど）を訴えたり，または精神的にうつ状態になるなどの症状を訴えるようになることをいう．コンピュータの操作に適応しきれないため生じる不安やあせりなどがこのようなストレスを引き起こす．

テクノ依存症は，コンピュータの操作を比較的得意とする人に起きやすい症状であり，コンピュータやインターネットを日常的に使用する現代人の多くは，こちらの症状に陥りやすい．これはコンピュータに没頭し，その利用が過度になってくると，それなしでは不安を感じたり，対面による人とのコミュニケーションが下手になったりするものである．つまり，感情表現を喪失したり，人間関係を回避したりするようになるもので，精神的な症状として，以下のような要素をあげている[*13]．

①自分の限界がわからなくなる．

②時間の感覚がなくなる．
③邪魔されるのががまんできなくなる．
④あいまいさを受け入れられなくなる．
⑤オン・オフ式の対話しかできなくなる．
⑥人と接することを嫌うようになる．
⑦人を見下すようになる．

　最近では，スマホ依存・ネット中毒あるいはゲーム障害（ゲーム依存症）にみまわれる若者が増加している．スマホ依存は，1日の大半をスマートフォンの使用に時間を費やし，SNSのコメントやダイレクトメッセージの返信が気になり，他のことが手につかなくなるなどといったものである．

　また，ゲーム障害は，日常生活に障害をきたすほどゲームに過度にのめり込んでしまう症状であり，WHO（世界保健機構）により国際的な疾患として2018年に認定された．とくにオンラインゲームでは，依存度が高くなる傾向にある．これは，チームプレイによって，やめたくなっても他のメンバーに迷惑がかかるなど，自分からやめることが難しくなるためである．症状が重い場合は，専門の医療機関での治療が必要な場合もある．

　このような依存症になりやすい性格傾向として，執着気質・こり症・完全癖・二者択一的思考・生真面目などといわれる．自分をみつめ直し，このような依存症とならないよう心がけることが重要である．

◆**練習問題3-6**◆

自分は「テクノ依存症」になっていないか，チェックしてみよう．

3.3　情報社会のもたらす影響と課題　247

(2) 予防法

テクノストレスやスマホ・ゲーム依存症の予防法としては，以下のようなことが有効である．日常的にこれらのことを実行し，テクノストレスや依存症から自分を守ろう．

①コンピュータやスマートフォンに向かう時間，ゲームをする時間を制限する．

②コンピュータ作業中は定期的に休憩・休養をとる．

③文字入力を中心とした作業を行っている場合，タイプミスが多くなったら休憩をとるか，作業を中断する．

④毎日人と面と向かって，直接交流する機会をもつ．

⑤積極的に感情を出すようにする．

⑥適度に運動する．

⑦ときどき自然に接する．

⑧森林浴・音楽療法などで心身のリラックスにつとめる．

(3) VDT障害

VDT（Video Display Terminal）障害とは，コンピュータやスマートフォンの画面を長時間見続けることによって，目の疲れ・視力低下・ドライアイ・肩こり・腰痛・頭痛・腱鞘炎など，健康上の問題を引き起こす症状のことをいう．パソコン操作におけるVDT障害を防止するには，以下のようなことがらに注意する（図3.9）．

①キーボード作業

キーボード作業をする場合，肩の力をぬいてリラックスした状態で行う．また手首と腕をまっすぐにのばす．作業中は手が疲れないようにときどき位置をかえる．

②椅子のすわり方

椅子は調整が可能で，体をしっかりとサポートするものがのぞましい．すわるときは足全体が床に着くように高さを調整する．ただし，この状態で手が適切な高さでキーボードにおけない場合は，机の高さを調整するか，足おきをおく．

③ディスプレイの調整

ディスプレイの位置が高いと，まぶたが大きく開き，ドライアイの原因となる．そのため，ディスプレイの上端が目線のやや下になるようにディスプレイの高さを調整する．また，目からディスプレイまでの距離を40cm以上離し，近づき過ぎないように注意する．さらに照明や窓からの光の反射が最も少なくなるようにおき，場所や角度を調整する．また，画面の明るさも目に疲労を与えない適切なレベルに調整する．

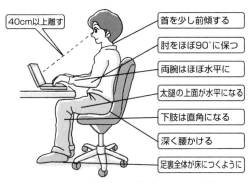

図3.9　パソコン操作時の正しい姿勢

また，スマートフォンの操作においては，長時間画面をみることを避け30分に一度は休憩をする．首や肩の凝りを防ぐためうつむきすぎないようにする．寝る直前にスマートフォンを操作しないなど，健全な使用を心がけよう．

◆練習問題3-7◆

自分がパソコンを操作する際，正しい姿勢をとっているかチェックしてみよう．

3.3.4　利便性と弊害

情報通信社会の進展によって，さまざまな場面でいちじるしく利便性が向上している．たとえば，携帯情報端末や大容量のクラウドストレージおよびリムーバブルメディアの普及により，データの可搬性が大きく

向上し,さまざまな情報を手軽にもち運べるようになった.あるいは,インターネットによる情報公開が進み,インターネットに接続すれば,以前には入手がむずかしかった情報を即座に閲覧することも可能である.しかし一方で,情報の漏洩や不正利用などセキュリティに関する問題も深刻化してきている.ノートパソコンの盗難や紛失,ウィルス感染などによって重要な個人情報が流出したり,クレジットカード情報を管理する会社のサーバから顧客情報が漏洩する事件が発生したりするなど,社会に大きな影響を与える事例が起こっている.

このように利便性が向上するにもかかわらず,それにともなう弊害が生じてしまう例が,情報化社会において多くあらわれていることを認識しておく必要がある(図3.10).

図3.10 情報社会の利便性と弊害

例題3.9 LINEなどSNSのDMでは,気軽にメッセージをやりとりできることから,コミュニケーション手段として欠かせないツールとなっている.その利便性と弊害について考えてみよう.

解 答

遠距離でも比較的通信料が安価である,相手が不在でも届けることができる,あるいは写真などを添付して送ることができるなどの利便性がある.一方,コミュニケーションのSNS依存度が高くなり,会って話せばよいようなことでもSNSですませる人が増え,しだいに顔を向きあわせたコミュニケーションが苦手になっていることが少なくない.これは人間の本来のコミュニケーション能力を失っている例であり,弊害の一つといえよう.

情報通信技術の発達によって，従来は不可能であったことが可能になったことの意義は大変大きい．しかし，これが私たちの生活に悪影響を与えては本末転倒である．情報化の利便性に対して何が弊害となるかを念頭におきながら，情報通信ネットワークシステムを利用する必要がある．またそれは，一概にどうといえるものではなく，個人によって状況は異なる．

　現代社会（とくに日本）は物質的に豊かであっても，それが本来の人間の幸せであるかどうかにむすびつかないのと同様，情報化で入手できる情報の量の多さそのものが，社会や個人生活の質的向上に直結するかはわからない．つまり利便性と弊害のバランスを考えて，そのための方法を取捨選択する能力が必要となる．技術的には可能であっても，それを「あえて」しないという選択も大切なのである．

◆練習問題3-8◆
　本文で取り上げた以外に，情報通信ネットワーク社会の進展により利便性が高くなった反面，弊害を生んでいると思われる例について考えてみよう．

□演習問題□
（1）国際的格差是正のために，どのような取り組み・活動がなされているか事例を調べてみよう．
（2）コンテンツ・フィルタリングが導入されている例を調べてみよう．
（3）有害情報によって高校生や大学生などが被害にあった最近の事例について調べてみよう．また，そのような被害にあわないためにはどのようなことに気をつけるべきか考えよう．

3.3　情報社会のもたらす影響と課題　251

3.4 情報社会における個人の役割と責任

　社会の情報化にともない，情報や情報システムに関する法律・体制の整備が進められている．情報社会を健全に維持し発展させていくために，私たちは社会や所属する組織の一員としてどのような役割をはたし，また，どのような責任を負うのかを正しく認識しておく必要がある．

3.4.1　情報の信頼性と信ぴょう性
（1）正しい情報の大切さ
　私たちはなぜ情報を求めるのかということを考えてみよう．たとえば，バスに乗って近くの街まで買い物にでかけようとしているとき，最寄りのバス停の時刻表という情報が得られれば，いつ家をでればバス停であまり待たずにすむのか判断することができる．情報を得るということは，あることがらについて不確実さを減らすことであり，それは自分の行動や判断に何らかの影響を与えることになる．

　時刻表に書かれたバスの時刻が正しければ，時間を無駄にすることなくバスに乗ることができ，得られた情報とそれにもとづいた自身の行動・判断にあなたは満足するだろう．では，もし時刻表に誤りがあったらどうだろうか．得られた情報が正しいと信じた結果，あなたは不愉快な時間をバス停の前で過ごすことになってしまう．このように得られた情報が正しくないと，その結果を信じたところによる損失は大きくなる．

（2）情報の信頼性
　本来，正しい情報が得られるはずであるのに，何らかの障害や不正な操作（情報の改ざん・すりかえなど）によって正しくない情報を受け取ってしまう場合がある．情報の信頼性とは，受け取った情報が正当な情報提供者から発信されたもので，伝送途中でのデータ欠落や改ざんが行われていないという確からしさをいう．

　電子商取引や電子行政の安全な運用には，情報の信頼性の確保が欠かせない．そこで情報の信頼性を確保するための手段として，電子認証や電子署名などが考案され(2.6.3参照)，その利用が進められている（図3.11）.

252　3.情報と社会生活

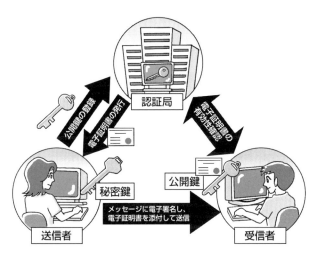

図3.11 電子署名・電子認証による情報の信頼性確保

(3) 情報の信ぴょう性

　私たちは日々さまざまな形で情報を得ている．放送・新聞・雑誌などのマスメディアから，書籍として出版されたものから，友人や家族との会話から，そして最近ではインターネットから，たくさんの情報を得られるようになってきた．

　得られた情報が本当に正しいものなのか，これをみきわめずに正しいと思い込んでしまうのは大変危険である．情報が信用できるか否かを，情報の信ぴょう性という．私たちが情報を上手に利用するためには，信ぴょう性の高い情報を収集・獲得するように心がける必要がある．ではどうしたら情報の信ぴょう性をみきわめることができるのだろうか．

　情報の信ぴょう性を判定する指標として，次の2つをあげる．
① 情報の発信もとが信頼できるところであるか．
② 異なる複数の発信もとが同じ情報を伝えているか．

　最初の指標は，情報の信ぴょう性を情報源の信頼度によって評価しようというものである．国や地方自治体などの公的機関から発信される情報や，新聞・放送などのマスメディアで報道される情報は，信頼できる情報として多くの人が受け入れると思う．また，社会的に信用されてい

3.4 情報社会における個人の役割と責任　253

る組織や個人が発する情報も，情報の信ぴょう性が高いものとして受け入れられるだろう．一方で，あまり聞いたことがないような組織や個人の発信する情報に対しては，懐疑的な心理が働くものである．

　2つ目の指標は，複数の情報源から得た情報を照らし合わせることによって，伝えられる情報の信ぴょう性を確認しようというものである．同じことがらについて複数の情報源から同じ情報が伝えられているのであれば，その情報は信ぴょう性が高いといえる．

(4) 個人に求められる能力

　上にあげた2つの指標は，情報の信ぴょう性を判定するうえで有用である．しかしその判定を経た情報であっても，安易に信用することはさけるようにしなければならない．情報には，事実をそのままの形で伝えるものもあれば，そこになんらかの意図が含まれていることもある．

　放送や新聞といったマスメディアが生産・流通させる情報内容には，さまざまな思惑や偏見が刷り込まれているともいえる．放送内容や新聞記事を無条件に受け入れるのではなく，批判的に読み解く能力を身につけることも，情報社会に生きる私たちに必要なメディアリテラシー（1.2.2（3）参照）である．

　インターネットの普及は，マスメディアのみならず，個人にも社会に対して広く情報を発信する手段を提供し，また膨大な情報へのアクセスを可能にした．私たちには，情報の受け手として，多くの情報のなかから必要かつ信頼できる情報を収集し，それをもとに的確な判断ができる

能力が求められている．またそれと同時に，情報の送り手として，信ぴょう性・信頼性の高い情報を発信する能力も求められている．

3.4.2　組織による情報の管理とセキュリティ

（1）情報管理とセキュリティ

　企業や役所，学校などの組織では，それぞれの業務を遂行するうえで必要となるさまざまな種類の情報を扱っている．コンピュータやネットワークなどのIT（情報技術）の普及により，これらの情報は電子化して保存され，ネットワークを介してやり取りすることが容易にできるようになった．これは組織内での情報の一元管理や情報流通の効率化をもたらす．その一方で，機密情報の流出の危険性など注意すべきことが多くなり，その対応が問われている．

　また，ソフトウェア資産の管理も必要であり，組織によるソフトウェアの不正利用なども決してあってはならない．企業などで導入しているソフトウェア利用に際し，そのライセンス管理をしっかり行っておく必要がある．

（2）セキュリティポリシー

　組織内での情報の適切な管理と運用をはかるために，セキュリティポリシーの策定が求められている．

　セキュリティポリシーとは，
・情報が漏洩すること
・情報が改ざんされること
・情報が利用不可能になること
といった脅威に対して，
・何を保護するのか
・何から保護しなければならないのか
・何か問題が起きたときにどのような対応をとるのか
といった基準を示したものである（図3.12）．

　2001年（平成12年）に政府がまとめた「情報セキュリティポリシーに関するガイドライン*14」では，情報の分類と管理のポリシーを定め

3.4　情報社会における個人の役割と責任　255

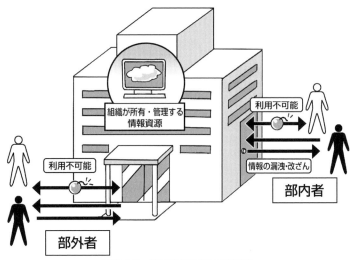
図3.12 情報資源に対する脅威

たうえで
- 物理的セキュリティ
- 人的セキュリティ
- 技術的セキュリティ
- 運用

の4つの観点から，包括的な情報セキュリティ対策を実施するというガイドラインを定めている．

(3) セキュリティポリシーの策定

①情報の分類と管理

　情報の適切な管理を行うために，組織内で扱う情報を分類することから始める．ここでは，公開情報と非公開情報の2つに分類する．

　公開情報は，だれでもどこからでも閲覧することができる情報である．情報の公開にあたっては，その情報が秘密にしなければならないことがらを直接または間接的にもらすことがないかだけでなく，個人情報や著作権など他者の権利を侵害しないかを十分に吟味する必要がある．また，公開情報は他者からはその組織が公式に認めた情報とみられる．したがって，公開情報が何者かによって改ざんされ，誤った

情報が流布することがないように防止策を講じることも重要となる.

一方,非公開情報は,特定の許可された利用者だけが限られた場所からのみ閲覧することができる情報である.したがって,非公開情報の管理は厳格に行われなくてはならない.利用者を特定するために,非公開情報へのアクセスはIDやパスワードなどによる認証が不可欠になる.いつ,だれが,どの情報にアクセスしたのかという記録(ログ)を取っておくことも大切である.また,非公開情報の保管についても細心の注意が必要となる.アクセスを許可された利用者が業務上の必要性から自分のパソコンに非公開情報をコピーした場合,そのコピーについても不特定者がアクセスできないような処置を施す必要がある.

②物理的なセキュリティ

重要な情報システムの設置場所には,不正な立ち入りやシステムの破壊・妨害などから守るために,IC認証カードなどによる入退室管理や監視カメラを設置する.また,機器を机やラックに固定したり,機器間の配線に容易にふれられないようにするなど,物理的な対策について具体的な項目を定める.

③人的セキュリティ

情報セキュリティ確保のための体制を確立する.すべての情報セキュリティに関する権限と責任をもつ最高情報セキュリティ責任者をおき,情報セキュリティ委員会を設置して,システム管理者や各セクションの情報セキュリティ担当者の役割・責任を明確にする.

情報セキュリティを確保するためには,組織の構成員全員がその重要性を理解し,組織が定めた対策を遵守することが必要となる.ポリシーの周知徹底をはかるため,研修会・説明会の実施についても定めておく.

④技術的セキュリティ

情報システムの運用管理やネットワーク管理,記録媒体の保護などについて,技術的な手段による対策を規定する.具体的には,情報資源へのアクセス記録(ログ)を取得し,一定期間保存する,不正アクセスを防止するために,パスワードによるアクセス制限やファイアウ

3.4 情報社会における個人の役割と責任 257

ォールを設置する，コンピュータウイルス対策のソフトウェアを導入する，情報機器や記録媒体を破棄する場合は，データを読み出せない措置を施してから廃棄する，などさまざまな対策がある．

⑤ 運用

　策定・導入したセキュリティポリシーの実効性を確保するためには，情報システムの利用者がポリシーを遵守しているかどうか，また，管理・監視の機構が正常に作動しているかどうかを確認する必要がある．これらの日常的な監視・点検の実施手順を定めておくとともに，侵害された場合（accident：事故），または恐れがある場合（incident：事件）に，具体的にどのような措置を講じるかを定めた，緊急時対応計画を定めておく必要がある．こうした情報セキュリティ対策を専門に扱う組織内体制としてCSIRT（Computer Security Incident Response Team：シーサート）を設置し，好ましくない事件（インシデント）の発生段階から対処することが求められている．

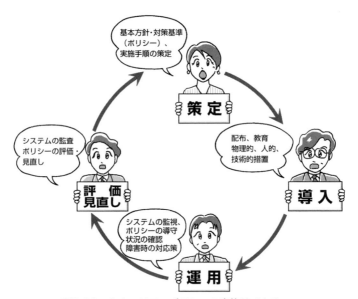

図3.13　セキュリティポリシーの実施サイクル[*14]

（4）セキュリティポリシーの実施サイクル

セキュリティポリシーは，情報システムの変更やセキュリティをおびやかす新たな脅威をふまえ，定期的に評価・見直しをしていく必要がある．ポリシーが実態に即しているかどうかを意見聴取などにより把握し，適切なポリシー策定につとめることが大切である．図3.13の実施サイクルを繰り返すことが，高いセキュリティ水準の維持につながる．

（5）組織における情報セキュリティと個人の役割と責任

情報セキュリティを維持していくうえで大切なことは，策定・導入したセキュリティポリシーを確実に運用していくことである．これは，組織の構成員たる個人がみずからの役割と責任をしっかりと自覚し，実行することによって維持されるものである．セキュリティの確保と利用者の利便性には，トレードオフの関係がみられる．利用者の立場としては，システムの使い勝手や情報の取り扱いに不便な点が出てくることに不満をもつかもしれない．しかし，もっとも弱いところからセキュリティが破られることから，情報セキュリティの重要性を理解し，ポリシーを遵守するようつとめることが大切である．

3.4.3　情報に関する法律
（1）個人情報の保護に関する法律

氏名・住所・性別・生年月日など，個人を特定できる情報を個人情報という．たとえば店で購入した品物を配達してもらうとき，私たちはなんのためらいもなく，住所・氏名などの個人情報を開示している．開示した情報が商品の配達やその店での顧客情報として利用されることについては容認できても，その情報が知らないうちに第三者に渡ったとなるとどうだろうか．住所・氏名程度ならば，まったく知らない会社から商品案内のダイレクトメールが届くくらいのことですむかもしれない．しかし，積極的に公にしようとは思っていない個人情報，たとえば職業や学歴，収入や借金の額，家族構成，思想・信条などが，なんのことわりもなく収集・利用されているとなると，心穏やかではいられなくなってくる．個人情報の不適切な取り扱いや誤った使用は，私たちの権利や利

3.4　情報社会における個人の役割と責任　259

益の侵害につながる恐れがある．そこで，個人情報を正しく安全に取り扱うルールを定めようというのが，個人情報の保護に関する法律である．

個人情報の保護に関するルールとしては，1980年にOECD（経済協力開発機構）理事会の勧告した「プライバシー保護と個人データの国際流通についてのガイドライン」がある．このガイドラインでは個人情報の取り扱いについて，表3.3の8原則をあげ，個人情報の収集や利用を制限するとともに，「自分に関する情報の流通をコントロールすることができる権利」としてのプライバシー権を明確にしている．

表3.3 OECDガイドラインの個人情報取扱いに関する8原則

収集制限の原則	データ内容の原則
目的明確化の原則	利用制限の原則
安全保護の原則	公開の原則
個人参加の原則	責任の原則

わが国でもOECD勧告にそったかたちで1988年に「行政機関の保有する電子計算機処理に係る個人情報の保護に関する法律」が公布されており，各自治体においても同様の個人情報保護条例が制定されている．

これまでに制定されてきた個人情報保護に関する法律や条令は，国や自治体が個人情報を取り扱う場合を対象としたもので，民間の企業などには強制力をもたなかった．インターネットや電子商取引（オンラインショッピングなど）の普及により，民間が取り扱う電子化された個人情報も飛躍的に増大してきた．そこで政府は，民間の事業者にも法的な強制力が及ぶ個人情報保護法を制定すべく作業を進め，2003年（平成15年）5月に「個人情報の保護に関する法律（個人情報保護法）」が成立し，

図3.14　個人情報保護法制の体系イメージ

2005年（平成17年）4月より完全施行された.

　個人情報保護法は，個人情報の有用性に配慮しながら，個人の権利や利益を保護することを目的として定められたもので，官民を通じた基本法の部分と，民間の事業者に対する個人情報の取り扱いルールの部分から構成されている（図3.14）.

　この法律の対象となる民間の事業者は，個人情報をコンピュータを用いて検索できるように体系的に構成した「個人情報データベース等」を事業活動に利用している事業者で，個人情報取扱事業者とよばれ，次のようなルールが適用される.

①利用・取得に関するルール

　・個人情報の利用目的を特定し，目的外利用は原則禁止

　・不正な手段による個人情報取得の禁止

　・本人から直接個人情報を取得する場合は，あらかじめ利用目的を明示

②適正・安全な管理に関するルール

　・利用目的の達成に必要な範囲で，個人データを正確かつ最新の内容に保つ

　・情報漏洩を防止するために個人データを安全に管理し，従業員や委託先を監督

③第三者提供に関するルール

　・本人の同意を得ない個人データの第三者提供は原則禁止

④開示等に応じるルール

　・本人からの求めに応じて保有する個人データの開示・訂正・利用停止等に対応

　・個人情報の取扱いに関する苦情を適切かつ迅速に処理

　ディジタル化された個人情報は，瞬時に伝達でき，しかも劣化することがない．故意や事故で情報が漏れやすい上に，一度漏れたら取り返しがつかない．このような性質をあらためて確認し，個人は自分の個人情報が正しく使われているかどうか意識し，行政機関や民間企業はこれに応えることができるよう適切に管理しなければならない.

　上では，個人情報を保有する組織が守るべき法律を国内に限定して述

べた．しかし，グローバル化が進むなかで，個人情報の処理や移転について国を超えた管理の重要性が増している．たとえば，欧州経済領域31か国は2018年5月から一般データ保護規則（GDPR：General Data Protection Regulation）という法律を施行し，個人のプライバシー保護を基本的権利として強力に保護している．この領域に商品やサービスを提供する企業などは，GDPRの内容を十分に理解して対応しないと，多額の制裁金を課されて信用を失うことになる．

　一方で，大量のディジタルデータが蓄積できるようになり，これを有効に利活用したいという要求が生じている．個人情報を含むデータを不用意に流通させ加工すると，個人を特定されてプライバシー侵害につながる恐れがある．このため，2017年改正の個人情報の保護に関する法律第二条9項に定められた「匿名加工情報」の重要性が増している．匿名加工情報とは，(1)特定の個人を識別することができないように個人情報を加工して得られる個人に関する情報であって，(2)もとの個人情報を復元できないようにしたものである．これを使えば，災害時の避難行動を分析し阻害要因を除いたり，医療データを分析して個人に合わせた医療を実現したりと，個人を特定されることなく新たなサービスや製品を生み出すことが期待される．自分の個人情報がどのように利用されているかに気を配りつつ，使う立場では適切な利用と説明責任を果たさなければならない．

(2) 知的財産権の保護に関する法律

　自動車や家などを所有している人は，所有者以外の人が勝手にそれらを利用したり売買することを許さないという，その「物」に対しての独占排他的な権利（財産権・所有権）を有する．これと同じように，「物」としての実体がない知的な創造活動に対しても，同様の独占排他的な権利を設定することができる．これを知的財産権（知的所有権）という．

　知的財産権には図3.15のような権利があり，それぞれの権利を規定する法律が制定されている[15]．

262　3.情報と社会生活

```
                  ┌ 著作権（文学・音楽・美術など）…著作権法
                  │           ┌ 特許権（発明）…特許法
                  │           │ 実用新案権（考案）…実用新案法
         知的財産権 ┤  産業財産権 ┤ 意匠権（工業デザイン）…意匠法
                  │           └ 商標権（ロゴマーク）…商標法
                  │  その他    半導体集積回路配置図に関する権利
                  │           種苗法
                  └           不当競争防止法
                              など
```

図3.15　知的財産権の構成

　産業財産権（工業所有権）は申請・審査の手続きをへてその権利が付与される．一方，著作物については，手続きをとらなくても著作権の保護対象となる（無方式主義）．

　著作権は，さらに図3.16のように複数の権利に分類される．

```
         ┌ 著作者の権利
         │   ┌ 著作者人格権（著作者の人格的利益を保護する権利）
    著作権 ┤   └ 著作財産権（著作物の利用を許諾・禁止する権利）
         └ 著作隣接権（実演等の利用を許諾・禁止する権利）
```

図3.16　著作権の構成

　著作者は，著作者人格権と著作財産権の2種類の権利をもつ．このうち著作者人格権は，著作者本人に対してのみ与えられる権利で，著作財産権がなくなっても著作者のもとに残る．著作財産権については，著作者が第三者にその一部ないし全部を移譲することが可能である．

表3.4　著作者人格権[15]

公表権	未公表の著作物を公表するかどうかを決定する権利
氏名表示権	著作物に著作者名を付すかどうか，付す場合に名義をどうするかを決定する権利
同一性保持権	著作物の内容や題号を著作者の意に反して改変されない権利

3.4　情報社会における個人の役割と責任　263

次に著作者人格権および著作財産権を構成する諸権利について説明する．著作者人格権は著作者の人格的利益を保護する権利で，表3.4に示すように，公表権・氏名表示権・同一性保持権の3つの権利からなっている．一方，著作財産権は著作物の利用を許諾したり禁止する権利で，表3.5のように，複製権，上演権・演奏権，上映権，公衆送信権等，口述権，展示権，頒布権，譲渡権，貸与権，翻訳権，二次的著作物の利用に関する権利と多くの権利をたばねたものになっている．

著作者人格権および著作財産権が著作者の権利であるのに対し，著作隣接権は実演家，レコード製作者，放送事業者など，著作物の利用者が実演などの利用を許諾したり禁止する権利を規定している．実演家には録音権・録画権，放送権，送信可能化権など，レコード製作者には複製権や送信可能化権など，放送事業者には複製権，再放送権などがそれぞれ認められている．

表3.5　著作財産権[*15]

複製権	著作物を印刷，写真，複写，録音，録画その他の方法により有形的に再製する権利
上演権・演奏権	著作物を公に上演し，演奏する権利
上映権	著作物を公に上映する権利
公衆送信権等	著作物を公衆送信し，あるいは，公衆送信された著作物を公に伝達する権利
口述権	著作物を口頭で公に伝える権利
展示権	美術の著作物または未発行の写真の著作物を原作頒品により公に展示する権利
頒布権	映画の著作物を公に上映し，その複製物により頒布する権利
譲渡権	映画の著作物を除く著作物をその原作品または複製物の譲渡により公衆に提供する権利

これまでの著作権法はインターネットを想定していないため，Webなどによる著作物の提供が，著作権を構成するどの権利に関わってくるのかが明確ではなかった．1997年の著作権法改正により，公衆送信権および送信可能化権が創設され，それらが明確になった．

Webによる情報提供は，クライアントからのリクエストに応じて情報を送信する形態をとる．このような形態による著作物の送信を「自動

公衆送信」とし，「放送」および「有線放送」とともに公衆送信権の範疇に加えた．また自動公衆送信を前提として著作物をネットワークに接続されたコンピュータに保存することを，送信可能化権と規定している．

著作権者は，送信可能化権を含む自動公衆送信全体に対する権利を保有する．これに対し，著作隣接権者（実演家など）には送信可能化権のみが付与されており，公衆送信権はもたない．

ここで述べた法律で保護されるような知的創造物の重要性から，2002年（平成14年）11月に知的財産基本法が制定された．この法律では，著作権や産業財産権などにより定められた権利または法律上保護される利益に係る権利を，知的財産権と定義している．知的財産基本法は，知的財産の創造・保護・活用および人的基盤の充実を目的に制定され，知的財産をもとに経済・社会の活性化をはかる知的財産立国の実現に向けた国の基本戦略を規定している．

インターネットを介した情報流通が急速に進むなかで，著作権者の権利を守りつつ利用者の利便性を高める法律改正が進んでいる．たとえば，インターネット等を活用した著作物利用の円滑化を図るための措置（2009年），出版権としてCD-ROM等による出版についての権利やインターネット送信による電子出版についての権利を新たに規定（2014年），著作権者の許諾を要する範囲を見直し情報関連産業・教育・障がい者・美術

3.4 情報社会における個人の役割と責任　265

館等におけるアーカイブの利活用の円滑化（2018年），セキュリティ確保やビッグデータ解析などを可能にする柔軟な権利制限の新設（2019年）などが制定されている．

さらに，2018年12月30日に施行された改正著作権法は，環太平洋経済連携協定（TPP：Trans-Pacific Partnership Agreement）という国際的な枠組み変更に伴い発効するもので，保護期間の50年から70年への延長，海賊版販売など一部の侵害行為を非親告罪化，アクセス制御技術の回避行為を違法とする，大きな改正が行われた．こうした内容を理解したうえで，著作物を利用するときに正しい行動をとるとともに，自らの成果物を守れるよう，どのような法律が存在するか引き続き学んでいきたい．

> **コラム　クリエイティブ・コモンズ・ライセンス**
>
> 最近では，自分の作品を広く社会に流通させるため，それを自由に使ってもらいたいと考えている著作者もいる．そこで自分の著作物に対して自分の好きな条件でその権利に対する意思を明示するクリエイティブ・コモンズ・ライセンスがある[*16]．具体的には以下のような「表示」「非営利」「改変禁止」「継承」といったマーク（アイコン）を組み合わせて表示し，その条件を設定して公開するライセンスシステムである．
>
>
>
> 　表示　　　　非営利　　　改変禁止　　　継承

（3）ネットワークの安全性および信頼性に関する法律

ネットワークを介して行われるコンピュータ犯罪を防止し，電気通信に関する秩序を維持することを目的に，「不正アクセス行為の禁止等に関する法律」（不正アクセス禁止法）が1999年（平成11年）8月13日

に公布，翌年2月13日に施行され，次のようなことが規定されている．
・不正アクセス行為の禁止
・不正アクセス行為を助長する行為の禁止
・アクセス管理者による防御措置
・都道府県公安委員会による援助等

不正アクセス行為とは，図3.17のように他人のIDやパスワードを無断で使用したり，セキュリティホールを攻撃してコンピュータに侵入する行為をいう．また，不正アクセス行為を助長する行為とは，他人のIDやパスワードを口頭や電子掲示板への掲示で，第三者に提供する行為などをさす．これらの行為については，違反者に対する罰則規定を設けており，不正アクセス行為の違反者は3年以下の懲役または100万円以下の罰金に，不正アクセス行為を助長する行為の違反者は1年以下の懲役または50万円以下の罰金に処せられる．

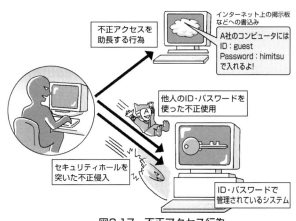

図3.17　不正アクセス行為

一方，IDやパスワードによるアクセス制限を施したシステムの管理者は，システムを不正アクセスから防御するために必要な措置を講ずる努力義務を負う．たとえば，システムにセキュリティホールがみつかった場合，コンピュータベンダーから提供される修正プログラムをすみやかに適用するなどの対応があげられる．

3.4.4 インターネットと犯罪

（1）サイバー犯罪の特徴

インターネットの普及は，情報の閲覧・公開，コミュニケーション手段の提供など，私たちにさまざまな利便性をもたらした．多くの人々はこれらを正しく利用し，仕事や勉強そして趣味に役だてている．しかし，一方では，技術を悪用した迷惑行為や違法行為などの新しい犯罪が増加してきており，問題となっている．

コンピュータや電気通信技術を悪用した犯罪を**サイバー犯罪**という．サイバー犯罪には次のような特徴がある．

①匿名性が高い

　相手の名前やいどころを特定することがむずかしく，本人にむすびつく筆跡や指紋などの物理的な痕跡も残らない．

②犯罪の痕跡が残りにくい

　物理的痕跡として残るのは，ファイルやアクセス記録（ログ）などの電子データのみで，犯人がそれらを消去することもある．

③不特定多数の者に被害が及ぶ

　Webページや電子掲示板などネットワークが犯罪に利用された場合，被害が不特定多数の者に瞬時かつ広域に及ぶ．

④時間的・場所的な制約がない

　ネットワークやコンピュータは24時間稼動しているものが多く，国境などの地理的な制約もないため，世界中どこからでもいつでもネットワークを介した犯罪行為が可能である．

これらの特徴により，サイバー犯罪には従来の犯罪とは異なった対策が必要となっている．

また，コンピュータやネットワーク利用者の不用意な発言や操作，興味本位での言動が迷惑行為や違法行為となり，指摘・摘発される例も少なくない．コンピュータネットワークによってつくられる仮想的なサイバースペースにおいても，現実社会と同じような行動規範にもとづいて，個々が責任ある行動を心がける必要がある．

（2）サイバー犯罪の分類

サイバー犯罪は，次の3種類に分類できる．

①コンピュータ・電磁的記録対象犯罪

コンピュータ・電磁的記録対象犯罪とは，刑法で規定されている電子計算機使用詐欺，電磁的記録不正作出，電子計算機損壊等業務妨害などで，それぞれの具体例としては，次のようなことがあげられる．

- ・銀行などのオンライン端末を不正操作して，金をだまし取る
- ・他人のWebページを改ざん・消去する
- ・コンピュータウイルスに感染したファイルを送るなどして，コンピュータが正常に動作できない状態にする

②不正アクセス禁止法違反

2つ目の不正アクセス禁止法違反は，3.4.3で説明した不正アクセス禁止法に定める不正アクセス行為およびそれを助長する行為で，次のようなことが該当する．

- ・他人のID・パスワードを入手し，コンピュータを不正使用，または第三者に提供する
- ・セキュリティホールを突いて，コンピュータに侵入する

③ネットワーク利用犯罪

上の2つがコンピュータやネットワークを対象とした犯罪であるのに対し，3つ目のネットワーク利用犯罪は，ネットワークを犯罪の手段として用いる犯罪である．これに該当するものとして，次のようなことがあげられる．

- ・特定の個人や団体を誹謗・中傷する記事をWebページや電子掲示板に掲載する（名誉毀損）
- ・脅迫・恐喝内容の電子メールを送りつける（脅迫）
- ・Webページにわいせつ画像を公開したり，画像ファイルを販売する（わいせつ物頒布等）
- ・インターネットオークションに架空出品し，落札者から代金をだまし取る（詐欺）
- ・ソフトウェアや音楽・映像などの違法コピーをWebページやファイル交換ソフト（Winnyなど）で頒布，ダウンロードする（著作

3.4 情報社会における個人の役割と責任　269

権法違反）

(3) サイバー犯罪の現状

　サイバー犯罪は多岐にわたるため，全体像を把握するには，公的機関が整理・発表している情報を利用するのが効率的である．代表的な機関と情報を次に3つ示す．

①日本の警察行政機関である警察庁が公開している「サイバー空間に関する統計等」[*17]では，サイバー空間の探索・不正送金等の脅威を統計データとして公開している．

②日本のIT国家戦略を技術面・人材面から支えるために経済産業省所管で設立された独立行政法人情報処理推進機構（IPA：Information-technology Promotion Agency）は，「情報セキュリティ」[*18]のなかで，組織として取り組むべき方針から脆弱性対策ツールまで多様な情報を提供している．サイバー犯罪の視点からは，社会的に影響の大きかった事案を，毎年「情報セキュリティ10大脅威」ランキングとして解説とともに発表しており，現状把握の参考になる．

③コンピュータセキュリティ情報を収集しインシデント対応の支援と関連情報の発信を行う一般社団法人JPCERT コーディネーションセンターの「公開資料を見る」[*19]からは，セキュリティ関連情報の重要性の高いものをまとめたものや，受け付けたインシデントにどう対応したかなど，実務に直接役立つレポートが入手できる．

　ここでは，IPAの発表している「情報セキュリティ10大脅威」を使って，サイバー犯罪を引き起こす脅威がどうなっているか，簡単に分析する．2015年の事案を扱う2016年版から「個人向け」と「組織向け」に分けてランキングが公開されるようになり，2019年版の脅威1位は，個人向けが「クレジットカード情報の不正利用」，組織向けが「標的型攻撃による被害」となっている．

　個人向け1位は，2015年版から4年連続1位だった「インターネットバンキングやクレジットカード情報等の不正使用」を，被害の拡大や手口の多様化から5つに分割したなかの1つである．分割された「フィッシングによる個人情報等の詐取」が2位，「インターネットバンキ

ングの不正利用」が7位と，分割後も上位に入っている（残りの2つは，問題になりつつある仮想通貨に関するものである）．これらの脅威は金銭の窃取を目的としており，これに「メールやSNSを使った脅迫・詐欺の手口による金銭要求」（4位）や「ランサムウェアによる被害」（9位）といった脅迫を合わせると，半数が直接金銭を得ようとする脅威となっている．こうした金銭目的の脅威は組織向けでも変わらず，組織向け1位の攻撃や「ビジネスメール詐欺による被害」（2位）が金銭窃取につながっている．

　これ以外にも，個人向けの「ネット上の誹謗・中傷・デマ」（5位）が毎年同じような位置にあり，解決しにくい問題であることがわかる．また，「IoT機器の不適切な管理」（個人10位）や「IoT機器の脆弱性の顕在化」（組織8位）といった新しい脅威の発生も読み取れる．さらに，10大脅威個別の解説に加え，情報セキュリティ対策の基本として，「スマートフォン編」（2017年版），「IoT機器（情報家電）編」（2018年版）など特定事案の詳しい説明がされており参考になる．

　情報セキュリティ対策に取り組むためには，どんな脅威が存在し，何が行われていて，それが個人や組織にどう関係するか，できるだけ広い視野で把握することが欠かせない．とくに，アクシデントが発生してから法律にもとづいて処理するというのでは遅く，インシデント段階で脅威に気づき対処することが必要である．情報セキュリティは最も弱いところから破られるので，信頼できる情報の絶え間ない収集を行い，個人や組織の環境を点検することに努めなければならない．

3.4　情報社会における個人の役割と責任　271

□演習問題□

(1) 自分が所属する学校のセキュリティポリシーについて調べてみよう.

(2) セキュリティポリシーのもとで，自分に求められる役割と責任を具体的にあげよう.

(3) 自分の居住している市町村あるいは都道府県では，どのような個人情報保護条例が制定されているか調べてみよう.

(4) Webページを作成・公開する場合，知的財産権の保護に関して注意すべきことがらを，具体的にあげて検討しよう.

(5) ふだん使用しているコンピュータシステムに，どのような既知のセキュリティホールが存在するのか調べてみよう.

(6) ここ数年のサイバー犯罪に関する統計情報や，関連の報道資料，調査・報告書等を調べ，サイバー犯罪の傾向や件数の増減の理由を考察しよう.

(7) サイバー犯罪の被害にあわないようにするために，具体的にどのような注意が必要か検討しよう.

コラム一覧

1. 情報の活用と発信

情報の語源	3
デフォルト	22
デファクトスタンダード	23
検索サイトとまとめサイト	28
フリーメール	35
Web 技術の標準化	65
ハッカー，ハッキング，クラッカーの語源	74
スマートフォンでのメールのエチケット	80
オープンソースソフトウェア	82

2. 情報の処理と技術

人工知能（AI）	107
文書構造の表現	119
表色系	125
GIF 画像と LZW アルゴリズム	126
アルゴリズムの特徴	147
目指すは F 1 ドライバー	151
IchigoJam	161
構造化プログラミング	165
移動通信システムの進化と 5G	180
P2P	184
セキュリティホールがきっかけで損害を受けました. だれの責任？	185
標準化暗号	192
暗号の安全性と量子コンピュータ	194

3. 情報と社会生活

e ラーニングの実際	226
ユニバーサルデザインと情報技術	229
農業と IT	230
貨幣の役割	236
ブロックチェーン技術	237
クリエイティブ・コモンズ・ライセンス	266

付録

［付録1］ 補助単位

補助単位は，厳密には接頭辞といい，分量や倍量をあらわすために基本単位に付加する単位の意味で，表1.2では国際単位系（SI）のSI接頭辞を2進数に流用している．しかし，Kが1000と1024と異なるなど正確でないので，国際電気標準会議（IEC）で承認された2進接頭辞が使われつつあるので併記してある．

［付録2］ JIS8単位コード表

8ビット（b8〜b1）を4ビットずつに分け，行（b4〜b1）と列（b8〜b5）にして，並べたもの．

b8	0	0	0	0	0	0	0	0	1	1	1	1	1	1	1	1
b7	0	0	0	0	1	1	1	1	0	0	0	0	1	1	1	1
b6	0	0	1	1	0	0	1	1	0	0	1	1	0	0	1	1
b5	0	1	0	1	0	1	0	1	0	1	0	1	0	1	0	1

b4	b3	b2	b1	行\列	0	1	2	3	4	5	6	7	8	9	10	11	12	13	14	15
0	0	0	0	0	NUL	DLE	Space	0	@	P	`	p				―	タ	ミ		
0	0	0	1	1	SOH	DC1	!	1	A	Q	a	q			。	ア	チ	ム		
0	0	1	0	2	STX	DC2	"	2	B	R	b	r			「	イ	ツ	メ		
0	0	1	1	3	ETX	DC3	#	3	C	S	c	s			」	ウ	テ	モ		
0	1	0	0	4	EOT	DC4	$	4	D	T	d	t			、	エ	ト	ヤ		
0	1	0	1	5	ENQ	NAK	%	5	E	U	e	u			・	オ	ナ	ユ		
0	1	1	0	6	ACK	SYN	&	6	F	V	f	v			ヲ	カ	ニ	ヨ		
0	1	1	1	7	BEL	ETB	'	7	G	W	g	w			ァ	キ	ヌ	ラ		
1	0	0	0	8	BS	CAN	(	8	H	X	h	x			ィ	ク	ネ	リ		
1	0	0	1	9	HT	EM	)	9	I	Y	i	y			ゥ	ケ	ノ	ル		
1	0	1	0	10	LF	SUB	*	:	J	Z	j	z			ェ	コ	ハ	レ		
1	0	1	1	11	VT	ESC	+	;	K	[	k	{			ォ	サ	ヒ	ロ		
1	1	0	0	12	FF	FS	,	<	L	¥	l	|			ャ	シ	フ	ワ		
1	1	0	1	13	CR	GS	−	=	M	]	m	}			ュ	ス	ヘ	ン		
1	1	1	0	14	SO	RS	.	>	N	^	n	~			ョ	セ	ホ	゛		
1	1	1	1	15	SI	US	/	?	O	_	o	DEL			ッ	ソ	マ	゜		

1文字以上の文字の入っている部分（網掛部分）は，制御コード（ディスプレイやプリンタなどを制御する特殊文字）または0行2列の "Space" は空白文字である．

（例）0行0列　　NUL：ヌル（またはナル）（何もない）

　　　4行0列　　EOT：転送終了（End Of Transmission）

　　　8行0列　　BS　：後退（Back Space）

　　　10行0列　LF　：改行（Line Feed）

なお，ASCIIコードは，制御コード，アルファベット，数字および記号の128種の文字を表現できる7ビットコード体系で，付録1の表の左側半分（b8が0の列）にあたる．ただし，12行5列はフォントが異なり，"\" となる．

[付録3] 漢字コード

日本語では，カタカナ・ひらがな・漢字とたくさんの文字があるので，1バイトで表現するのは無理であり，2バイトないし複数バイト（マルチバイト）で表現されている．

現在，広く使われているマルチバイトコードに，JIS漢字コード，シフトJISコード，EUCコードがある．この3つのコードの関係を下図に示す．

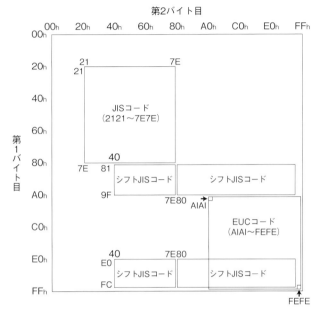

図　JIS漢字コード，シフトJISコード，EUCコードの配置

これら3つのコード表の一部を以下に示す．

				0 1 2 3 4 5 6 7 8 9 A B C D E F
EUC	JIS	EUC	句点	0 1 2 3 4 5 6 7 8 9 10 11 12 13 14 15
B0A0	3020	B0A0	1600	亜唖娃阿哀愛挨姶逢葵茜穐悪握渥
B0B0	3030	B0B0	1616	旭葦芦鯵梓圧斡扱宛姐虻飴絢綾鮎或
B0C0	3040	B0C0	1632	粟袷安庵按暗案闇鞍杏以伊位依偉囲
．	．	．	．	
．	．	．	．	
．	．	．	．	

この表で"句点"は"句点コード"を示す．句点コードは，JIS漢字コードに定められた16進数4桁の数字（上図）を10進数4桁であらわしたもので，前2桁を「区」，後2桁を「点」とよぶ．

［付録4］ 画像の種類と画素数

	画像表示装置	横画素数×縦画素数	およその画素数
テレビ画像	通常のテレビ	720 × 480	35万画素
	ハイビジョン（HDTV）	1920 × 1080	207万画素
パソコン用ビデオ出力	VGA（Video Graphics Array）	640 × 480	31万画素
	SVGA（Super VGA）	800 × 600	48万画素
	XGA（eXtended Graphic Array）	1024 × 768	79万画素
	SXGA（Super XGA）	1280 × 1024	131万画素
	UXGA（Ultra XGA）	1600 × 1200	192万画素
衛星画像	LANDSAT	3240 × 2340	758万画素
	合成開口レーダ	約8000 × 8000	6400万画素
医療画像	X線写真	320 × 320 〜 512 × 512	10万画素〜26万画素
	特殊用途	2000 × 2000以上	400万画素以上

［付録5］ ファイルの拡張子

　拡張子とは，コンピュータで利用する各種データファイルの名前の末尾にピリオド（.）で区切ってつけられている1〜4文字程度の英数字のことで，ファイルの中身を表している．主な拡張子を紹介する．

（a） 文書ファイル

.doc, .docx	Microsoft社製ワープロ「Word」用のファイル
.html, .htm, .xhtml, .xht	HTMLやXHTMLを使って書かれたWebページ用ファイル
.jtd, .jfw など	ジャストシステム社製ワープロ「一太郎」用のファイル．バージョンによって拡張子の2, 3文字目が変化
.rtf	リッチテキスト形式．ワープロなど異なるアプリケーション間でのデータ変換ができる形式のファイル
.pdf	色々なアプリケーションで作成した文書データを交換・共有するためのファイル．このファイルへの変換にはAdobe社製のソフトウェアを購入しなければならないが，作成したファイルの表示用ソフトは無償で入手が可能
.ppt, .pptx	Microsoft社製プレゼンテーションソフトウェア「Power Point」用のファイル
.ps, .eps	Adobe社が開発したPost Script言語を使って，文書上の文字情報や画像情報を1ページ分ずつ記述したファイル
.txt	画像などを含まない文字だけの文書ファイル．文章中の文字や記号に対応する文字コードのみで構成．同じ文字コードを使うコンピュータで作成されたファイルであれば，エディタなどを使って読み書きすることが可能
.xls, .xlsx	Microsoft社製表計算ソフト「Excel」用のファイル

(b) 画像ファイル

.bmp	MS-Windowsで標準の画像ファイル
.gif	静止画像のほか，簡単なアニメーションも保存可能な画像ファイル．最大色数は256．Webページで利用でき，イラストなど塗りつぶし部分の多い画像の保存向き
.jpg	データの高圧縮が可能な画像ファイル．圧縮率は可変で，圧縮率が高いほど画質が劣化．Webページで利用でき，写真など色が滑らかに変化する画像の保存向き
.pict, .pct	Macintoshで標準の画像ファイル
.png	最近使われるようになったWebページ用の画像ファイル

(c) 音声ファイル

.mp3	高音質のデータを小さなサイズで保存したファイル
.wav	MS-Windowsで標準のサウンドファイル
.mid, .midi	電子楽器の演奏情報を規格で保存したファイル
.3gp .3g2 .aac	ISO/IECのMPEGにおいてMP3の後継仕様として規格化されたAAC（Advanced Audio Coding）で圧縮されたファイル
.flac .fla	オープンソースとして開発されている可逆圧縮の符号化方式によるファイル
.wma	Microsoft社が開発した音声圧縮符号化方式によるファイル．標準の非可逆圧縮方式のほかに，可逆圧縮の"WMA Lossless"，声の録音に特化した"WMA Voice"，高音質・多チャンネル対応の"WMA Pro"の派生仕様あり

(d) 動画像ファイル

.avi	MS-Windowsで標準の動画像ファイル
.mov, .qt	Apple社製ソフトウェア「Quick Time」用のファイル
.mpg, .mpeg	国際標準化機構が策定した規格で保存したファイル

(e) アーカイブファイル（複数のファイルをまとめて圧縮したファイル）

.lzh	日本で標準的に使われているアーカイブファイル
.zip	アメリカを中心に広く使われているアーカイブファイル

練習問題解答

1.1

[練習問題 1-1]

　天候情報の価値が，①発信源，②受け取り手，③伝達時間，④経過時間によって異なる例をあげる．

①発信源によって異なる例：旅行の目的地に関する寒暖情報について，天気予報の客観的情報と，現地の人の主観的情報では価値が異なる．

②受け取り手によって異なる例：受け取り手の職業，その日の行動範囲などによって，同じ天気予報の情報でも価値が異なる．

③伝送時間によって異なる例：台風が接近しているときに新聞の報じる天気情報と，TVやラジオの報じる天気情報は価値が異なる．

④経過時間によって異なる例：1日前の天気予報と，現在の天気予報の情報では価値が異なる．

[練習問題 1-2]

　伝達：ファクシミリ，郵便，インターネット（Webや電子メール）など

　記録：紙・写真，CD-R，フラッシュメモリなど

[練習問題 1-3]

・失われる情報：日差しの強さ，風や空気の感触，周囲の音など

・付加される情報：その場では気付かなかった周囲の人や構造物

[練習問題 1-4]

　ヒント：1年は $3600 \times 24 \times 365$ 秒

1.2

[練習問題 1-5]

・情報の内容：学校行事紹介，先生紹介，クラス紹介など

・収集方法：聞き取り取材，アンケート調査，写真撮影など

[練習問題 1-6]

　ヒント：旅行関連会社のお勧めプランなどを参考にして，たとえば，1泊2日の場合について，同じ旅行先を設定して条件の違いなどを調べてみる．

[練習問題 1-7]

　図1.28において，計算したいセルに，

　　=SUMIF（B2:B10,"交通費",C2:C10）

の式を書くと，交通費が求められる．"交通費"，の代わりに，"宿泊費"，"食事代"，"入館料"，とすれば，それぞれの種類別の金額が求められる．

278

1.3

[練習問題1-8]

表現手段：対象：方向性は，おおむね次のようになる。

ポスター：不特定：一方向

文章：特定：一方向

プレゼンテーション：特定：一方向

動画：特定：一方向

Webページ：不特定：一方向

電子メール：特定：双方向

SNS：特定／不特定：双方向（一方向もあり）

[練習問題1-9]

ヒント：具体的なテーマを設定して，伝えたい対象，伝えたい内容，使用する素材，構成，有効な表現手段などをどのようにするのかを考える．

[練習問題1-10]

ヒント：解像度の高い方が画質は良い．また解像度が2倍になっているので，ファイルサイズは約4倍となる．

[練習問題1-11]

たとえば，次のようなことが考えられる．

①収集段階

・情報の収集にかたよりがないか

・収集してはならない情報ではないか

②加工段階

・加工するデータは十分あるか

・表，グラフなど加工方法は適切か

・個人情報などへの配慮がされているか

③表現段階

・わかりやすい文章表現か

・文字だけの表現になっていないか

1.4

[練習問題1-12]

①データサイズの大きい写真を不特定多数の人に向けて発信するには，Webページがよい．

②タレントAに関する情報を多数の人間と双方向で交換するには，メーリングリストか電子掲示板がよい．

③特定少数の人（友達3人）にピクニックの情報を文章で伝えるには，電子メールかLINEが向く．急ぐ場合にはスマートフォンの電子メール機能を使うとよい．集合場所の地図が必要な場合は，別途Webページや郵送の手段も考える．

[練習問題 1-13]

Webページの場合：個人情報の問題，情報発信者の問題，表示環境の違い
による問題，通信速度と発信データのサイズの関係，機種依存文字の問題
電子メールの場合：個人情報の問題，情報発信者の問題，表示環境の違いに
よる問題，添付データの形式・サイズの問題，Ccの問題，機種依存文字の
問題
SNSの場合：個人情報の問題，情報発信者の場合，情報公開範囲の問題

[練習問題 1-14]

表現方法の良否,古い情報の有無,内容改ざんの有無,ハイパーリンクの状況

1.5

[練習問題 1-15]

電源：サージプロテクタ，UPSなど
記憶装置：RAID，バックアップソフトウェアなど

[練習問題 1-16]

次のようなWebサイトで学習するとよい.

・財団法人コンピュータ教育開発センター：ネット社会の歩き方
　http://www.cec.or.jp/net-walk/
・財団法人インターネット協会：インターネットを利用する方のためのルー
ル＆マナー集
　http://www.iajapan.org/rule/
・ネチケットホームページ
　http://www.cgh.ed.jp/netiquette/
・NPO日本ネットワークセキュリティ協会
　http://www.jnsa.org/
・警視庁セキュリティポータルサイト
　http://www.npa.go.jp/cyberpolice/
・警察庁・インターネット安全・安心相談
　http://www.npa.go.jp/cybersafety/
・IPA独立行政法人情報処理推進機構・情報セキュリティ
　https://www.ipa.go.jp/security/
・総務省・情報通信白書for Kids
　http://www.soumu.go.jp/hakusho-kids/kids/
・文化庁・著作権
　http://www.bunka.go.jp/seisaku/chosakuken/
・社団法人著作権情報センター：コピーライト・ワールド
　http://www.kidscric.com/
・公益社団法人著作権情報センター

http://www.cric.or.jp/

2.1
[練習問題2-1]
　たとえば、次のように記述できる.
　　A)やかんのふたを取る.
　　B)やかんを水道の蛇口に持っていく.
　　C)蛇口を開いて水を出す.
　　D)目標のところまで水がたまるのを待つ.
　　E)目標までたまったら蛇口を閉めて水を止める.
　　F)やかんのふたを閉める.
　　（以下，お湯を沸かす部分は省略）

[練習問題2-2]
　次のような場合は問題がある.
　・氷が含まれる，あるいは一部が凍っている，また蒸発が始まるなど
　・コンロの熱が周囲に逃げているとき
　・水の量が多くて，水全体が同じ温度でないとき

[練習問題2-3]
　次のような部分が，このまま適用できない.
　・サイコロを振って乱数を求める部分（一般的な乱数の求め方については，
　　2.1の演習問題(4)p.110参照）
　・すでに割り振った座席番号が出た場合の処理
　・くじを引く順番

[練習問題2-4]
　変数は同時にひとつの値しか保存できないが，配列には同時にたくさんの値を保存することができる. その中のひとつの変数を指定するために添字を使う.

2.2
[練習問題2-5]
　JIS8単位コード表より，英大文字「A」は2進数表示で01000001であり16進数表示で41となる. 一方，英小文字「a」はそれぞれ01100001と61となる. 大文字と小文字を比べると，2進数で00100000，16進数で20の差となる. したがって，大文字を小文字に変換するときには16進数の20を加え，逆に小文字を大文字に変換する場合には20を引けばよいことが分かる.

[練習問題2-6]
　名前を坂本竜馬とすると，JIS8単位コード表より，
「SAKAMOTO RYOUMA」は，「53, 41, 4B, 41, 4D, 4F, 54, 4F, 20,

281

52，59，4F，55，4D，41」

「サカモトリョウマ」は，「BB，B6，D3，C4，D8，AE，B3，CF」
となる．

[練習問題2-7]

40文字×40行×2バイト＝3200バイト＝3.125Kバイト

[練習問題2-8]

　画像の精度は画素の大きさと画素数で決まる．総画素数は解像度という尺
度として表される．ディスプレイの解像度は640×480のように横と縦の総
画素数で表現される（付録4参照）．あるいは1インチ（2.54cm）あたりの
画素数ということでppi（pixel per inch）が用いられる．また，プリンタや
スキャナでは，1インチあたりのドットの数ということでdpi（dot per
inch）が用いられる．解像度が高ければ高いほど画像は鮮明であるが，画素
数＝情報量は大きくなる．

　また，量子化レベルも画像の精度に影響を与える．量子化レベルが大きい
ほど画像は滑らかになるが，1画素あたりの情報量は大きくなる．2階調で
は1画素あたり1ビットの情報量で済むが，256階調になると8ビットが必
要になる．フルカラー画像では24ビット必要になる．

[練習問題2-9]

(1)

・1秒間の情報量　44100×16ビット×2＝1411200ビット≒1.35Mビット

・5分間の情報量　1411200ビット×300秒≒50.5Mバイト

　このディジタル化した音楽データをそのまま伝送しようとすると，
1.41Mbpsの伝送速度が必要であことが分かる．また，650MバイトのCD-R
に音楽データを格納しようとすると，12～13曲入ることが分かる．

(2)

・640×400画素×4ビット＝1024000ビット＝128000バイト＝125Kバイト

　この画像データを64kbpsの回線で伝送すると，16秒かかることになる．

(3)

・1秒間の情報量　1024×768画素×24ビット×30フレーム

　　　　　　　　　＝566231040ビット＝540Mビット

・5分間の情報量　566231040ビット×300秒≒19.78Gバイト

　この動画データを圧縮せずリアルタイムで送ろうとすると，566Mbpsの
伝送速度をもった回線が必要となることがわかる．また，ディスクに書き込
む場合，大きすぎて4.7GBのDVDでも不足であり，20Gバイトのハードディ
スク1台が必要となる．

[練習問題2-10]

　ヒント：本文にあるように，入力にすべての組合せをいれていく．

2.3

[練習問題2-11]

入力装置：情報（データ）をコンピュータ内部に取り込む.

記憶装置：プログラムとデータを保存する.

演算装置：算術演算や論理演算を実施する.

制御装置：プログラムに従う指示を各装置に送る.

出力装置：情報をコンピュータの外部に出力する.

[練習問題2-12]

⑦保存係へ：プログラム内の命令4を指示係に渡せ.

⑧保存係へ：合計レジスタ内のデータを計算係に渡し，計算結果を合計レジスタに保存せよ.

　計算係へ：保存係から受け取ったデータを人数で割り，結果を保存係へ渡せ.

⑨保存係へ：プログラム内の命令5を指示係に渡せ.

⑩保存係へ：合計レジスタ内のデータを表示係に渡せ.

⑪表示係へ：保存係から受け取ったデータをディスプレイに表示せよ.

[練習問題2-13]

　図2.45以外には，以下のような装置がある.

　　スピーカ：出力装置

　　マイクロホン：入力装置

　　イメージスキャナ：入力装置

　　CD-R/RW：補助記憶装置

[練習問題2-14]

　最近のパーソナルコンピュータにそなわるCPUのクロック周波数は，数百MHzから数GHzである．たとえば，クロック周波数が1GHzのCPUにおいて，加算演算の実行に4クロック必要とすると，1秒間に2.5億回の加算が実行できることになる.

[練習問題2-15]

　たとえば，以下のようになる.

装置名	不揮発性	容量	可搬性	主な用途
主メモリ	×	数GB	×	主記憶装置
ハードディスク装置	○	数TB	×	プログラムとデータの保存
CD-ROM装置	○	約600MB	○	プログラムとデータの配布

[練習問題2-16]

基本ソフトウェア：Windows系OS，UNIX系OSなど

283

応用ソフトウェア：ワープロソフト，メーラ，Web ブラウザなど
[練習問題2-17]
　　たとえば，次のように書かれている.
　　　　対応機種：2コア1.6GHz以上を搭載した日本語 Windows 10 が稼動す
　　　　　　　　　るコンピュータ
　　　　本体メモリ：メモリ4GB以上（8GB以上を推奨）
　　　　ディスプレイ解像度：800×600以上（1024×768を推奨）
　　　　ハードディスク：空き容量4GB以上

2.5
[練習問題2-18]
　　狼煙・郵便・電話では，主に次のような方式が用いられる.

	信号形式	相手の指定	伝送媒体
狼煙	煙の変化 （光信号）	煙の見える距離にいる人	空間
郵便	文字，画像	宛名で指定された人	紙および配達人
電話	電気信号	電話番号で指定された人	電気ケーブル

[練習問題2-19]
・アプリケーション層
・プレゼンテーション層
・セッション層
・トランスポート層
・ネットワーク層
・データリンク層
・物理層

[練習問題2-20]
　　IPアドレス・ドメイン名などの情報を管理している団体・機関（たとえ
ば日本ではJPNICやJPRS等）はある. しかし，インターネットそのものを
全体として運営する特定の団体・機関のようなものは存在しない.

[練習問題2-21]
SMTP：インターネットで電子メールを転送するプロトコルで，送受信時の
指令や応答の手順が定められている.
POP：メール受信サーバに保存されているメールを読み出すプロトコルで，
認証や読み出しの手順が定められている. Version 3が使われているので
POP3と書かれることが多い.
IMAP4：メール受信サーバのメールを読むプロトコルの1つで，POPと違
ってメールをサーバ内で管理する. WebメールではIMAP4を使っているこ

284

とが多い.
[練習問題2-22]
　CRCは連続した誤りを検出可能な検査方式で，生成多項式（ハードウェアで処理できるシフト・加算を組み合わせた演算）で計算した値を送信データとともに送り，受信側で同じ計算を独立に行って，値が一致するかどうかで誤りを検出できる.

3.1
[練習問題3-1]
① 　1対1・単一方向：FAX，電報，ビデオレター（使い方によっては1対多ともなりうる）
② 　1対1・双方向：電子メール，電話，インターホン，テレビ電話
③ 　1対多・単一方向：雑誌，新聞，書籍，講演，テレビ，ラジオ，映画，メールマガジン，Webページ，ブログ，ツイッター
④ 　多対多・双方向：会議，電子掲示板，メーリングリスト，テレビ会議，ブログ，ツイッター
⑤ 　集合知蓄積：Wiki

3.2
[練習問題3-2]
　次のような利用例が考えられる.
・電子掲示板：自分の主張に対する意見を広く求めるとき，多くの人から事例を寄せてもらうときなど
・SNS：同じカテゴリについて興味がある遠く離れた学生や教員などの間で，意見や作成したファイルなどを投稿して互いに議論したり，ビデオチャットなどによりリアルタイムに情報共有をおこなったりする.
[練習問題3-3]
　企業は，求人情報をインターネットに掲載しており，求職者はその情報を利用して応募することができる.

3.3
[練習問題3-4]
① 　身体的格差：情報バリアフリー社会の実現　身体的にコンピュータ操作に不自由な人にもコンピュータを操作しやすい設備の拡充．これに関する設備への予算交付など.
② 　所得による格差：低所得者に対するコンピュータ購入支援策，IT講習優遇制度の設置など.
③ 　年代間の格差：情報リテラシー教育を充実させる．学校教育での情報リ

285

テラシー授業の充実に加えて，地域におけるIT講習会実施に対して予算交付を行うなど．

[練習問題 3-5]
フィルタリングソフトウェアの技術方式には，主に以下のようなものがある．

URLチェック方式	ブラックリスト方式	違法・有害な排除したいWebページのURLをリストアップしておき，それらへのアクセスを制御する．
	ホワイトリスト方式	有益・有効なWebページのURLをリストアップし，それらのみへのアクセスを提供する．
	コンテンツ・チェック方式	Webページに記述されている単語や語句を検出し，あらかじめ登録された単語・語句が含まれていればそのページへのアクセスを制御する．
レイティング方式		Webページを定められた基準にそってレイティング（格付け）し，レイティング結果を参照してアクセスを制御する．

[練習問題 3-6]
ヒント：一人でチェックするだけでなく，友達同士でも比較すること．

[練習問題 3-7]
ヒント：作業に集中している姿を，他の人に見てもらうとよい．

[練習問題 3-8]
ヒント：多くの人と短時間で知り合いになれるようになった一方で，悪意をもった人や考え方の異なる人もいて，犯罪に巻き込まれたり新たなトラブルの原因になっている．

参考URL・引用URL

1.1

＊1 小野厚夫：情報小論, 国際文化学研究（神戸大学国際文化学部紀要）, 創刊号, p.1-16（1994-3）. http://www.lib.kobe-u.ac.jp/infolib/meta_pub/G0000003kernel_81001129

＊2 SK SATO:http://www.sksato.co.jp/

＊3 The chips are down for Moore's law : Nature News & Comment http://www.nature.com/news/the-chips-are-down-for-moore-s-law-1.19338

＊4 I-O DATA／株式会社アイ・オー・データ機器：https://www.iodata.jp/

＊5 キヤノン：キヤノンホームページ：https://canon.jp/

＊6 パナソニック商品情報：https://panasonic.jp/

＊7 NTTドコモ：https://www.nttdocomo.co.jp/
日立ソリューションズ・ビジネス：http://www.hitachi.co.jp/products/it/server/portal/pcserver/partnersolution/kaisaku01.html

1.4

＊8 W3C home: https://www.w3.org/

1.5

＊9 警察庁・サイバー犯罪対策: http://www.npa.go.jp/cyber/

＊10 Open Source Group Japan：http://www.opensource.jp/

2.1

＊1 CRASH ANALYSIS: http://www.crash-analysis.com/

＊2 Meteorological Research Institute HOME PAGE:http://www.mri-jma.go.jp/

＊3 https://blogs.gartner.com/doug-laney/files/2012/01/ad949-3D-Data-Management-Controlling-Data-Volume-Velocity-and-Variety.pdf

2.4

＊4 http://www.mext.go.jp/component/a_menu/education/micro_detail/__icsFiles/afieldfile/2018/11/06/1403162_02_1.pdf

2.6

＊5 指紋認証ユニット：https://jpn.nec.com/solution/biometrics/

3.1

＊1 世界の文字　https://the.nacos.com/information/character/charset/049.php

＊2 須玉町歴史資料館（烽火）：http://www.tsugane.jp/meiji/rekisi/sutama/norosi.html

＊3 国立国会図書館デジタル貴重書展：http://www.ndl.go.jp/exhibit/50/html/catalog/c002.html

＊4 郵政研究所月報2000.8：http://warp.ndl.go.jp/info:ndljp/pid/260426/www.japanpost.jp/pri/reserch/monthly/m-all/2000/no143.pdf

＊5 北海道新冠町レ・コード館「レコードの歴史」：https://www.niikappu.jp/kurashi/kyoiku/bunka-sports/record/history/index.html

＊6 総務省情報通信白書：http://www.soumu.go.jp/johotsusintokei/whitepaper/

3.2

＊7 ネットラーニング：http://www.netlearning.co.jp/hojin/course.html

＊8 EC入門ガイド：http://www.ecom.jp/

＊9 日本銀行金融研究所貨幣博物館：http://www.imes.boj.or.jp/

3.3

＊10 総務省「通信利用動向調査」：http://www.soumu.go.jp/johotsusintokei/statistics/statistics05.html

＊11 Internet World Stats：http://www.internetworldstats.com/stats.htm

＊12 警察庁サイバー犯罪対策プロジェクト：http://www.npa.go.jp/cyber/

＊13 healthクリニック：https://www.health.ne.jp/library/detail?slug=hcl_0700_w0700010&doorSlug=be-stress

3.4

＊14 情報セキュリティ対策推進会議:情報セキュリティポリシーに関するガイドライン，内閣官房情報セキュリティ対策推進室：http://www.kantei.go.jp/jp/it/security/taisaku/guideline.html

＊15 文化庁:著作権～新たな文化のパスワード～：http://www.bunka.go.jp/

＊16 クリエイティブ・コモンズ・ジャパン：http://creativecommons.jp/

＊17 サイバー空間に関する統計等：https://www.npa.go.jp/publications/statistics/cybersecurity/index.html

＊18 情報セキュリティ：https://www.ipa.go.jp/security/

＊19 公開資料を見る：https://www.jpcert.or.jp/menu_documents.html

［注意］
　URLは2019年6月10日現在のものです.

参考文献

1.　情報の活用と発信
［1］坂村健:痛快！コンピュータ学,集英社文庫（2002）.
［2］村田育也:情報活用のための情報処理論,大学教育出版（2002）.
［3］文部省:高等学校学習指導要領解説情報編,開隆堂出版（2000）.
［4］岡本敏雄,西野和典,香山瑞恵(編著):情報科教育法,丸善（2002）.
［5］有賀妙子・吉田智子:学校で教わっていない人のためのインターネット
　　　講座‐ネットワークリテラシーを身につける，北大路書房(1999)
［6］岡本敏雄,西野和典(編著):教職必修情報科教育のための指導法と展開例,
　　　実教出版（2002）.
［7］木下是雄:理科系の作文技術,中公新書（1981）.
［8］栗山次郎(編):理科系の日本語表現技法,朝倉書店（1999）.
［9］江川純:レポート・小論文の書き方,日本経済新聞社（1998）.
［10］荒木昌子,向後千春,筒井洋一:自己表現力の教室,情報センター出版局
　　　（2000）.
［11］富山大学情報処理教育研究会:大学生の情報リテラシー入門（1998）.
［12］辰巳丈夫:情報化社会と情報倫理,共立出版（2000）.
［13］サラ・バーズ（著），日本情報倫理協会（訳):IT社会の法と倫理，ピアソン・
　　　エデュケーション（2002）.
［14］情報教育学研究会(IEC)・情報倫理教育研究グループ:インターネット社
　　　会を生きるための情報倫理改訂版,実教出版（2018）.
［15］宮本武明(監修):学生のための初めて学ぶIT(情報技術),日刊工業新聞社
　　　（2001）.
［16］半田正夫:インターネット時代の著作権—実例がわかるＱ＆Ａ付,丸善
　　　（2001）.
［17］三輪信雄:ネットビジネスのセキュリティ入門,日本経済新聞社（2002）.
［18］情報教育学研究会・情報倫理教育研究グループ（編):インターネットの
　　　光と影Ver.6,北大路書房（2018）.
2.　情報の処理と技術
［1］川田重夫, 田子精男, 梅谷征雄（編):別冊日経サイエンス130　シミュ
　　　レーション科学への招待　コンピュータによる新しい科学, 日経サイエ
　　　ンス社（2000）.

289

［2］大島篤:見てわかるパソコン解体新書,ソフトバンク（1997）.

［3］山田宏尚:図解雑学コンピュータのしくみ,ナツメ社（2002）.

［4］大園博美:図解入門よくわかる最新＆次世代データベースの基本と仕組み,秀和システム（2001）.

［5］岡田正,桑原裕史:情報通信システム(改訂版),コロナ社（2007）.

［6］Norman Abramson（著）,宮川洋（訳）:情報理論,好学社（1969）.

［7］情報処理学会編:情報処理ハンドブック,オーム社（1989）.

［8］安岡孝一,安岡素子:文字コードの世界,東京電機大学出版局（1999）.

［9］小林龍生,安岡孝一,戸村哲,三上喜貴（編）:bit別冊インターネット時代の文字コード,共立出版（2001）.

［10］BE－OS入門,松下電器産業(株)(1989).

［11］石田晴久(監修):インターネット教科書［下］,I&E神蔵研究所（2000）.

［12］末松良一,山田宏尚:画像処理工学,コロナ社（2000）.

［13］福永邦雄,泉正夫,荻原昭夫:コンピュータ通信とネットワーク第4版,共立出版（2000）.

［14］田崎三郎,美咲隆吉（編）:通信工学,浅倉書店（1983）.

［15］D.E.Knuth（著）,広瀬健（訳）:基本算法／基礎概念,サイエンス社（1980）.

［16］D.E.Knuth（著）,米田信夫／筧捷彦（共訳）:基本算法／情報構造,サイエンス社(1981).

［17］A.V.Aho, J.E.Hopcroft and J.D.Ullman（共著）,野崎昭弘,野下浩平（共訳）:アルゴリズムの設計と解析I,サイエンス社（1979）.

［18］阿部圭一:ソフトウェア入門,共立出版（1989）.

［19］B.W.Kernighan and D.M.Ritchie（共著）,石田晴久（訳）:プログラミング言語C 第2版,共立出版（1994）.

［20］土居範久,筧捷彦:プログラミングの考え方,岩波書店（1989）.

［21］川野洋:LOGO入門,培風館（1987）.

［22］石畑清:アルゴリズムとデータ構造,岩波書店（1990）.

［23］J.C.Cleaveland（著）,小林光夫（訳）:データ型序説,共立出版（1990）.

［24］Simson Garfinkel, Gene Spafford（共著）,山口英（監訳）:UNIX＆インターネットセキュリティ,オーム社（1998）.

［25］日本自動認識システム協会（編）:これでわかったバイオメトリクス,オーム社（2001）.

［26］岡本龍明,山本博資:現代暗号,産業図書（1997）.

［27］サイモン・シン（著）, 青木薫（訳）:暗号解読－ロゼッタストーンから量子暗号まで, 新潮社（2001）.

［28］松井甲子雄:電子透かしの基礎,森北出版（1998）.

［29］William R. Cheswick, Steven M. Bellovin（著）,川副博（監訳）:ファイアウォール,ソフトバンク（1995）.

[30] アトミックドロップ:最新コンピュータウィルスがわかる,技術評論社 (2000).

[31] 佐々木良一,吉浦裕,手塚悟,三島久典:インターネット時代の情報セキュリティ,共立出版（2000）.

[32] 西垣通:基礎情報学,NTT出版(2004).

[33] 竹村彰通:データサイエンス入門,岩波新書（新赤版1713)(2018).

3. 情報と社会生活

[1] E・M・ロジャーズ(著),安田寿明(訳):コミュニケーションの科学――マルチメディア社会の基礎理論,共立出版（1992）.

[2] データ通信教育研究会(編):データ通信,共立出版（1982）.

[3] 坂村健:痛快！コンピュータ学,集英社文庫（2002）.

[4] 情報教育学研究会・情報倫理教育研究グループ(編):インターネットの光と影Ver.6,北大路書房（2018）.

[5] 郵政研究所:身体障害者,高齢者に優しい情報通信の在り方に関する調査研究報告書（1998）.

[6] 水越伸:「情報化とメディアの可能的様態の行方」メディアと情報化の社会学(岩波講座現代社会学22),岩波書店（1996）.

[7] クレイブ・ブロード(著),池田耿,高見浩(訳):テクノスストレス――コンピュータ革命が人間に突きつける代償,新潮社（1984）.

さくいん

数字

1次情報	6,25
2元(値)情報	111
2次情報	6,25
2進法演算	210
2値画像	124
2分木	96
5大装置	134

英字

A/D変換	120
ALU	138
AND演算	128
ARPANET	210
ASCIIコード	117
Bcc	60
bit	10
BMP	126
byte	10
CAI	226
Computer Aided Instruction	
CBT	226
Computer Based Training	
Cc	60
CD-ROM	25
CPU	13,15,138
D/A変換	120
DNS	174
dpi	13
DVD-ROM	25
E-mail	18
EDSAC	210
ENIAC	210
Eコマース	233
eラーニング(e-Learning)	224
FIFO	97
fps	127
FTTH	220
GDPR	262
GIF	126
GPS	80,221
GPU	106
HDMI	137
HTML	43
HTMLファイル	43
HTTP	175
IC	13
ICE	158
IP	173,198
IP電話	215
ISO	169

IT安心会議	243
JIS漢字コード	118
JISコード	117
JPEG	126
LAN	172
LIFO	96
LMS	226
Learning Management System	
LSB	115
LSI	13
Malware	68
MARS-101	222
Mosaic	210
MP3	122
MPEG	128
NOT演算	128
OECD(経済協力開発機構)	260
OR演算	128
OS	141,142
OSI	169
P2P	184
Peer to Peer	
PNG	126
POP	173
PPP	172
PPPoE	172
PPP over Ethernet	
RAM(半導体メモリ)	137
RGB表色系	124
SaaS	183
Software as a Service	
SABRE	222
SAGE	222
SNS	20,54
SOHO	227
SSL	57,71
TCP	173
UDP	173
Unicode	118
URL	29
USB	137
VDT障害	245
VLSI	13
WBT	226
Web Based Training	
Webブラウザ	18
Webページ	18,43,52
Winny	269
WWW	18
zip(ジップ)	118

292 さくいん

ア

アーカイブ機能 118
アウトソーシング（外注） 226
アクセシビリティガイドライン 65
アクセス権 70
アクセス制御 70,196
圧縮 113
後入れ先出し 96
アドウェア（adware） 74
アナログ情報 8
アナログ量 8
アプリケーションゲートウェイ型ファイア
　ウォール 199
アプリケーションソフトウェア 141
アメリカ国防省高等研究計画局
　（ARPA） 210
アルゴリズム 91
アンケート調査 27
暗号 190
暗号化 71,190
暗号文 190
アンチウィルスソフト 73

イ

いたずらメール 77
一方向伝達 6
一般データ保護規則 262
違法・有害情報対策官民実務家ラウンド
　テーブル 243
違法コピー 76
違法情報 241
インターネット 17,216
インタフェース 15
インタプリタ 144

ウ

ウィキ（Wiki） 213
ウィキペディア（Wikipedia） 214
ウィルス対策ソフト
　（ワクチンソフト） 73,204
ウィルスメール 78

エ

枝 95
エチケット 77
絵文字 58
遠隔医療 228
遠隔教育制度 225
エンキュー（enqueue） 97

オ

応用ソフトウェア 141
オペレーティングシステム（OS）
　　　　 141,142
親 96
オンラインデータベース 101

カ

改ざん 62
回線交換方式 170
階層構造 32
階調 123
鍵 191
可逆方式 126
拡張子 33
確率モデル 91
画素（ピクセル, ドット） 12,123
画像情報 47
画像処理ソフト 47
型 93
貨幣の価値 236
貨幣の決済機能 236
可用性 186
カラー画像 124
完全性 186

キ

木 95
キーワード検索 28
記憶装置 140
機械語（マシン語） 144
機種依存文字 50,61
基本3演算 128
基本ソフトウェア 141
機密性 186
キュー 96
記録容量 113,140

ク

クライアント・サーバ形式 169
クラウドコンピューティング 222
クラッカー 74
グラハム・ベル 209
グラフ 95
グラフ化 47
クリエイティブ・コモンズ・ライセンス
　　　　 266
グリエルモ・マルコーニ 210
クレイグ・ブロード 246
グレースケール画像 124
クロスサイトスクリプティング 201
クロック周波数 139

ケ

携帯情報端末（PDA） 220
検閲 245
検索 100
検索エンジン 28,217

コ

子 96
公開鍵 192
公開鍵暗号 192
光学ディスク装置（CD, DVDなど） 137
公衆送信権 265

さくいん　293

高水準言語······················· 144
コード化··························· 10
個人情報················ 57,75,259
個人情報保護法··················· 260
固定小数点方式··················· 115
コンテンツ・フィルタリング ·······244
コンパイラ······················· 144
コンピュータ・電磁的記録対象犯罪
···························· 68,269
コンピュータウィルス········ 73,202

サ

最上位ビット(MSB) ············· 114
サイバー犯罪··············· 68,268
サウンド情報····················· 47
先入れ先出し····················· 97
サプライチェーンマネジメント·····230
サミュエル・モールス ············ 209
産業財産権(工業所有権)·········· 263
参照····························· 93
残像現象························· 127

シ

シーザー暗号····················· 191
時系列モデル····················· 86
実数型··························· 93
シフトJISコード ················ 118
シミュレーション················· 89
シャノン························· 10
集合知··························· 214
主記憶装置··········· 15,137,140
出力装置························· 15
シュメール絵文字················· 208
肖像権··························· 49
情報····························· 2
情報格差························· 239
情報家電························· 220
情報機器························· 14
情報源··························· 25
情報資源························· 241
情報システム····················· 220
情報通信ネットワーク············· 17
情報の信ぴょう性··········· 30,253
情報の信頼性····················· 252
情報の漏洩······················· 250
情報モラル······················· 81
情報量···················· 10,111
処理装置························· 15
白黒画像························· 124
伸長····························· 113

ス

数値情報························· 47
数理モデル······················· 88
スタック························· 96
ストレージ······················· 15
スパイウェア(spyware) ·········· 73
スパムメール····················· 77
スマートフォン··············· 16,220

セ

青少年ネット規制法··············· 244
整数型··························· 93
セキュリティ····················· 250
セキュリティ対策················· 70
セキュリティ対策ソフト··········· 70
セキュリティホール·········· 68,200
セキュリティポリシー············· 259
設定ミス························· 68
節点····························· 95

ソ

総当り方式······················· 70
送信可能化権····················· 265
双方向伝達······················· 5
双方向リスト····················· 97
添字····························· 94
ソーシャルエンジニアリング······· 71
ソフトウェア····················· 141
ソフトウェア資産の管理··········· 255

タ

代入····························· 93

チ

チェーンメール··················· 77
逐次処理························· 136
頂点····························· 95
知識····························· 3
知的財産基本法··················· 265
知的財産権(知的所有権)·········· 262
知能····························· 3
中央処理装置··············· 15,136
著作権················ 7,49,263
著作財産権······················· 263
著作者人格権····················· 263
著作隣接権······················· 263

ツ

ツイッター······················· 21
通信プロトコル··················· 168

テ

出会い系サイト·············· 241,244
ディジタル化····················· 8
ディジタルアーカイブ············· 219
ディジタル情報············ 8,44,45
ディジタルデバイド··············· 239
ディジタル放送··················· 213
ディジタル量····················· 8
ディレクトリ····················· 32
データ··························· 2
データ構造······················· 93
データサイエンス················· 104
データベース··············· 25,100
データベース管理システム········· 102
データモデル····················· 98
テキストファイル················· 29

294　さくいん

デキュー（dequeue） ·················· 97
テクノ依存症··················· 246
テクノストレス··················· 245
テクノ不安症··················· 246
デファクトスタンダード··············· 23
電子カルテ··················· 231
電子行政··················· 231
電子掲示板··················· 53
電子辞書··················· 27
電子商取引··················· 233
電子署名··················· 194
電子申請··················· 232
電子すかし··················· 195
電子調達··················· 232
電子納税··················· 232
電子マネー··················· 234
電子メール··············· 18,53,215
伝送速度··················· 112

ト

盗聴··················· 190
匿名加工情報··················· 262
ドット··················· 12
トリミング··················· 47
トレーサビリティ··················· 230
ドロー系ソフト··················· 47

ナ

なかぬき現象··················· 226
名前··················· 93

ニ

日本国憲法第21条 ··················· 245
入力装置··················· 14
認証··················· 187
認証局··················· 193

ネ

根··················· 95
ネット中毒··················· 247
ネットワーク機器··················· 180
ネットワークトポロジー··················· 181
ネットワーク利用詐欺··················· 72
ネットワーク利用犯罪········· 69,71,269

ノ

ノイマン型コンピュータ··················· 134
濃度値··················· 123
狼煙（のろし）··················· 209

ハ

葉··················· 96
パーソナルファイアウォール··········· 200
バーチャルショップ（仮想店舗）········· 233
バーチャルユニバーシティ··················· 225
ハードディスク装置··················· 137
バイオメトリクス··················· 189
媒体··················· 5
バイト··················· 10

ハイパーリンク··············43,63
配列··················· 94
ハインリヒ·ヘルツ··················· 209
パケット··················· 198
パケット交換方式··················· 170
パケットフィルタリング型
　ファイアウォール··················· 198
パスフレーズ··················· 70
パスワード··············· 69,70,188
ハッカー··················· 74
ハッキング··················· 74
パッチ··················· 202
パルス符号変調（PCM）··················· 122
半加算器··················· 131
半導体メモリ··············· 13,137

ヒ

非可逆方式··················· 126
ピクセル··············· 12,123
ビット··············· 10,111
ビット／秒（bps）··················· 112
ビットマップ··················· 47
ビットマップ（ラスタ）データ··················· 127
秘密鍵··············· 191,192
秘密鍵暗号··················· 191
表現手段··················· 38
表現手段の特徴··················· 38
標本化··················· 120
標本化周波数··················· 120
標本化定理··················· 120
標本間隔··················· 120
平文··················· 190

フ

ファイアウォール··············· 71,196
ファイル交換ソフト··················· 269
フィッシング（phishing）詐欺 ········· 72
フィルタリングソフト··················· 244
フォトレタッチ··················· 47
フォルダ··················· 32
フォン·ノイマン ··············· 13,210
フォント··················· 118
復号（復号化）··················· 190
符号化··················· 120
不正アクセス··············· 68,196,201
不正アクセス禁止法··················· 266
不正アクセス禁止法違反··········· 68,269
不正アクセス行為··················· 267
プッシュ··················· 96
物理モデル··················· 87
浮動小数点方式··················· 115
プライバシー··················· 50
プライバシーの侵害··················· 75
プライバシー保護と個人データの国際流通
　についてのガイドライン··········· 260
フラッシュメモリ
　（USBメモリ，ＳＤカードなど）··· 137
フリーメール··················· 35
フルカラー··················· 124

さくいん　295

フレームレート······························ 127
プレゼンテーション······················ 41
プレゼンテーション資料················ 41
プログラミング···························· 148
プログラミング言語····················· 149
プログラム································· 149
プログラム内蔵型コンピュータ········ 134
プログラム内蔵方式····················· 210
プロトコル································· 168
文献引用··································· 49
文献の引用································ 39

ヘ

ペイント系ソフト··························· 47
ベクトルデータ···························· 127
辺··· 95
変数······································· 93
変数形····································· 93

ホ

報告書の書き方···························· 39
ポート番号································· 199
補助記憶装置················ 15,137,140
補数······································· 114
ポップ····································· 96

マ

マイクロプロセッサ······················ 138
待ち行列··································· 96
マルウェア····················· 68,73,201
マルチメディア················· 112,119
丸め誤差··································· 116

ム

ムーアの法則······························· 14
無方式主義································ 263

メ

迷惑メール································· 77
メーリングリスト·························· 18
メールマガジン···························· 18
メディア····································· 5
メディアリテラシー························ 30
メモリ····································· 15

モ

モールス通信······························ 209
文字型の配列······························ 94
文字コード································· 117
文字コード表······························ 60
文字情報··································· 46
文字化け··································· 61
モデル····································· 85
モデル化·································· 85,86

ユ

有害情報··························· 72,241
ユニバーサルデザイン···················· 229

ヨ

ヨハネス・グーテンベルク ·············· 209

リ

リスト····································· 97
リテラシー································· 254
利便性と弊害······························ 251
量子化··························· 120,121
量子化誤差································ 122
量子化数··································· 121
量子化レベル······························ 121
リレーショナル型データモデル········· 99
リレーショナルデータベース··········· 102

ロ

ログアウト(logout) ···················· 188
ログイン(login) ························ 188
ログオフ(logoff)························ 188
ログオン(logon) ························ 188

ワ

ワーム····························· 73,201
ワクチンソフト···························· 73
ワンストップサービス··················· 232
ワンセグ··································· 221

296　さくいん

●本書の関連データがwebサイトからダウンロードできます。

http://www.jikkyo.co.jp/download/ で

「情報基礎」を検索してください。

提供データ：練習問題の解答，用語解説

■編著者

岡田　正　津山工業高等専門学校　名誉教授・学術博士

高橋参吉　NPO法人　学習開発研究所　理事

■著者

新開純子　富山高等専門学校　名誉教授・博士（学術）

大西　淳　津山工業高等専門学校　教授・博士（工学）

高橋　章　長岡工業高等専門学校　教授・博士（工学）

河野清尊　米子工業高等専門学校　教授・博士（工学）

松野良信　有明工業高等専門学校　准教授・修士（工学）

長岡健一　石川工業高等専門学校　准教授・修士（工学）

●表紙デザイン——（有）コスミックエンジン

情報基礎
ネットワーク社会における情報の活用と技術

2019年10月15日　初版第1刷発行

- ●編著者　　**岡田　正** ほか7名（別記）
- ●発行者　　**小田良次**
- ●印刷所　　**株式会社廣済堂**

| 無断転写・転載を禁ず |

- ●発行所　　**実教出版株式会社**

〒102-8377
東京都千代田区五番町5番地
電話 ［営　　業］（03）3238-7765
　　　［企画開発］（03）3238-7751
　　　［総　　務］（03）3238-7700
http://www.jikkyo.co.jp/

©T.Okada, S.Takahashi 2019

ISBN 978-4-407-34825-5　C 3004　　　　　　　　　　Printed in Japan